Christiane Sautter

Ist das Gott oder bin das ich?

Meine unbewussten Denkmuster erkennen
und Gottes Willen näherkommen

CHRISTIANE SAUTTER

Ist das Gott oder bin das ich?

Meine unbewussten Denkmuster erkennen und Gottes Willen näherkommen

SCM
Hänssler

SCM

Stiftung Christliche Medien

SCM Hänssler ist ein Imprint der SCM Verlagsgruppe,
die zur Stiftung Christliche Medien gehört, einer gemeinnützigen Stiftung,
die sich für die Förderung und Verbreitung christlicher Bücher,
Zeitschriften, Filme und Musik einsetzt.

MIX
Papier | Fördert gute Waldnutzung
FSC® C014496

Max-Eyth-Straße 41 · 71088 Holzgerlingen
Internet: www.scm-haenssler.de; E-Mail: info@scm-haenssler.de

Lektorat: Julia Perrot
Mitautorin: Elke Werner
Umschlaggestaltung: Grafikbüro Sonnhüter, www.grafikbuero-sonnhueter.de
Titelbild: shutterstock: 1215910471, 1974320672
Satz: typoscript GmbH, Walddorfhäslach
Druck und Bindung: GGP Media GmbH, Pößneck
Gedruckt in Deutschland
ISBN 978-3-7751-6192-3
Bestell-Nr. 396.192

Inhalt

Vorwort

Sie interessieren sich für dieses Buch?

Dann sind Sie kein Mensch, der den Glauben als nette Tradition betrachtet, als moralische Legitimation für die Weihnachtsdeko und für festliche Familientreffen. Für Sie ist Gott kein Konzept, das Unerklärliches erklärt, nach dem Motto: Irgendwer muss ja dafür verantwortlich sein, dass wir existieren. Jesus ist für Sie kein Weltverbesserer, kein Mensch wie du und ich, der letztlich, wie so viele Hippies, an der Realität scheiterte. Und die Bibel ist für Sie kein altes Buch, längst überholt und nicht relevant für unsere heutige moderne Zeit.

Stattdessen ist Gott in Ihrem Leben ein Faktor, mit dem Sie täglich rechnen wollen. Der Glaube ist die Grundlage Ihrer Lebensplanung und die Bibel verstehen Sie als Gottes Wort, das seine Aktualität täglich beweist. Jesus erleben Sie gleichzeitig als Mensch und als Gott. Sein Leben, sein Tod und seine Auferstehung garantieren Ihr Leben aus Gnade. Gebete sind für Sie keine formelhaften Wiederholungen altbekannter Sprüche, sondern Gespräch, Austausch, Gemeinschaft mit Gott.

Da Sie dementsprechend die Bergpredigt ernst nehmen, erfahren Sie jedoch täglich, dass Sie Ihren eigenen Ansprüchen an einen christlichen Lebenswandel nicht gerecht werden. Sie sind enttäuscht von sich und Ihrem Verhalten, das sich trotz größter Anstrengungen Ihrerseits nicht so verändert, wie Sie es von sich erwarten. Auch wenn Sie wissen, dass es uns Menschen nie möglich sein wird, ohne Sünde zu sein, können Sie Ihren Ärger, Ihre Lieblosigkeit, Ihre Depressivität und Ihre emotionalen Ausbrüche nicht akzeptieren. Sie erleben ja täglich, dass diese Emotionen Ihre Nähe zu Gott beeinflussen, dass Sie ihn dadurch nicht oder schlechter wahrnehmen und dass sich Ihre Gebete weniger innig anfühlen. Dabei wünschen Sie sich nichts mehr, als Gott die Navigation zu überlassen, seinen Willen zu tun und ihm ähnlicher zu werden.

Als Seelentherapeutin und Seelsorgerin kenne ich dieses Anliegen von unzähligen Klientinnen und Klienten. Oft höre ich, dass die erlebten Defizite pauschal »dem Fleisch« zugeschrieben werden. Obwohl das stimmt, verändert diese Zuschreibung erst einmal nichts an den beklagten Zuständen. Das ist frustrierend und enttäuschend, doch es gibt eine gute Nachricht: Die Psychotherapie kennt Wege, um nicht gewünschtes Verhalten dauerhaft zu verändern. In Kombination mit Seelsorge und Gebet kann sich die bloße Veränderung in Heilung und Segen verwandeln. Und je tiefer wir uns selbst lieben und heil werden, umso mehr wächst unsere Liebe zu Gott und zu unseren Mitmenschen. Darum geht es in diesem Buch.

Wir werden miteinander Themen behandeln, die uns davon abhalten, Gott nahe zu sein. Dabei geht es einerseits um Bereiche, die uns bewusst sind – wie wir beispielsweise versuchen, Gott an die Leine zu nehmen oder um Vergebung –, und andererseits um unsere Kindheitsprägungen, die wir längst vergessen haben, obwohl wir täglich nach den damals erlernten Regeln handeln. Darunter fallen auch die schwerwiegenden Folgen traumatischer Erlebnisse, die die Seele verletzt und verwirrt und den Stoffwechsel durcheinandergebracht haben. In all diesen Bereichen sind wir aufgerufen, an uns zu arbeiten, und bewirkt die Kombination von Psychotherapie und Seelsorge Heilung und Frieden und damit eine größere Nähe zu Gott.

Ich lade Sie deshalb ein, sich mit mir auf diese spannende Reise zu begeben! Sie erhalten keine Patentlösungen, keine allgemeingültigen Rezepte, und das vorliegende Buch ersetzt auch keine Psychotherapie. Doch wenn Sie dieses Buch nicht nur lesen, sondern die

Themen auch für sich erarbeiten, erweitern Sie Ihr Verständnis für den Menschen, der Sie wirklich sind. Es wird Ihnen immer besser gelingen, das geliebte Kind Gottes, das Sie in Wahrheit sind, von den Prägungen der Welt zu unterscheiden. Je mehr Sie sich so verstehen, umso größer ist die Chance für eine wirkliche Veränderung. Dazu wünsche ich Ihnen von Herzen Gottes reichen Segen!

Jesus, erfülle meinen Geist mit Klarheit.
Lass mich finden, was ich finden soll.
Gib mir die Weisheit, das Wichtige zu behalten
und das Unwichtige zu lassen.
Du allein bist es, der mein Licht leuchten lässt
und es immer mehr zum Strahlen bringen will.
Danke dafür.
Amen.

Teil I

Warum wir oft daran scheitern, Gottes Willen zu erkennen

1.

Was uns unbewusst antreibt

Eigentlich wollte ich dieses erste Kapitel überschreiben mit: »Gott von der Leine lassen«. Was natürlich eine merkwürdige Überschrift gewesen wäre! Als ob wir Gott an die Leine nehmen könnten … Aber versuchen wir das nicht täglich? Und könnte das nicht mit ein Grund dafür sein, weshalb es uns so schwerfällt, Gott wirklich nahe zu sein und seinen Willen zu erkennen? Ich erkläre mich:

Als überzeugte Hundemama ist mir das Bild der Leine sehr vertraut. Wenn ich meinen Havaneser Miro an der Leine führe, habe ich die Kontrolle über sein Verhalten. Wenn er frei läuft, hoffe ich darauf, dass er hört, wenn ich ihn rufe. Eine Garantie dafür habe ich jedoch nicht, obwohl er im Normalfall ein sehr folgsamer und lieber Hund ist. Nein, wenn er frei ist, kann er sich dafür entscheiden, am Boden zu schnüffeln oder Kaninchen zu verfolgen. Dann bleibt mir nichts anderes übrig, als dem Hund zu folgen, und häufig reagiere ich genervt oder ärgerlich.

Unsere Beziehung zu Gott gestalten wir oft ähnlich, oder? Wir versuchen, ihn an die Leine unserer Vorstellungen und Wünsche zu binden, und wenn er nicht folgt und uns nicht erhört, schreien wir empört, traurig und verzweifelt auf:

Findet Gott anderes wichtiger als uns?

Haben wir so schlimm gesündigt, dass er uns mit Missachtung straft?

Gibt es ihn überhaupt – wenn er doch nicht tut, was wir erbitten?

Meine These ist: Wenn wir lernen, Gott hier »von der Leine zu lassen«, tun wir schon einen wichtigen Schritt in Richtung Veränderung. Darum soll es in unserem ersten Kapitel gehen.

Eigentlich müsste Gott doch ...

Denn seien wir ehrlich: Jede und jeder von uns weiß genau, was Gott tun müsste, damit wir noch besser für ihn wirken, ein noch gläubigeres Leben führen oder ihn noch mehr loben können. Wenn er mich doch nur von dieser grauenhaften Arbeitsstelle befreien, diesen schrecklichen Partner in ein Lamm und meine Kinder in problemfreie Zonen verwandeln könnte – und, wo wir schon dabei sind, Manna vom Himmel wäre auch nicht schlecht.

Wenn wir unsere Gebete vortragen, haben wir in der Regel sehr gute Argumente, denn wir meinen zu wissen, was wir brauchen und wie Gott diese unsere Bedürfnisse erfüllen könnte. Also wiederholen wir unsere Wünsche, angeregt durch das Gleichnis vom ungerechten Richter, der die nervende Witwe schließlich doch erhört (Lukas 18, 1-8). Dass Gott sowieso weiß, was wir brauchen (Matthäus 6,34), vergessen wir. Das Gebet, das Jesus uns gelehrt hat, sprechen wir zwar, aber den Satz »Dein Wille geschehe wie im Himmel so auf Erden« meinen wir nicht wirklich – sonst würden wir uns ja nicht so heftig beschweren, wenn es anders kommt, als wir denken.

Denn es ist nicht leicht, die Kontrolle an Gott abzugeben. Kontrollverlust – darum wird es später noch gehen – erleben Menschen als traumatisch und so tun sie alles, um die Kontrolle zu behalten. Eine Bekannte, der ich von Gott als dem Gestalter meines Lebens erzählte, rief erschrocken aus: »Dann sind Sie ja Gottes Marionette!« Auch wenn ich nichts lieber wäre als das – dann wäre ich zumindest immer sicher, seinen Willen zu tun –, ist es ja gerade der freie Wille, der uns als Geschöpfe auszeichnet. Dennoch wollen die meisten Christen und Christinnen Gottes Willen gerne erfüllen und Sie gehören wahrscheinlich dazu – sonst hätten Sie dieses Buch nicht gekauft.

Wir beten also um Gottes Eingreifen, Hilfe, Unterstützung. Doch wie unterscheiden wir, ob das, was geschieht, die Antwort auf unser Gebet ist, eine Prüfung oder ein schnöder Zufall?

Gerade beim Beten haben wir da unsere Tricks und Kniffe: Wir sprechen nicht nur die Bitte aus, sondern stellen Bedingungen, und wenn diese erfüllt sind, meinen wir sicher zu sein, dass das, was geschieht, wirklich von Gott kommt. Diese Taktik kennen wir aus der Bibel. Denken Sie an Gideon, den Gott beauftragte, gegen die Feinde des Volkes Israel in den Krieg zu ziehen. Ein Engel des Herrn suchte ihn auf und sagte: »Der Herr ist mit dir, du starker Kriegsheld« (Richter 6,12; BB).

Wenn uns das passieren würde, lägen wir vor Ehrfurcht auf dem Boden und würden bereitwillig alles tun, was der Engel uns aufträgt, oder? Nicht so Gideon. Er fängt an, mit dem Engel zu diskutieren, beschwert sich über Gott – er lässt uns im Stich! – und verlangt ein Zeichen dafür, dass dieser wirklich ein Engel des Herrn ist. Gott ist gnädig und gewährt ihm das Zeichen, doch Gideon ist immer noch nicht zufrieden. Er wird spitzfindig: Wenn die Wolle, die auf dem Dreschplatz liegt, am nächsten Morgen trocken bleibt, obwohl der Boden der Tenne vom Tau nass ist, würde er in die Schlacht ziehen. Genau das geschieht. Doch um wirklich sicherzugehen, bittet Gideon Gott, dass am nächsten Morgen die Tenne trocken und die Wolle nass sein soll. Gott erfüllt auch diesen Wunsch – gepriesen sei seine Geduld – und Gideon zieht in die Schlacht und besiegt die Midianiter.

Oft tun wir Ähnliches und ich bin da keine Ausnahme. Vor gar nicht langer Zeit glaubte ich, von Gott die Weisung erhalten zu haben, in eine andere Stadt zu ziehen, um dort mit einem christlichen Ausbildungsinstitut zu fusionieren, für das ich schon einige Jahre als Trainerin gearbeitet hatte. Um dort zu leben, brauchten wir natürlich eine Wohnung. Wie fast überall gab es auch in dieser Stadt kaum bezahlbare Angebote. Um sicherzugehen, dass ich Gottes Willen richtig erkannt hatte, formulierte ich folgende Bedingung: Wir würden zu den infrage kommenden Immobilien fahren. Wenn wir dort auch ohne Besichtigungstermin jemanden im Garten antreffen würden, der uns einlud, die angebotene Wohnung anzuschauen, wäre das die von Gott für uns ausgesuchte Immobilie.

Und genau das passierte! Nach mehreren menschenleeren Gärten trafen wir vor einem Mehrfamilienhaus mit fast fünfzig Einheiten eine Frau im Garten an. Sie war befreundet mit der Hausmeisterin, die den Schlüssel für die angebotene Wohnung hatte und uns gerne herumführte. Die Wohnung war gut geschnitten, aber renovierungsbedürftig. Wir kauften sie zu einem vernünftigen Preis und fanden sogar Handwerker, obwohl auch das als sehr schwierig galt. Nachdem alles fertig war, beabsichtigten wir, die Wohnung bis zu unserem Umzug zwei Jahre lang zu vermieten. Dann kam Corona. Das Ausbildungsinstitut überlebte die Pandemie leider nicht, sodass die Grundlage für eine Zusammenarbeit und damit für unseren Umzug nicht mehr gegeben war.

Hatte sich Gott vertan und Corona nicht berücksichtigt? Oder war es nur mein eigener Wunsch gewesen, in einem Institut zu arbeiten, um einen Teil meiner unternehmerischen Verantwortung abzugeben? Gott wollte offensichtlich nicht, dass wir umziehen und unsere bisherige Praxis in Ravensburg aufgeben. Er verhalf uns jedoch zu einer guten Kapitalanlage, mit der wir nun unsere Altersvorsorge aufbessern können. Gott hatte anderes im Sinn.

Häufig interpretieren wir das, was sich zeitnah zu unseren Wunschgebeten ereignet, als Gottes Antwort. Es geht dann wie folgt: »Ich bitte Gott um einen Partner oder eine Partnerin. Ich lerne diesen Mann oder jene Frau kennen. Ergo: Das muss die Person sein, die Gott für mich bestimmt hat.«

Selbst wenn dieser Mensch nicht gut zu einem passt, halten viele trotzdem daran fest, weil sie davon überzeugt sind, dass Gott die Wahl für sie getroffen hat. Auch Ehen werden auf dieser Grundlage geschlossen! Ich kenne heute noch Frauen, denen die Ältesten ihrer Gemeinde den Mann aussuchen wollten, weil sie dies im Gebet gehört zu haben glaubten.

Gott hat uns einen Verstand gegeben und auch wenn wir uns nach Sprüche 3,5 nicht allein auf diesen verlassen sollen, steht nirgendwo geschrieben, dass wir ihn nicht gebrauchen sollen. Im Gegenteil: »Wohl dem Menschen, der Weisheit erlangt, und dem Menschen, der Einsicht gewinnt!« (Sprüche 3,13).

Zurück zum Thema des Kapitels: Ich bin heute überzeugt, wenn *wir* die Bedingungen festlegen, an denen wir erkennen wollen, dass es sich bei dem, was wir hören, gesagt bekommen oder erleben, um Gottes Willen handelt, dann legen wir ihn damit an die Leine. Die Gnade Gottes, so wie ich sie verstehe, besteht aber darin, dass wir ihn von der Leine lassen! Und zwar, indem wir die Kontrolle abgeben und darauf vertrauen, dass er weiß, was wir brauchen, dass er uns vor falschen Wegen warnt und so zu uns spricht, dass wir ihn auch verstehen können. Wir wenden uns ja nicht an irgendwen, sondern an Gott!

Das Einzige, was wir dafür tun müssen, ist, an seine Gnade zu glauben und uns immer wieder an sie zu erinnern – gerade dann, wenn es mal nicht so läuft, wie wir uns das wünschen.

Hören wir also auf, Bedingungen zu erfinden, an denen wir eine Gebetserhörung zu erkennen glauben. Die wirklich wichtigen Entscheidungen trifft Gott für uns. Darauf können wir uns absolut verlassen, auch wenn wir nicht explizit darum bitten.

Unser Umgang mit Krisen und Krankheiten

Solange es uns gut geht und wir gesund sind, fühlen wir uns in unserem Glauben bestätigt. Doch wenn wir in einer Krise stecken oder ernsthaft krank werden, wird dieser Glaube zuweilen auf eine harte Probe gestellt.

Die Überzeugung, dass wir Gottes Liebe daran erkennen, dass wir gesund sind, glücklich und gut versorgt, ist allzu menschlich. In der alttestamentlichen Geschichte von Hiob setzte der Teufel genau da an. Er bekommt von Gott die Erlaubnis, Hiob alles außer seinem Leben zu nehmen. Dieser leidet sehr unter seinen Verlusten und wir können uns in seinen Gedankengängen gut wiederfinden. Er hält Gott für den Angreifer (Hiob 6,4-9) – »Die Pfeile des Allmächtigen stecken in mir« – und wünscht sich den Tod. Dann fleht er Gott an, ihm seine Schuld zu vergeben, bettelt um Gnade, und kurze Zeit später beschwert er sich darüber, dass Gott ihn ungerecht behandelt, weil er sich eigentlich keiner Schuld bewusst ist. Er beklagt, dass Gott ihn nicht zu hören scheint, und verzweifelt, weil er erkennt, dass er Gottes Handeln durch nichts beeinflussen kann.

Hiob wendet sich sowohl mit seinem Ärger als auch mit seiner Verzweiflung immer direkt an Gott. Wunderbar ist die Stelle, an der er zu Gott sagt: »O Erde! Decke mein Blut nicht zu! Meine Unschuld schreit doch zum Himmel. Schon jetzt, das müsst ihr wissen, habe ich einen Zeugen im Himmel. Dort oben habe ich einen, der für mich bürgt. Er ist mein *Fürsprecher, mein Freund*« (Hiob 16,18-20). Die Überzeugung, dass Gott für ihn einstehen wird, überwiegt alle Zweifel.

Die Klagepsalmen Davids klingen ähnlich. Zuerst beschwert er sich darüber, dass Gott ihn verlassen hat und ihm nicht antwortet. Dann erinnert er sich selbst daran, dass das Volk Israel und auch er sich immer auf die Hilfe des Herrn verlassen konnten, und ruft schließlich dazu auf, den Herrn zu loben (Psalm 22). Trotz aller Unzulänglichkeiten gilt David daher als Mann nach dem Herzen Gottes, weil er sich sowohl in seiner Freude als auch in seinem Ärger und Leid immer direkt an Gott wandte und es ihm überließ, ihn zu richten oder freizusprechen.

Auch Jesus sprach selbst in seiner dunkelsten Stunde mit Gott. Vor seinem Kreuzestod benutzt er die Worte des gerade erwähnten Psalms: »Mein Gott, mein Gott, warum hast du mich verlassen?« (Matthäus 27,46). Im Lukasevangelium lesen wir: »Vater, ich lege meinen Geist in deine Hände« (Lukas 23,46). Jesus erlebte mit der Trennung von Gott das Schlimmste, was einem Menschen passieren kann. Dennoch behielt er in der Gottverlassenheit die Orientierung und war deshalb in der Lage, seinen Geist in Gottes Hände zu befehlen.

Die Bibel ist voll von Menschen, die leiden. Auch Paulus und die anderen Apostel weisen uns nicht nur einmal darauf hin, dass Nachfolger und Nachfolgerinnen Jesu von Leid und gesellschaftlichen Umbrüchen nicht ausgenommen sind. Sie gehen nicht spurlos an uns vorüber. Nicht umsonst sagte Jesus deshalb, dass die letzte Zeit verkürzt wird, damit seine Kinder sie überstehen.

Wie gehen *wir* mit Krisen und Krankheiten um?

Hiobs Freunde waren fest davon überzeugt, dass dieser sich gegen Gott versündigt haben müsse, wenn ihm so viel Unglück widerfährt. Nicht nur Hiob gingen sie damit auf die Nerven: Auch Gott wies sie zurecht, indem er zum Beispiel zu Elifas sagte: »Ich bin zornig auf dich und deine beiden Freunde. Denn ihr habt nichts Wahres über mich gesagt, so wie es mein Knecht Hiob getan hat« (Hiob 42,7).

Auch wir neigen dazu, nach Gründen zu suchen, warum ein Mensch krank wird oder Gott die Bitte um Heilung nicht erfüllt. Doch Hiob fordert seine Freunde auf, keinen Rechtsstreit im Namen Gottes zu führen (Hiob 13,8). Damit nimmt er die Worte

Jesu vorweg, der uns ebenfalls auffordert, nicht zu richten. Und Paulus schreibt an die Korinther: »Nur der Herr kann über mich urteilen. Urteilt aber nicht schon jetzt« (1. Korinther 4,4-5). Daran können wir uns ein Beispiel nehmen und – auch wenn wir nicht verstehen, warum wir leiden – unsere Gefühle vor Gott bringen und ihm unser Schicksal und Leben überlassen.

Natürlich ist Heilung ein wichtiges Thema in der Bibel. Die meisten Wunder, die Jesus tat, waren Heilungswunder. Dabei betonte er oft, dass es der Glaube ist, der die Heilung ermöglichte. Deshalb beten wir im Glauben um Heilung für uns, für unsere Lieben und für die Völker der Erde. Trotzdem erkranken auch gläubige Menschen an Krebs und Corona, haben Unfälle und geraten in schwere Krisen. Das betrifft nicht nur den Neunzigjährigen, der auf ein reiches Leben zurückblickt, sondern auch die junge Mutter, die kleine Kinder zurücklassen muss.

Viele stützen sich mit ihrem Glauben an Heilung auf Psalm 91, 5-7: »[H]abe keine Angst vor den Gefahren des Tages, vor der Pest, die im Dunkeln lauert, vor der Seuche, die dich am hellen Tag trifft. Wenn neben dir auch Tausende sterben, wenn um dich herum Zehntausende fallen, kann dir doch nichts geschehen.« Eine zweite wichtige Stelle ist für viele Jesaja 53,5: »Durch seine Wunden sind wir geheilt.«

Haben wir damit nicht die Zusage Gottes, von körperlichen Leiden geheilt zu werden?

Ist es dann unsere Schuld, wenn der Körper nicht geheilt wird? Ist unser Glaube nicht stark und unser Vertrauen nicht tief genug?

Und macht uns diese Überzeugung nicht durch die Hintertür wieder selbst verantwortlich dafür, dass Gott das tut, was wir uns wünschen?

Die unterschiedlichen Überzeugungen in Bezug auf Krankheit und Heilung haben während der Corona-Pandemie für große

Spannungen in den Gemeinden gesorgt: Brüder und Schwestern, die sich impfen ließen, galten als schlechtere Christen und Christinnen, weil sie nicht genug auf Gott vertrauten. Die, die sich nicht impfen ließen, wurden vom Gottesdienst ausgeschlossen, wenn sie keinen aktuellen Test vorlegen konnten. Hauskreise zerbrachen und Freundschaften wurden beendet. Jesu Gebot der Liebe füreinander und die Ermahnung des Paulus, einander nicht zu verurteilen und nicht zum Stolperstein füreinander zu werden (Römer 14,13), wurden oft genug nicht umgesetzt.

Doch selbst unter denen, die fest an Heilung glauben, sterben viele an ihren Krankheiten. Manchen ist sicherlich die Geschichte von Philipp Mickenbecker, einem bekannten YouTuber, in Erinnerung. Mit seinem Zwillingsbruder betrieb er das Format *Real Life Guys*, in dem er zeigte, wie viel Spaß die Abenteuer in der wirklichen Welt bringen können. Der junge Mann hatte den Krebs schon einmal überwunden. 2020 erkrankte er wieder. Er meinte, im Gebet gehört zu haben, dass Gott ihn heilen würde. Weil es ihm immer schlechter ging, bat er bei einem sommerlichen Islandurlaub um ein Zeichen, an dem er erkennen könnte, dass er geheilt würde. Er bat um Polarlichter, Aurea Borealis, die man im Sommer nicht sehen kann, weil es so weit im Norden fast die ganze Nacht hell ist. Das Unmögliche geschah: Nicht nur er sah die Polarlichter – sie wurden sogar gefilmt. Trotz aller Zeichen starb er im Juni 2021 mit nur 23 Jahren. Er hatte seinen Frieden gefunden und war glücklich, zu Jesus heimzukehren.

Warum ist er gestorben? Hatte er Gott falsch verstanden? War sein Glaube nicht groß genug? Und warum verlor seine gläubige Familie mit Philipp schon das zweite Kind? Seine Schwester kam bei einem Flugzeugabsturz ums Leben.

Antworten gibt es auf diese Fragen nicht. Doch wenn wir glauben, dass es an uns liegt, ob Gott uns heilt, dann versuchen wir wieder, ihn anzuleinen, damit er genau das tut, was wir für richtig halten. Wir wenden das uns so vertraute kausale Prinzip – auf Ursache folgt Wirkung – auf Gottes Handeln an.

Dabei vergessen wir, dass es nicht Gott allein ist, der über die Welt herrscht. In Lukas 4,6 werden wir über die Machtverhältnisse aufgeklärt, als der Teufel Jesus versucht und ihm anbietet: »Ich will dir die Macht geben über alle diese Reiche in ihrer ganzen Herrlichkeit. Denn Gott hat sie mir übertragen, und ich gebe sie, wem ich will« (BB). Ein schwer zu verstehender Vers, aber sicher ist: Das Böse existiert! Nur so ist verständlich, warum Menschen einander heute noch so viel Schlimmes antun. Die Waffenrüstung Gottes, die Paulus uns ans Herz legt (Epheser 6,10-18), soll nicht vor menschlicher Grausamkeit, sondern vor den Mächten der Finsternis schützen. Das menschliche Handeln und seine Folgen, die sich so unheilvoll auf unseren Planeten auswirken, kommen noch dazu.

Tut Gott heute also keine Wunder mehr? Einige Christen und Christinnen glauben das und konzentrieren sich auf das Leben nach dem Tod. Aber auch damit wird Gott an die Leine gelegt, denn er heilt eben doch heute noch. Wunder geschehen. Fast jede und jeder kennt Erzählungen von Schwestern und Brüdern, deren körperliche und psychische Leiden oder Suchterkrankungen nach Gebeten plötzlich verschwunden waren. Viele kennen zum Beispiel die gut dokumentierte Geschichte von Frank Breido, der im Krankenhaus an multiplem Organversagen verstarb und vollkommen gesund erwachte. Er berichtete von seiner Begegnung mit Jesus, der ihn wieder zurückgeschickt habe, um Zeugnis von seinen Erfahrungen nach seinem körperlichen Tod zu geben. Und das Besondere an dieser Geschichte ist nicht nur, dass sie überhaupt passiert ist, sondern dass es auch noch faktische Beweise dafür gibt.[1]

Wir können Gott offensichtlich nicht darauf festlegen, ob, wie und wodurch er heilt. Ich erlebe jedoch oft, dass er uns hilft,

Krankheiten und Krisen zu tragen. Philipp Mickenbecker brauchte fast keine Schmerzmittel, was nach medizinischen Erkenntnissen unmöglich war. Meine Co-Autorin erkrankte an Krebs, unterzog sich der üblichen schulmedizinischen Behandlung und wurde geheilt. In einem persönlichen Gespräch erzählte sie mir, dass sie sich in dieser schweren Zeit nie allein gefühlt habe. Die medizinischen Fachkräfte hätten sich oft suchend in ihrem Zimmer umgeschaut, weil die Präsenz Jesu auch für sie spürbar war.

Jesus selbst heilte auf unterschiedliche Weise, durch Worte, Handauflegen sowie durch Substanzen. Er spuckte auf die Erde und strich dem Blindgeborenen diese Mischung auf die Augen (Johannes 9,6), obwohl Körperflüssigkeiten wie Speichel im Judentum als unrein galten. Wollte er uns damit zeigen, dass es in Ordnung ist, uns durch Substanzen unterschiedlicher Art heilen zu lassen? Ich bin jedenfalls der Überzeugung, dass Gott unter anderem durch Ärzte und Ärztinnen sowie Medikamente heilt und mittels Impfungen schwere Erkrankungen verhindert.

Der Apostel Jakobus, Jesu Bruder, empfiehlt in seinem Brief, dass bei Krankheit die Ältesten gerufen werden sollen, um über dem Kranken zu beten und ihn mit Öl zu salben. Er schreibt nicht, dass der Kranke durch Jesu Wunden bereits geheilt sei und nur fest daran geglaubt werden müsse, sondern er verspricht, der Kranke werde durch das Gebet aus seiner Not herausgeholt, der Herr werde ihn aufrichten und seine Sünden werden vergeben. Es wird seelische Heilung versprochen, nicht körperliche (Jakobus 5,14-15).

Wenn wir hingegen versuchen, Gott auf die Art der Heilung festzulegen, die wir für richtig halten, werden wir scheitern. Auch dazu gibt es ein Beispiel aus der Bibel: Der Aramäer Naaman war schwer an Aussatz erkrankt und reiste nach Israel, weil ihm eine junge israelitische Sklavin von dem Propheten Elischa berichtet hatte, der ihn heilen könne. Als Elischa Naaman durch einen Boten ausrichten ließ, er solle sich sieben Mal im Jordan waschen, wurde Naaman zornig: »Ich hatte angenommen, dass er persönlich zu mir kommt (...), dass er die Hand über die aussätzige Haut ausstrecken, den Namen des Herrn, seines Gottes, anrufen und mich heilen würde« (2. Könige 5,11). Er beschließt, sofort abzureisen. Nur der Klugheit und Beharrlichkeit seiner Diener ist es zu verdanken, dass Naaman sich schließlich doch auf die Waschungen einlässt und tatsächlich geheilt wird. Warum steht diese Geschichte in der Bibel – wenn nicht, um unsere Vorstellungen vom Handeln Gottes zu erschüttern?

Als bei meinem Mann vor einigen Jahren völlig überraschend Lungenkrebs im Endstadium festgestellt wurde – er ist ein Nichtraucher mit gesundem Lebenswandel –, schrien wir zu Gott. Die Krankheit verschwand nicht einfach und trotzdem geschahen viele Wunder. Dass er zu den zehn Prozent der Lungenkrebskranken gehörte, für die es spezielle Medikamente gibt, könnte man als Glück bezeichnen. Dass diese bei ihm so gut anschlugen, dass alle Metastasen nicht nur aus der Lunge, sondern auch aus dem Gehirn und den Knochen verschwanden und die Lunge wieder vernünftig arbeitete, lag auch noch innerhalb der medizinischen Wahrscheinlichkeit. Dass er keine Angst hatte und bei jeder Untersuchung vom Heiligen Geist getröstet wurde, stand jedoch nicht auf dem Beipackzettel.

Anfänglich hatte sein Medikament eine unangenehme Nebenwirkung. Die massiven Wassereinlagerungen in den Beinen waren schmerzhaft und erschwerten das Laufen. Zwei Personen beteten für ihn und danach verschwanden die Wassereinlagerungen quasi über Nacht. An diese Heilung musste man nicht glauben: Man konnte sie sehen! Seine Leberwerte normalisierten sich durch das regelmäßige Trinken einer Kräuterteemischung. Nach einer Operation brauchte er keine Schmerzmittel. Bei der letzten Untersuchung hatte sich die Lunge sogar verbessert, was nach medizinischen Erkenntnissen eigentlich unmöglich ist. Der Arzt fragte intensiver nach und mein Mann erzählte von Jesus.

Ich kenne aber auch Fälle von gläubigen Menschen, die keine Erleichterung erhalten und schlimmsten Schmerzen ausgesetzt sind, ohne dass sie Hilfe bekommen. Warum das so ist, weiß ich nicht. Ich glaube nicht mehr, dass es auf solche Fragen einfache Antworten gibt, die unsere menschliche Logik zufriedenstellen. Aber ich vertraue darauf, dass ich die Antwort irgendwann bekommen werde.

Ich glaube jedoch fest an die Macht des Gebets. Wenn wir wirklich meinen, was wir sagen – dein Wille geschehe –, dann werden wir offen für Gottes Weg mit uns. Ob wir weiterleben und unseren Dienst hier leisten oder ob wir uns von ihm nach Hause holen lassen, ist eine Entscheidung, die wir getrost ihm überlassen können (Philipper 1,21-23).

Gott, der Antwortgeber – Elke Werner

Ich hatte gerade das Kapitel über unseren Umgang mit Krisen und Krankheiten geschrieben, da besuchte ich am 7. August 2022 den Gottesdienst im Christus-Treff Marburg. Elke Werner, Theologin, Referentin und Mitbegründerin der Gemeinde, hielt die Predigt. Diese berührte mich tief, denn gerade bei der Bewältigung von Krisen ist Elke Expertin – als Seelsorgerin im Dienste an ihren Nächsten und als Betroffene.

Als wir danach im Sonnenschein auf der Terrasse des Christhauses Kaffee tranken, fasste ich mir ein Herz und fragte: »Elke, diese Predigt würde wunderbar in mein Buch passen. Könntest du dir vorstellen, mir ihren Text zur Verfügung zu stellen?« Sie musste nicht lange überlegen. »Wenn du meinst, dass ich dein Buch mit meiner Predigt bereichern kann, bin ich einverstanden«, antwortete sie. »Wunderbar«, ich war begeistert, »und ich kann dir von einem Erlebnis erzählen, das genau zu deinem Thema passt.« Nachdem sie sich dieses angehört hatte, entschied sie: »Deine Geschichte nehme ich in meine Predigt mit auf.« Hier also ihre Predigt…

In Israel habe ich mal ein T-Shirt gesehen, auf dem stand: »Ich brauche kein Google, ich frage meine Frau.« Natürlich ist das ein Spaß. Doch wen fragen wir, wenn wir Antworten brauchen? Den Partner oder die Partnerin, Google oder Wikipedia? Wir können ja heute nahezu alles, was wir wissen wollen, im Internet finden. Aber finden wir dort auch Antworten auf die wirklich wichtigen Fragen, die wir Menschen haben?

Ich spreche zum Beispiel von den Notsituationen, in die wir geraten. Wer gibt mir Antwort, wenn ich an meine Grenzen stoße, weil ich die Situation nicht mehr beherrsche? Wer weiß Rat, wenn eine Krankheit in mein Leben tritt?

Natürlich kann ich bei Wikipedia nachlesen, welche Chancen ich habe, diese Krankheit zu überleben. Es ist jedoch fraglich, ob das immer klug ist, denn dort werde ich möglicherweise lesen, dass nur ein Prozent der Erkrankten überlebt. Woher weiß ich dann, ob ich zu dem einen Prozent der Betroffenen gehöre, das überlebt, oder zu den 99 Prozent, die sterben werden?

Die Älteren unter uns kennen vielleicht noch den Schlager von Graham Bonney, der 1969 erschien: »Wähle 3-3-3 auf dem Telefon, wähle 3-3-3 und du hast mich schon. Wähle 3-3-3 und dann glaube mir, ich bin 1-2-3 schon bei dir.« Vielleicht haben Sie mal gehört, dass dies auch die Telefonnummer Gottes ist. In Jeremia 33,3 lesen wir nämlich: »Rufe mich an und ich will dir antworten und will dir kundtun große und unfassbare Dinge, von denen du nichts weißt« (LUT).

Gott, der Antwortgeber?! Der Film *Bruce Allmächtig* verdeutlicht das Thema der Gebetserhörungen auf humorvolle Weise. Darin bekommt der Journalist Bruce, der mit Gott unzufrieden ist, die Möglichkeit, mit diesem zu tauschen. Bruce ist ab sofort allmächtig, während Gott sich für einen gewissen Zeitraum scheinbar zurückzieht. Zuerst ist Bruce begeistert, denn alles, was er sich wünscht, geht umgehend in Erfüllung: eine schöne Wohnung, ein schickes Auto, eine Beförderung im Job. Doch plötzlich hört er Stimmen und ist verwirrt, weil er seine Wahrnehmungen nicht einordnen kann. Bis er merkt: Das sind die Gebete der Menschen auf der ganzen Welt, die ihre Anliegen vor Gott bringen. Weil Bruce in der Kakofonie der vielen Stimmen nichts versteht, befiehlt er, dass die Gebete als E-Mails auf seinem Computer erscheinen, um sie dort zu bearbeiten. Tausende erscheinen in seinem Postfach, viel zu viele, um jemals damit fertig zu werden. Ohne zu überlegen, wünscht er sich die Gebete einzeln auf Klebezetteln, die schließlich zu Tausenden nicht nur seine Wohnung, sondern auch ihn selbst bedecken.

Da kommt Bruce eine scheinbar geniale Idee: Er beantwortet alle Gebete positiv. Sofort bricht Chaos aus. Wenn beide Mannschaften, die gegeneinander antreten, für den Sieg gebetet haben, gewinnen beide. Alle betenden Lottospieler und -spielerinnen haben sechs Richtige mit Zusatzzahl, doch leider gewinnt jede und jeder Einzelne nur wenige Cent, weil so viele gewonnen haben. Schließlich gehen die Leute wütend aufeinander los. Bruce verzweifelt und tut das einzig Richtige: Er sucht Rat bei Gott! Und Gott ist keine strahlende Lichtgestalt auf einem gewaltigen Himmelsthron, sondern ein Hausmeister, der auf einem Dachboden für Sauberkeit und Ordnung sorgt. »Hast du die Lektion verstanden?«, fragt Gott lächelnd und drückt Bruce einen Besen in die Hand. Zusammen sorgen sie dafür, dass der Dachboden sauber wird.

Die Symbolik dieses Films spricht für sich: Die Hauptaufgabe Gottes besteht darin, den Dreck, den die Menschen kraft ihres eigenen freien Willens verursacht haben, freundlich zu bearbeiten und die verschmutzten Ergebnisse geduldig zu reinigen.

Bruce musste lernen, dass es nicht förderlich ist, alle Gebete positiv zu beantworten. Dass Gott ähnlich handelt, erleben wir fast täglich. Aber wie entscheidet er? Wie macht Gott es, dass er alle Gebete richtig beantwortet? Der wichtige Unterschied zwischen uns Menschen und Gott ist bekanntlich, dass wir nicht Gott sind. Nur Gott weiß deshalb, was auf lange Sicht gut für uns ist. Wir Menschen sehen nur den Moment der Not, aber Gott weiß, was er damit vorhat und wird *zu seiner Zeit* genau das Richtige tun.

Unser Problem beim Beten ist jedoch, dass wir wollen, dass alles *jetzt* passiert: Gott muss jetzt sofort eingreifen! Ich habe Tausende Male erlebt, dass er das tut. Aber manchmal gibt es eben auch keine Antwort und die Situation bleibt schwierig. Ich weiß auch nicht, warum das so ist, und das Aushalten von nicht beantworteten Gebeten ist schwer. Doch durch das Warten auf die Lösung, das Eingreifen Gottes, lernen wir Vertrauen. Vertrauen in die guten Wege Gottes, die manchmal lange Zeit brauchen und die wir oft erst im Rückblick verstehen können.

Was ändert sich also, wenn wir Gott als Antwortgeber anrufen? Selbst wenn er nicht immer sofort tut, was wir uns wünschen?

Es geschehen Dinge, die ganz unerwartet, ganz anders sind, als wir sie uns vielleicht gewünscht oder vorgestellt haben. Sie sind größer, ja, unfassbar. Wir kennen die Geschichte von David, der, inspiriert von Gott, auf seiner Flucht vor Saul einen ungewöhnlichen Ausweg aus einer lebensgefährlichen Situation findet. In Psalm 34,5 lesen wir sein Stoßgebet zu Gott: »Ich habe nach dem HERRN gefragt und er antwortete mir; ja, aus allen meinen Ängsten hat er mich herausgerissen« (DBU).

Und wie antwortete Gott? Wie gesagt, manchmal sind seine Ideen unkonventionell. Hier die Fortsetzung:

> So floh David weiter vor Saul und ging zu König Achisch von Gat. Doch dessen Diener sagten zu Achisch: »Ist das nicht David, der König des Landes? Ist das nicht der, zu dessen Ehre das Volk getanzt und gesungen hat: *Saul hat Tausende getötet, aber David Zehntausende*?« David hörte diese Worte und fürchtete sich vor der Reaktion König Achischs von Gat. Deshalb gab er vor, wahnsinnig zu sein, kritzelte an die Türen und sabberte in seinen Bart. Schließlich sagte König Achisch zu seinen Männern: »Musstet ihr einen Verrückten zu mir bringen? Haben wir nicht schon genug davon hier? Meint ihr, ihr musstet auch diesen noch zu mir bringen, damit er hier bei mir tobt? Warum sollte so jemand mein Gast sein dürfen?«
>
> *1. Samuel 21,11-16*

Und so kümmert sich Achisch nicht weiter um David. Zugegeben, mir wäre es nie eingefallen, mich wahnsinnig zu stellen, um zu überleben, doch Gott scheint David diese Idee als Antwort auf sein Stoßgebet ins Herz gelegt zu haben und rettete so dessen Leben.

Stoßgebete kennen wir alle. In der Not innerlich zu Gott zu schreien: »Hilf mir, ich kann nicht mehr. Ich weiß nicht, wie es weitergehen soll.« Dass Gott hilft, habe ich oft erlebt. Einmal war ich auf der Reise nach Südfrankreich zu einem Missionseinsatz und hatte im Zug ein ganzes Abteil für mich, was mich sehr freute. Ich legte mich hin, schlief ein und wurde plötzlich wach, als sich ein Mann auf mich legte. Ich geriet in Panik, sprang auf und schüttelte ihn ab. Er stellte sich vor die Tür, ließ mich nicht aus dem Abteil und näherte sich mir wieder – in eindeutiger Absicht. Ich schrie ganz laut: »Herr Jesus, hilf mir!« In dieser Sekunde erstarrte der Mann und konnte sich nicht mehr bewegen. Ich nutzte meine Chance, floh aus dem Abteil und suchte Schutz im Nachbarabteil. Die Menschen dort lehnten jegliche Hilfeleistung ab, weil sie keinen Ärger wollten – bis auf einen betrunkenen Bundeswehrsoldaten in einem weiter entfernten Abteil, der sich meiner erbarmte. Später las ich in einer Zeitschrift, dass die Polizei Frauen empfiehlt, in solchen Situationen lautstark zu beten.

Das Gebet in der Not, das Stoßgebet, wird von Gott beantwortet – wenn auch nicht immer so, wie wir uns das wünschen. Bestimmt können auch Sie von solchen Gebetserhörungen berichten. Christiane erzählte mir, was sie in einer Notsituation mit Gott erlebte:

> Ich befand mich mit einem Freund zusammen auf der Reise von Kaschmir in Indien nach Ladakh, dem freien Teil von Tibet. Wir hatten zwei Plätze in einem alten Bus ergattert, der uns zwar preiswert, aber auch sehr langsam beförderte. Die Straße, wenn man diese denn so nennen konnte, gehört zu den gefährlichsten der Welt. Sie ist nicht nur sehr eng und von Steinschlag und Erdrutschen bedroht, sondern führt außerdem durch ein Gebiet, das von Muslimen bewohnt ist, die sich Pakistan anschließen, und von Hindus, die weiter Indien angehören wollen.
> Durch einen Erdrutsch aufgehalten, kamen wir erst gegen Mitternacht in einem Dorf an, das ausschließlich von Muslimen bewohnt war. Mein Freund wollte unbedingt in einem Hotel statt in dem unbequemen Bus übernachten und ich ließ mich von ihm überreden, obwohl ich ein ganz komisches Bauchgefühl hatte. Ein Mann mit großem Schlüssel führte uns in das Zimmer und versprach, uns morgens rechtzeitig zu wecken.
> Zehn Minuten vor Abfahrt des Busses wurde ich plötzlich wach. Wir waren nicht geweckt worden! Schnell zogen wir uns an und schulterten unsere Rucksäcke. Doch als wir die Zimmertür öffnen wollten, war diese von außen verriegelt. Wir schrien um Hilfe, aber niemand reagierte. Dann versuchten wir, die Tür einzuschlagen – ohne Erfolg. Ich schickte ein Stoßgebet zum Himmel. Plötzlich öffnete sich die Tür und wir waren frei. Panisch rannten wir los, bis eine innere Stimme mich warnte. Ich blieb stehen und stellte fest, dass wir beinahe in eine Baugrube gefallen wären. Vorsichtig gingen wir weiter und erreichten unseren Bus.

Wenige Wochen später wurde ein junger Reisender in dieser Region von Muslimen entführt und Jahre später ermordet. Dieses Schicksal war uns durch Jesu Hilfe erspart geblieben.

Es gibt aber auch die Situationen, in denen sich nichts zu ändern scheint. Wo wir Gottes Plan nicht kennen und daher nicht wissen, dass die Schwierigkeiten in drei Wochen wieder vorbei sein werden. Und stattdessen jeden Tag dranbleiben und die Nähe Gottes suchen müssen.

Auch zu solchen Situationen gibt Jesus Rat. Er erzählt von einer Witwe, die in einer ungerechten Situation feststeckt und die immer wieder zum Richter geht und ihm in den Ohren liegt, ihr doch endlich Recht zu verschaffen. Schließlich tut der Richter, was sie will. Und Jesus schließt mit den Worten:

> Dann sagte Jesus, der Herr: »Ihr habt gehört, was dieser durch und durch ungerechte Richter gesagt hat. Jetzt stelle ich euch die Frage: Wird Gott nicht den Menschen zu ihrem Recht verhelfen, die er zu sich gezogen und auserwählt hat und die Tag und Nacht zu ihm schreien? Wird er sie etwa lange auf seine Hilfe warten lassen? Ich sage euch: Er wird ihnen unverzüglich zu ihrem Recht verhelfen! Und dennoch stellt sich die Frage: Wird der von Gott gesandte Menschensohn eurer Meinung nach Glauben auf der Erde finden, wenn er kommt?«
>
> *Lukas 18,6-8; DBU*

Jesus ermutigt uns also »dranzubleiben«, wenn eine Krankheit anhält, eine Konfliktsituation sich nicht klären lässt, wir nicht wissen, wie wir aus der Situation herauskommen sollen. Wir dürfen immer und immer wieder beten – in dem Vertrauen, dass Gott uns schließlich Antwort gibt.

Viele leidende Menschen berichten, dass Gott ihnen in der Leidenszeit unwahrscheinlich nah ist. Das kann auch ich bezeugen und ich vergleiche dies gerne mit einem Kind, das sich wehgetan hat. Es läuft zu Vater oder Mutter, wird auf den Schoß genommen und getröstet. Dann lässt der Schmerz nach und alles ist wieder gut. Doch wenn man das Kind wieder auf die eigenen Füße stellt, erinnert es sich an den Schmerz und beginnt von Neuem zu weinen.

Es gibt Momente in der Leidenszeit, in denen wir Gottes Trost ganz deutlich spüren und uns geborgen fühlen – als würde Gott uns auf den Schoß nehmen und zu uns sprechen: »Ich bin bei dir, auch in den notvollen Tagen. Ich bin bei dir alle Tage bis an der Welt Ende. Ich bin für dich da, ich tröste dich, ich halte dich durch die rechte Hand meiner Gerechtigkeit.«

Diese Momente sind sehr kostbar, weil wir das Gefühl haben, Jesus nur selten so nahe zu sein wie in unseren schmerzvollen Momenten, in denen uns nichts anderes bleibt, als seine Hand zu ergreifen und zu sagen: »Ich halte mich an dir jetzt fest, denn du hältst mich fest. Du nimmst mich am Ende mit Ehren an.«

Ich habe ein Bücherregal voller Biografien über Frauen. Interessant ist, dass jede dieser Biografien von sehr viel Leid berichtet. Einige verloren ihre Kinder, andere wurden verachtet und verfolgt, ihre Ehemänner wurden umgebracht und sie waren gezwungen, andere Männer zu heiraten, um ihre Kinder zu versorgen. Diese Frauen haben viel erlitten und doch hat Gott durch ihr Leben Großes bewirkt. Sie haben Völker zum Glauben geführt, Gemeinden und Krankenhäuser gegründet und viel getan, damit es Menschen besser geht. Sie waren Zeugen für die Kraft Jesu, die in den Schwachen mächtig ist. Ich lese diese Biografien Jahrhunderte später und kann nur in das Lob Gottes einstimmen.

Und was in allen Biografien deutlich wird: Gott erhört Gebet. Manchmal tut er dies, indem sich die Umstände verändern. Man erhält eine neue Arbeit, zieht an einen anderen Ort, lernt neue

Menschen kennen. Manchmal ändert sich die Situation selbst. Man erhält medizinische oder praktische Hilfe, wird seelsorgerlich oder persönlich unterstützt. Und manchmal zeigt Gott uns eine andere Perspektive auf – seine Perspektive. Und wir entdecken: Jetzt im Moment ändert sich nichts, aber ich vertraue, dass Gott gute Absichten mit mir hat und seine Wege gute Wege sind.

David erlebte, dass Gott ihn rettete. Die Rettung veranlasste ihn dazu, Gott zu preisen. Jeder von uns ist schon einmal von Gott gerettet worden und wir müssten darüber eigentlich vor Freude jubeln. David zumindest möchte, dass alle Gott loben. Denn er hat ein Wunder erlebt – und das steckt an. So schreibt er in Psalm 34:

> Die auf ihn blicken, werden strahlen und ihr Gesicht wird nicht rot vor Scham. Als ich ganz am Ende war, rief ich und der HERR hörte und half mir aus all meiner Bedrängnis. Es lagert sich der Bote des HERRN um die, die ihm mit Ehrfurcht begegnen, und er befreit sie. Schmeckt doch und seht, dass der HERR gütig ist! Wahres Glück findet der Mensch, der bei ihm Zuflucht sucht!
>
> *Psalm 34,6-9; DBU*

Wir sollen schmecken, wie gütig der Herr ist. Das können wir im Abendmahl: Das Abendmahl ist der richtige Ort, um unsere Not und unsere Lasten bei Jesus abzugeben – in der Gewissheit, dass er dafür gestorben und auferstanden ist. Durch das Abendmahl erinnern wir uns daran, dass Jesus die Macht hat, alle Dinge zu ändern und uns alles zum Besten dienen zu lassen. »Die auf ihn sehen, werden strahlen vor Freude«, wie David selbst es formuliert (Psalm 34,6; LUT). Er führt im selben Psalm weiter aus:

> Die zu ihm schreien, hört der HERR, und aus all ihren Bedrängnissen reißt er sie heraus. Nahe ist der HERR denen, deren Herz zerbrochen ist, und denen mit einem

zerschlagenen Geist schenkt er Heilung. Viel Bosheit erlebt der Mensch, der gerecht lebt, doch aus dem allen befreit ihn der HERR. Er bewahrt alle seine Knochen, kein einziger wird zerbrochen.

Psalm 34,18-21; DBU

Gott, der Antwortgeber, macht nicht alles immer wieder so, wie wir das gerne hätten. Das weiß selbst David, der unzählige Rettungen erlebt hat. Doch ist Gott derjenige, der in der Not bei uns ist. »Wohl dem, der auf ihn trauet« (Psalm 34,9b; LUT). In der Not ist Vertrauen gefragt, Durchhalten, Dranbleiben, Beten. Gebet ist wichtig, denn wenn wir nicht fragen, erhalten wir keine Antworten.

Lasst uns dranbleiben in der Not, denn er ist der, der für uns da ist. Denken Sie an Gottes Telefonnummer in Jeremia 33,3: »Rufe mich an und ich will dir antworten und will dir kundtun große und unfassbare Dinge, von denen du nichts weißt« (LUT).

Gebet:
Herr, es ist so schwer, notvolle Situationen auszuhalten
und viele von uns stecken gerade mittendrin.
Aber wir dürfen zu dir kommen, zu unserem Vater im Himmel, der uns liebt.
Zu unserem Erlöser und Retter Jesus, der alles tut, um uns von Dingen zu befreien, die uns gefangen nehmen wollen.
Zu unserem Tröster, dem Heiligen Geist, der uns von innen heraus den Trost schenkt, den kein Mensch uns geben kann.
So segne uns Herr. Sei bei uns.
Bewahre uns in der Not und bewahre uns auch vor der Not
und schenke uns deine Gegenwart an diesem Tag und an jedem, der kommt.
Amen.

Gottes Wirken oder Zufall?

Wie gut also, dass wir sicher sein können, dass Gott uns hört und dass der Heilige Geist uns tröstet. Gerade deshalb ist es so wichtig, dass wir ihn richtig verstehen. Aber wie tun wir das? Woran erkennen wir Gottes Stimme und Handeln? Und wie sollen wir in unserem Leben Gottes Wirken vom Zufall unterscheiden? Ist wirklich alles, was geschieht, von Gott genauso beabsichtigt – ob wir zum Beispiel gesund werden oder nicht? Oder gibt es Zufälle, die uns, wie der Name es sagt, einfach so »zufallen«?

Nicht wenige Christen und Christinnen verzichten auf das Wort »Zufall« und setzen dafür »Gottes Plan« ein. Damit unterschätzen sie meiner Meinung nach ihre eigene selektive Wahrnehmung. Denn wir alle interpretieren das, was uns begegnet, so, wie wir es sowieso erwarten. Damit vereinfachen wir unsere komplexe Umwelt und machen sie kontrollier- und verstehbar. Genauso wie wir in Medien die Informationen bevorzugen, die unsere Ansichten stützen – selbst Google nutzt dieses Verhalten, indem uns die Algorithmen nur solche Vorschläge zuspielen –, bewegen wir uns auch in der realen Welt in einer Blase, die sich aus unseren Wahrnehmungsfiltern und Glaubenssätzen zusammensetzt. Das hat erst mal nichts mit dem Wirken Gottes zu tun.

Wie sehr mich meine eigene selektive Wahrnehmung daran hinderte, Gottes Wirken zu erkennen, erlebte ich im Zusammenhang mit der schon erwähnten Wohnung. Wir hatten bis zu unserem geplanten Umzug zwei der drei Zimmer vermietet. Die Mieterin kündigte völlig überraschend schon nach sechs Monaten. Wir waren nicht nur ärgerlich darüber, dass sie sich ihre Entscheidung nicht gut überlegt hatte, sondern auch enttäuscht von Gott. Wir hatten um die richtige Mieterin gebetet, hatten uns für eine Christin entschieden und waren ihr finanziell entgegengekommen.

Zum Zeitpunkt ihrer Kündigung wussten wir noch nicht, dass das Projekt der Zusammenarbeit mit dem Ausbildungsinstitut scheitern würde. Gott hatte das schon längst im Blick. So gesehen kündigte die Mieterin genau zum richtigen Zeitpunkt, denn jetzt konnten wir die ganze Wohnung anbieten, für die wir rasch sehr nette Mieter fanden. Im Rückblick gesehen hätte ich mir meinen Ärger sparen können, denn alles war in großer Weisheit für uns geregelt worden.

Wie häufig stehen wir auf dem Bahnsteig unserer Vorstellungen und warten auf den Zug, der uns genau dorthin bringen soll, wohin wir wollen! Und wenn dieser Zug nicht kommt, werden wir ungeduldig und ärgerlich und fangen an zu quengeln. Dabei übersehen wir, dass Gott auf einem anderen Gleis schon längst einen anderen Zug bereitgestellt hat.

Was geschieht, wenn wir uns von unseren begrenzten Vorstellungen und unseren momentanen Bedürfnissen leiten lassen, können wir in den Geschichtsbüchern des Alten Testaments lesen. Das Volk Israel, das Mose mit Gottes Hilfe aus der Sklaverei in Ägypten erlöst hatte, musste einen langen Weg durch die Wüste zurücklegen. Obwohl so viele Wunder geschahen – das sichere Durchqueren des Meeres und die Vernichtung der Verfolger, Manna und Wachteln vom Himmel, die Wolkensäule am Tag und die Feuersäule bei Nacht –, beschwerte sich das Volk stets lautstark über auftauchende Schwierigkeiten und verlangte, nach Ägypten zurückgeführt zu werden. Gott geriet darüber in Zorn und nur der Fürbitte von Mose ist es zu verdanken, dass das Volk Israel überlebte.

Diese Berichte sind auch heute noch aktuell. Gott befreit uns durch Jesus aus der Sklaverei der Sünde, doch auch uns führt er nicht von einer Wellness-Oase zur nächsten, sondern häufig erst einmal durch die Wüste der Unsicherheit. Leider geht uns kein Mose voraus, keine Wolke schwebt über uns und nachts vermissen wir die Feuersäule. Und wie das Volk Israel hätten wir gerne die scheinbare Sicherheit der Fleischtöpfe Ägyptens (2. Mose 16,3) und leiden darunter, dass wir oft nicht wissen, ob der Weg, den wir wählen, der richtige ist. Auch wir müssen uns das gelobte Land »verdienen«. Nicht durch unsere Werke – sondern indem wir unsere Vorstellungen vom gelobten Land opfern.

Was also kann uns helfen, wirklich Gottes Willen für unser Leben zu erkennen?

Zunächst können wir unsere Wahrnehmungsblase erforschen, um zumindest sicherzustellen, dass wir unsere unbewussten Lösungsstrategien und Selffulfilling Prophecys nicht mit Gottes Wirken in unserem Leben verwechseln. Um seinen Willen von unserem Wunschdenken zu unterscheiden, müssen wir uns reflektieren und uns selbst kennenlernen, denn erst dann können wir diese Unterscheidung überhaupt treffen.

Wie wir uns selbst täuschen können, obwohl wir nur Gutes im Sinne haben, zeige ich Ihnen am Beispiel der Nächstenliebe: Wir sollen unsere Nächsten lieben und ihnen helfen. So steht es in der Bibel. Aber tun wir das wirklich selbstlos, weil Gott es uns aufgetragen hat? Oder spielen eventuell auch die drei folgenden weitverbreiteten Motive eine Rolle, die sehr viel mit dem oder der Helfenden und nichts mit einem göttlichen Auftrag zu tun haben?

Viele helfen zum Beispiel, weil sie glauben, sich Gottes Liebe verdienen zu müssen. Ohne es zu bemerken, versuchen sie damit, Gott zu manipulieren und zu kontrollieren. »Wenn ich so viel für dich tue, dann musst du mich belohnen.« Ich gestehe, dass ich nach dem Tod meines ersten Sohnes genauso dachte: Nach allem, was ich für Gott getan hatte, nahm er mir mein lange ersehntes Kind! Doch es liegt nicht in unserer Macht, Gott zu lenken, weder durch gutes Verhalten noch durch besondere Frömmigkeit. Zu helfen, um Gott damit gnädig zu stimmen, ist die falsche Motivation. Nein, unser Erbe ist die Erlösung und Jesus ist unser Anwalt, der dafür sorgt, dass wir es bekommen.

Andere versuchen, durch Hilfeleistungen am Nächsten den eigenen Selbstwert zu steigern. Dieses Verhalten nennt man im Volksmund »Helfersyndrom«[2] oder »Co-Abhängigkeit«. Damit wird man zum Beispiel abhängig von demjenigen, der wegen seiner Alkoholerkrankung oder Drogensucht auf Hilfe angewiesen ist. Viele Menschen, die sich selbst für so minderwertig halten, dass sie nicht glauben, um ihrer selbst willen geliebt zu werden, finden hilfsbedürftige Partner oder Partnerinnen, denen sie helfen können: Sie machen sich unentbehrlich. Das hat mit Nächstenliebe nichts zu tun. In Wirklichkeit ist die andere Person nur Mittel zum Zweck, um den eigenen Selbstwert zu steigern – und damit hilft sich der oder die Helfende zuerst einmal selbst.

Die dritte Motivation ist »das unsichtbare Sparbuch«, auf das Menschen einzahlen, um dann, wenn sie selbst Hilfe brauchen, von der Person, der sie geholfen haben, Hilfe einzufordern. Viele Familien leben nach diesem Prinzip und viele Eltern verzweifeln daran, dass ihre Kinder, denen sie alles gegeben haben, nicht bereit sind, ihrerseits alles für Mutter und Vater zu tun. Sie vergessen dabei, dass ein solcher »Vertrag« von *beiden* Parteien unterschrieben werden muss. Nicht wenige Eltern treiben mit ihren Erwartungen ihre erwachsenen Kinder in die Verzweiflung. Nicht selten wird das vierte Gebot – »Du sollst Vater und Mutter ehren« – von den Eltern als Aufforderung zu bedingungslosem Gehorsam missverstanden. Dass Gott jungen Menschen aufträgt, Vater und Mutter zu verlassen und einen eigenen Hausstand zu gründen (1. Mose 2,24), gerät in Vergessenheit, obwohl dieser Satz sowohl von Jesus als auch von den Aposteln wiederholt wird (Matthäus 19,5; Epheser 5,31).

Die Motivation zu helfen, kann also auf unterschiedlichen, oft unbewussten persönlichen Wünschen, Vorstellungen und Prägungen beruhen. Erst wenn wir erkennen, was davon uns antreibt, hat Gott überhaupt die Chance, uns seinen Willen mitzuteilen.

Ziel dieses Buches ist es, Sie bei dieser Erkenntnis so gut wie möglich zu unterstützen: Was treibt uns an, was leitet uns – bewusst oder unbewusst? Und wie können wir daran etwas ändern?

2.

Wie ist Veränderung möglich?

»Da schickte Gott der Herr ihn aus dem Garten Eden weg. Er musste von nun an den Ackerboden bearbeiten, aus dem er gemacht war« (1. Mose 3,23).

Vertrieben aus dem Garten Eden wird der Mensch von Gott damit beauftragt, den Acker, aus dem er gemacht ist, zu bearbeiten. Meines Erachtens ist hier nicht nur die Landwirtschaft gemeint, sonst hätte Gott Adam nicht noch einmal darauf hingewiesen, dass er aus diesem Stoff gemacht wurde. Nein, Gott fordert den Menschen auf, an sich selbst zu arbeiten!

Um diese Arbeit zu erleichtern, gab Gott dem Volk Israel Gesetze, die ein besseres Leben ermöglichen sollten. Niemand schaffte es jedoch, diese auch nur annähernd umzusetzen. Mit Jesu Kreuzestod und Auferstehung wird uns die Arbeit insofern erleichtert, als unsere Erlösung nicht mehr von unserem Verhalten und der Erfüllung von Gesetzen abhängt, sondern nur von unserem Glauben. Trotzdem werden wir auch im Neuen Testament immer wieder dazu aufgefordert, unser Verhalten dem Glauben anzupassen, zum Beispiel: »Bemüht euch deshalb nach Kräften, dass zu eurem Glauben das richtige Verhalten kommt« (2. Petrus 1,5).

Wir alle wissen jedoch: Verhalten lässt sich nicht so einfach ändern. Auch wenn wir uns noch so sehr bemühen, unsere Gefühle und Worte zu kontrollieren, merken wir, dass diese Bemühungen Grenzen haben. Diese Erfahrung machte auch Paulus, der feststellte, dass der gute Wille nicht ausreicht, um unerwünschtes Verhalten zu ändern (Römer 7,15-25). Natürlich bewirkt die Hinwendung zu Jesus, in dem Augenblick, in dem wir uns ihm zuwenden, oft Veränderung und Frieden. Dieser Friede hält wahrscheinlich auch in den meisten Situationen des täglichen Lebens, die unsere Bewältigungsstrategien nicht überfordern. Doch wenn wir gestresst sind, wenn wir glauben, dass der oder die andere völlig auf dem Holzweg ist, oder wenn wir uns provoziert fühlen, sieht es oft ganz anders aus. Während der Corona-Pandemie wurde zum Beispiel deutlich, wie lieblos Geschwister in vielen Gemeinden miteinander umgehen können, und das aus dem lapidaren Grund, dass einige sich impfen ließen und andere nicht.

Müssen wir uns also damit abfinden, dass die Sünde in uns immer wieder durchbricht?

Ja und nein!

Ja, weil wir Vollkommenheit als Menschen auf der Erde aus eigener Anstrengung nicht erreichen und deshalb Jesus brauchen, um durch ihn vor Gott gerechtfertigt zu werden.

Nein, weil wir gerade heute so viel über die Funktionsweise der Psyche wissen, dass es möglich ist, unerwünschtes Verhalten wirklich zu ändern. Wir können lernen, unsere Nächsten respektvoll zu behandeln, auch wenn wir ärgerlich oder traurig sind, uns verletzt oder provoziert fühlen. Und wir können lernen, spontane destruktive oder aggressive Reaktionen in verständnisvolle und friedliche Kommunikation zu verwandeln. In diesem und den nächsten Kapiteln befassen wir uns deshalb mit dem Unkraut, also dem Verhalten, das wir an uns selbst nicht mögen – sowie mit den Werkzeugen, die uns helfen, das Unkraut in Dünger für ein fruchtbares Leben mit Gott zu verwandeln. Darum geht es im Folgenden.

Seelsorge oder Psychotherapie?

»Psychotherapie? Brauchen wir nicht. Wir haben Seelsorge!«

»Ich bin in Christus neu geboren. Der alte Mensch betrifft mich nicht mehr.«

»Ich bete und vertraue darauf, dass Gott mich verändert.«

Diese und ähnliche Aussagen höre ich, wenn ich mit Christen und Christinnen über meinen Beruf spreche. Und dann sagen sie mir, dass sie sich für Seelsorge entscheiden, wenn sie mit dem Leben und seinen Aufgaben nicht zurechtkommen. Bei Seelsorgern oder Seelsorgerinnen fühlen sich gläubige Menschen ernst genommen.

Ja, Seelsorge ist wunderbar! Wir werden durch das Wort Gottes und die Gebete unserer Glaubensgeschwister gestärkt und getröstet. Wie Roland Werner in seinem Vorwort zu dem Buch *Heilende Gegenwart* von Leanne Payne schreibt, soll Seelsorge »eine ganzheitliche Hilfe und Hinführung zu Jesus Christus sein, in dem allein Hilfe und Heil zu finden sind«[3]. Auch ich habe einen Seelsorger, der mich in meinen Entscheidungen berät und unterstützt und mit mir betet.

Das bekannte Ausbildungsinstitut *de'ignis* formuliert das Anliegen der Seelsorge auf seiner Website folgendermaßen: Seelsorger und Seelsorgerinnen schaffen für Menschen »ein soziales Umfeld, in dem sie Verständnis und kompetente Begleitung erfahren«[4]. Seelsorge ist also zuständig für die *Begleitung* von Menschen und nicht für die Behandlung oder Therapie ihrer seelischen Probleme.

Denn obwohl unzweifelhaft feststeht, dass wir in Christus neu geboren sind (Römer 6,4), merken viele von uns, dass mit dem Bekenntnis zu Jesus, unterstützt von seelsorgerlichen Gesprächen, bestimmte Probleme eben nicht verschwinden. Die bekannte Seelsorgerin und Lehrerin des heilenden Gebets Leanne Payne schreibt über einen Klienten: »Es gab Umstände und Muster in seinem

Leben, die geändert werden mussten.«[5] Wenn dies nicht passiert, geschieht das, was ich leider nach Heilungsgebeten immer wieder erlebe: Das Problem verschwindet, doch im Laufe der Zeit stellt es sich wieder ein, da die Muster, die dem Problem zugrunde lagen, nicht verändert wurden.

Ich denke an eine Klientin, die als Jugendliche durch ein Heilungsgebet von einer schweren Depression geheilt worden war. Die Krankheit war jedoch Jahre später schlimmer zurückgekehrt und obwohl die ganze Gemeinde für sie betete, veränderte sich nichts. Sie war verzweifelt und suchte mich in meiner Praxis auf. Für sie kam es weder infrage, einen Psychiater oder eine Psychiaterin zu konsultieren und Medikamente zu nehmen, noch fand sie es notwendig, Umstände und Muster zu verändern, die ihr offensichtlich nicht guttaten. Da sie dazu nicht bereit war – denn beim ersten Mal war das ja auch nicht nötig gewesen –, blieb ihre Depression unverändert.

In vielen anderen Fällen wollen die Betroffenen Muster ändern, schaffen es aber nicht. Auch hier sollten wir nicht einfach davon ausgehen, dass diese Menschen sich im Grunde nicht ändern wollen. Denn Verhaltensmuster, die nicht änderbar zu sein scheinen, entstehen häufig als Folge traumatischer Erlebnisse. Da solche Erlebnisse gar nicht so selten vergessen werden, wissen die davon Betroffenen in den meisten Fällen nicht, dass sie nicht auf die aktuelle Situation, sondern emotional auf den in der Vergangenheit liegenden Auslöser reagieren, an den sie unbewusst erinnert werden. Solche Reaktionen sind oft unangemessen heftig und werden von anderen deshalb nicht verstanden.

Um diese Triggerreaktionen zu ändern, braucht es therapeutische Begleitung. Dem wichtigen Thema »Die emotionalen Auswirkungen traumatischer Erlebnisse« habe ich deshalb ein eigenes Kapitel gewidmet (S. 143).

Besonders tragisch ist es, wenn psychiatrische Erkrankungen falsch beurteilt und damit die Möglichkeiten der Behandlung verzögert werden. Häufig werden beispielsweise Psychosen nicht als das erkannt, was sie sind: Symptome einer Stoffwechselerkrankung des Gehirns, von der meist schon andere Familienmitglieder betroffen waren, denn die Disposition zu diesen Erkrankungen ist erblich.

Fakt ist, die Erde ist schon lange nicht mehr so, wie Gott sie sich gedacht hatte. Dass sich deshalb die Folgen menschlichen Fehlverhaltens und traumatischer Erfahrungen auch im Genpool niederschlagen, sollte uns nicht verwundern. Forschungen des Max-Planck-Instituts in München haben gezeigt, dass sich die Traumatisierung jüdischer Überlebender von Konzentrationslagern nicht nur bei ihnen selbst genetisch nachweisen lässt, sondern sich auch auf die Nachkommen überträgt. Deren Fähigkeit, mit Stress umzugehen, kann deutlich eingeschränkt sein.[6]

Wenn erkannt wird, dass sich jemand plötzlich anders verhält als gewohnt, wird von Christen und Christinnen bestimmter Milieus zuweilen dem Widersacher oder seinen Dämonen die Schuld dafür gegeben. Dann wird versucht, diese Dämonen auszutreiben. Es ist wunderbar, wenn die Psychose danach tatsächlich geheilt ist. Wenn die Heilung jedoch nicht gelingt, verstärkt sich der Wahn der erkrankten Person, weil ihr Erleben sie darin bestätigt, dass sie der Finsternis ausgeliefert ist. Der oder die Kranke bleibt in seiner oder ihrer persönlichen Hölle gefangen – denn dass es sich um eine mit Medikamenten beeinflussbare Krankheit handelt, wird auch vom Umfeld nicht in Betracht gezogen.

Meist lehnen die Betroffenen die Behandlung mit Psychopharmaka auch deshalb ab, weil diese Medikamente Nebenwirkungen haben. Die unerwünschten Wirkungen einer psychiatrischen Erkrankung – die katastrophalen Ängste, die verzerrte Wahrnehmung der Wirklichkeit, der Verlust des sozialen Netzes und schlimmstenfalls der Existenz – werden bei dieser Beurteilung jedoch nicht berücksichtigt.

Also, Seelsorge oder Psychotherapie?

Die Antwort darauf ist ganz einfach: Mit Ohrenschmerzen gehen Sie nicht zum Zahnarzt, denn Sie wissen, dass selbst das wiederholte Aufsuchen des Zahnarztes Ihre Ohrenschmerzen nicht heilen würde. Das heißt nicht, dass der Zahnarzt an Ihren Zähnen nicht wunderbare Arbeit leisten könnte. Für Ohrenschmerzen ist er jedoch nicht ausgebildet.

Deshalb sollten Not leidende Menschen in den Fällen, in denen das seelsorgerliche Gespräch die Probleme nicht in der gewünschten Weise verändern kann, zu denjenigen gehen, die durch ihre Ausbildung und Hunderte Stunden von Supervision genau das können: problematische Verhaltensmuster, Traumasymptome und psychiatrische Erkrankungen behandeln. Und das ist die Domäne der Psychotherapie. Bei psychiatrischen Erkrankungen ist die Psychiaterin – Fachärztin sowohl für die Krankheitsbilder als auch die passenden Medikamente – die beste Adresse und dann erst der Psychotherapeut. Meiner Erfahrung nach können diejenigen, die passende Medikamente einnehmen, ein ganz normales Leben führen. Durch psychotherapeutische Gespräche kann es dann gelingen, die Auslöser für erneute Schübe zu erkennen und zu »entschärfen« und damit Klinikaufenthalte zu verhindern.

Der Glaube bleibt für gläubige Menschen dabei die wichtigste Kraftquelle. Es ist also nicht nur hilfreich, sondern auch zu empfehlen, die seelsorgerlichen Gespräche begleitend fortzuführen. Das ist besonders dann wichtig, wenn die aufgesuchten Psychotherapeuten oder -therapeutinnen nicht selbst gläubig sind oder seelsorgerliche Gespräche ausdrücklich ausschließen.

Da Psychotherapie immer noch mit Vorurteilen behaftet ist, die oft mit mangelnder Kenntnis zusammenhängt, möchte ich Sie auf den nächsten Seiten informieren. Denn ich brauche für den zweiten Teil dieses Buches Ihre Offenheit, sich mit Ihren inneren Themen und Herausforderungen nicht nur in seelsorgerlicher, sondern auch in psychologischer Art und Weise zu befassen.

Alte Methoden versus neue Therapieformen

Die moderne Psychologie und die darauf basierende Psychotherapie haben so gut wie nichts mehr mit ihren Anfängen gemein. Trotzdem wird die Abneigung gegen Psychotherapie oft durch das genährt, was man über die Pioniere der Seelenkunde gehört oder in Filmen gesehen hat.

Beginnen wir mit Sigmund Freud. Er entdeckte schon 1890, dass es sexuelle Gewalt von Vätern, Großvätern, Onkeln oder älteren Brüdern gegenüber den Mädchen in der Familie geben musste, denn seine Patientinnen erzählten ähnliche Geschichten und litten unter sich ähnelnden Symptomen. Nachdem er diese Erkenntnis publiziert hatte, brach unter seinen Kollegen ein Sturm der Entrüstung los. Freud stand vor der Wahl, zu widerrufen oder seinen Beruf als Arzt und Psychotherapeut aufzugeben. Er widerrief. Bevor wir uns über seinen mangelnden Mut entrüsten, sollten wir bedenken, dass es auch heute noch nicht einfach ist, die Dinge beim Namen zu nennen und die Verantwortlichen zur Rechenschaft zu ziehen. Die mangelnde Mitarbeit der Kirchen bei der Aufarbeitung sexueller Gewalt von Priestern, Pfarrern und Pastoren an Kindern spricht eine deutliche Sprache.

Freud hätte seine Praxis schließen müssen, wenn er nicht widerrufen hätte. Für die Opfer war seine Entscheidung jedoch fatal. Dass Freud stattdessen den Ödipuskomplex erfand und behauptete, die sexuellen Begierden gingen von den Kindern aus, die ihre Väter oder Mütter verführen wollten, hatte schlimme Folgen: Die Opfer wurden plötzlich zu Täterinnern und Tätern, die unschuldige Väter belasteten! Kleine Kinder als triebgesteuerte Sexmonster? Dass das nicht stimmt, wissen alle Eltern. Aber auch heute noch halten sich viele Opfer sexueller Gewalt für schuldig und haben Schwierigkeiten, sich und ihren Wahrnehmungen zu glauben. Und einer der Gründe dafür ist eben, dass Psychoanalytiker die oben beschriebene Überzeugung jahrzehntelang als Tatsache verbreiteten. Daher hielten die zu neunzig Prozent männlichen Täter Sexualität mit Kindern für »normal«, weil die Kinder es ihrer Ansicht nach so wollten.[7]

Aus diesem Fehler entstanden weitere. Nachdem Freud den Ödipuskomplex als Ursache seelischer Schwierigkeiten festgeschrieben hatte, deuteten er und seine Schülerinnen und Schüler alle Gefühle und Traumbilder ihrer Patientinnen nur noch sexuell. Da die Sexualität in jedem therapeutischen Gespräch im Mittelpunkt stand, waren sexuelle Kontakte zwischen den meist männlichen Therapeuten und ihren Patientinnen so weit verbreitet, dass Freud sich genötigt fühlte, einzugreifen: Er verbot nahezu jeden persönlichen Kontakt und nannte dies »professionellen Umgang«. Dieses Verbot führt meines Erachtens auch heute noch dazu, dass sich Psychotherapeuten und -therapeutinnen ihren Klienten und Klientinnen gegenüber unpersönlich und teilweise zu distanziert verhalten.

Ein Zeitgenosse von Freud war der Schweizer Carl Gustav Jung. Er distanzierte sich von dessen sexuellen Deutungen. Jung glaubte, nicht nur in den Träumen seiner Patienten und Patientinnen, sondern auch in den Mythen zahlreicher Völker derart ähnliche Symbole entdeckt zu haben, dass er daraus schloss, dass Menschen nicht nur ein persönliches Unbewusstes in sich tragen, sondern sich ein kollektives Unbewusstes teilen.[8] Solche Symbole sind zum Beispiel der Schatten, in dem alle unbewussten, unerwünschten Aspekte der Persönlichkeit gespeichert sind, oder die Anima bzw. der Animus, der idealisierte Frauen- und Männergestalten beinhaltet – zum Beispiel »die reine Jungfrau« oder »der unbesiegbare Held«. Auch wenn der Missionarssohn Jung zutiefst religiös war – er nannte Gott »eine der allersichersten, unmittelbaren Erfahrungen«[9] –, führten die Konzentration auf die Symbole, die Jung »Archetypen« nannte, und seine tiefenpsychologische Deutung der Bibel[10] (jeder Mensch ist göttlich, denn Gott lebt als überpersönlicher Kern in ihm und Jesus hilft uns dabei, uns mit diesem Kern zu identifizieren) nicht dazu, dass es seinen Patientinnen und Patienten entscheidend besser ging. Heute arbeiten daher nur noch wenige Psychotherapeutinnen und -therapeuten nach seinen Vorgaben.

Wichtig ist auch: Keine dieser frühen Methoden stand auf wissenschaftlichem Boden. Darum wurde in der ersten Hälfte des 20. Jahrhunderts in den USA eine neue Form der Psychologie und Psychotherapie entwickelt, die sich von der Symbolik und dem inneren Erleben abwandte und sich ausschließlich auf beobachtbares Verhalten konzentrierte. Diese Richtung wurde »Behaviorismus« – Verhaltenstherapie – genannt. Das Pendel schlug, wie so oft, genau in die andere Richtung aus:

Der Charakter eines Menschen wurde nur noch auf seine Lernerfahrungen zurückgeführt. Das Kind sei ein unbeschriebenes Blatt, aus dem man alles machen könne, was man wolle. Das trieb in der Anfangszeit absonderliche Blüten, wie das folgende Zitat von J. B. Watson, einem der Begründer der Verhaltenstherapie, zeigt:

> Geben Sie mir ein Dutzend gesunder Babys, wohlgebildet, und meine eigene Welt, um sie aufzuziehen, und ich kann garantieren, dass ich jeden von ihnen zufällig auswählen und zu der Art von Spezialisten machen kann, wie es mir beliebt – Arzt, Rechtsanwalt, Künstler, Kaufmann und, ja, sogar Bettler und Dieb, ungeachtet

seiner Talente, Schwächen, Neigungen, Fähigkeiten, Berufungen und der Rasse seiner Vorfahren.«[11]

Wie alle Eltern wissen, stimmt das nicht – das erkannten schließlich auch die Verhaltenstherapeuten und -therapeutinnen. Sie bemerkten, dass es Aspekte des Menschen gibt, die nicht durch Lernerfahrungen erklärt und nicht so einfach verändert werden können. Diese Aspekte wurden »Blackbox« genannt, ein dunkler Raum, deren Inhalt dem oder der Betrachter/in verborgen ist und die dennoch den Flugschreiber enthält und damit alle Daten, die das Flugzeug steuern.

Um diese Daten geht es in der heutigen Verhaltenstherapie – also nicht nur um Verhalten, das irgendwie verändert und passend gemacht werden soll. Trotzdem haben immer noch Menschen Angst, von ihren Therapeuten oder Therapeutinnen manipuliert zu werden. Aber auch wenn es wichtig ist, nicht alles blind zu glauben, sind Patientinnen oder Klienten für Therapierende heute in der Regel Gesprächspartner auf Augenhöhe. Sie selbst bestimmen die Themen, an denen gearbeitet werden soll. Auch sind die verwendeten Methoden oft wissenschaftlich geprüft – das heißt, dass sie genau so wirken, wie sie wirken sollen.

Insgesamt ist die wissenschaftliche Psychologie heute davon überzeugt, dass Menschen und ihrem Verhalten eine Mischung aus geerbten Anteilen und Lernerfahrungen zugrunde liegt. Die kognitive Verhaltenstherapie, die den klassischen Behaviorismus ersetzt hat, berücksichtigt deshalb nicht nur das aktuelle Verhalten, sondern auch die in der Vergangenheit liegenden Erfahrungen, durch die das Verhalten geprägt wurde. Es greift deshalb zu kurz zu glauben, dass diese Art von Therapie nur die Symptome bekämpft, ohne die Ursachen zu berücksichtigen.

Zuletzt möchte ich noch auf die systemische Psychotherapie eingehen, eine Schule, die ich für meine eigene Arbeit gewählt habe. Im Mittelpunkt steht die Erkenntnis, dass bestimmte Verhaltensweisen dann logisch sind, wenn man den Kontext berücksichtigt, in denen sie stattfinden. Deshalb betrachten wir diejenigen, die unsere Unterstützung suchen, nicht isoliert als »Schadensfall«, sondern im Zusammenhang mit ihren »Systemen«, also zum Beispiel ihren Familien und sonstigen Lebensumständen.

Denn meist ergibt das unerwünschte Verhalten des Patienten oder der Patientin durchaus Sinn, wenn man deren Familien betrachtet: Mädchen mit Essstörungen reagieren zum Beispiel oft auf Spannungen in der Familie, Suchtprobleme treten nach Traumaerfahrungen auf, Menschen mit Wutausbrüchen versuchen, Eindeutigkeit zu erzwingen, Entscheidungsschwierigkeiten lassen auf die Erfahrung schließen, es sowieso nicht richtig machen zu können.

Die Heilung findet statt, wenn das die Störung auslösende Verhalten, an dem meist alle beteiligt sind, identifiziert und verändert wird. Wenn alle das Problem gemeinsam angehen, sind oft gar nicht so viele Stunden nötig. Deshalb versteht sich die systemische Psychotherapie im Gegensatz zur Tiefen- und Verhaltenstherapie als Kurzzeittherapie. Seit 2019 ist diese Methode von den Krankenkassen anerkannt.

Für welche Richtung Sie sich letztlich entscheiden, bleibt Ihnen überlassen. Informieren Sie sich über die Schule, die der Psychotherapeut oder die Psychotherapeutin vertritt. Vereinbaren Sie eine Probestunde und testen Sie, ob die »Chemie« stimmt. Erwarten Sie keine Wunder, sondern rechnen Sie damit, dass Sie selbst an der Veränderung arbeiten müssen. Es geht schließlich um Ackerbau, und der kann mühselig sein. Wichtig ist jedoch, dass Sie sich wohl fühlen und dass nichts geschieht, was Sie nicht wollen. Dann steht der Veränderung nichts mehr im Weg.

Der Selbsterlösungsweg der Esoterik

Bevor ich Sie gleich in die Arbeitsweise der Psychotherapie einführe, möchte ich auf ein weiteres Thema eingehen: die Esoterik. Diese Pseudoreligion erlebte ab den Siebzigerjahren einen Aufschwung und zog besonders die Menschen an, die nach Gott und dem Sinn ihres Erdenlebens suchten. Die traditionellen Kirchen konnten keine Antworten mehr bieten, auch deswegen, weil Frauen zwar mitarbeiten, aber nicht mitbestimmen durften – vor allem in der katholischen Kirche und vielen Freikirchen – oder weil Pastoren und Pfarrerinnen weniger ihren Glauben und mehr ihre politischen Ziele verkündeten. Erst kürzlich besuchte ich einen evangelischen Gottesdienst, in dem der Pastor die Bibel als »altes Buch« bezeichnete, das für uns moderne, aufgeschlossene Menschen kaum noch Aussagekraft habe.

In der Esoterik verschmolzen nun östliche Religionen und schamanistische Rituale, die auf die Bedürfnisse westlicher Menschen abgestimmt wurden: dem Leben einen Sinn zu geben, selbst etwas zur eigenen Erlösung beizutragen und vor allem die Zukunft – das Karma – im gewünschten Sinne zu beeinflussen.

Indien, das »Land der Erleuchtung«, zog westliche Menschen besonders an. Die Gurus in ihren Meditationszentren, den Aschrams, mögen zu Beginn durchaus ernst gemeinte religiöse Ziele verfolgt haben. Im Laufe der Zeit verwandelten sich viele dieser Gurus, denen plötzlich finanzielle Mittel zur Verfügung standen, die ihre kühnsten Träume überstiegen, jedoch in Geschäftsleute, die alles dafür taten, ihren Reichtum zu vermehren. Leider nutzte ein Großteil dieses Geld nicht dazu, die bitterarme Bevölkerung zu unterstützen. Sie investierten lieber in sichtbare Statussymbole wie Luxusautos und nutzten die Anbetung ihrer weiblichen Anhänger für sexuelle Dienstleistungen aus.

Mit dem Hinduismus, der Religion dieser Gurus, hatten sich die wenigsten ihrer neuen Anhänger und Anhängerinnen befasst, denn sonst hätten sich wohl kaum so viele gut ausgebildete, selbstbewusste westliche Menschen dieser Religion mit ihrem brutalen Kastensystem, ihren vielen Hundert Göttinnen und Göttern und ihrer absoluten Missachtung von Frauen anvertraut. Auch heute noch werden in Indien weibliche Föten abgetrieben, weil Väter nur durch eigene Söhne aus dem Rad der Wiedergeburt aussteigen und ins Nirwana gelangen können. Außerdem sind Söhne billiger, weil bei einer Hochzeit nur die Eltern der Braut zur Kasse gebeten werden. Die indische Folklore ist jedoch verführerisch. Die Feste sind farbenfroh, die Frauen in ihren Saris wunderschön anzusehen und das Fremde wirkt exotisch und anziehend. Wer mag da schon hinter die Kulissen schauen …

Neben dem Hinduismus steht insbesondere der Buddhismus auch heute noch hoch im Kurs, als friedliche Religion der Selbsterlösung, in der es keinen Gott gibt. Obwohl der Buddhismus zu den Weltreligionen gehört, wurden auch seine Aussagen und Rituale für westliche Esoteriker entsprechend angepasst. Buddha wird dabei nicht angebetet: Er ist nur derjenige, der als Erster den Weg der Selbsterlösung vollendete und ins Nirwana einging. Sein Ausstieg aus dem Rad der Wiedergeburten diente seinen Anhängern als Vorbild für den eigenen Weg der Askese und Meditation. Der tibetische Buddhismus, der etwa 1200 n. Chr. entstand, erweiterte die Selbsterlösung durch ein neues Prinzip: die Abkehr von der eigenen Erlösung und die Hinwendung zu den Not leidenden Mitmenschen. Weil auch im Buddhismus die Wiedergeburt als Tatsache gilt, verspricht ein tibetischer Buddhist deshalb, sich so lange wieder zu inkarnieren, bis auch das letzte Wesen auf dieser Welt erlöst worden ist.

Ich selbst versuchte als junge Erwachsene, den buddhistischen Weg zu gehen, nachdem mein Lieblingspastor von den Presbytern der Gemeinde aus seinem Amt getrieben wurde. Diese große Enttäuschung ließ mich die Erlösung in einer anderen Religion suchen. Drei einschneidende Erlebnisse öffneten mir dann nach wenigen Jahren die Augen:

In den frühen Achtzigerjahren reiste ich nach Ladakh, in den westlichen Teil von Tibet, der zu Indien gehört. Mein Gästehaus verfügte über einen eigenen Tempel. Als ich bat, dort meditieren zu dürfen, wurde ich vom Hausherrn zurückgewiesen: Er würde seinen Tempel nicht durch eine Frau beschmutzen lassen.

Das machte mich nachdenklich, reichte aber noch nicht aus, um mich von meinem Weg abzubringen. Ich reiste in ein tibetisches Kloster nach Frankreich, um dort die tibetische Sprache zu lernen. Ein Text befasste sich damit, wie viel ich meditieren müsse, um im nächsten Leben endlich als Mann wiedergeboren zu werden. Ich wurde schlagartig krank, bekam Kopfschmerzen und Fieber. Das machte mich stutzig und ich erkannte, dass Gott mich als Frau gewollt hatte – gleichzeitig verschwanden meine Symptome.

Als dann der Dalai Lama nach Deutschland kam, fuhr ich quer durch die Republik nach Schneverdingen, auch wenn ich schon lange nicht mehr wirklich vom Buddhismus überzeugt war. Die Reden des Dalai Lama waren jedoch gehaltvoll und ich wollte die persönliche Begegnung mit ihm nicht verpassen. Am zweiten Tag der Veranstaltung war ein Bodhisattva-Versprechen vorgesehen, bei dem wir uns verpflichten sollten, uns so lange immer wieder zu inkarnieren, bis das letzte Wesen, auch der letzte Wurm, gerettet sei. Auf dem Weg zum Versammlungsort wurde mir plötzlich so übel, dass ich die Rosen mit meinem Frühstück beglückte. Schlagartig wurde mir klar, dass Jesus diese Aufgabe schon längst für mich erledigt hatte. Ich reiste ab und seitdem weiß ich endgültig, wohin ich gehöre.

Aus diesem Selbsterlösungstrend von Esoterik und fernöstlichen Religionen entstanden im Anschluss unzählige »Therapieformen«, in denen selbst ernannte Coaches ihre zum Teil kruden Ideen als Weg zum Glück verkauften. Der Glaube an Selbstverwirklichung und das Befriedigen eigener Bedürfnisse löste für viele suchende Menschenden den Glauben an Gottes Plan für unser Leben und die Unterordnung unter seinen Willen ab. Plötzlich standen Gefühle im Vordergrund und schienen wichtiger als Weisheit und die Orientierung an Gottes Wort. Gebete waren nicht mehr nötig. Schließlich war man selbst göttlich und konnte deshalb das, was man brauchte, manifestieren. Die Überzeugung, selbst für die Erfüllung von Wünschen sorgen zu können, wenn man nur fest genug daran glaubte, gipfelt bis heute in Büchern mit Titeln wie *Wünsche ans Universum – Wie Manifestieren und das Gesetz der Anziehung auch für Dich funktionieren* und als Ergänzung in dem Versprechen: *Erreiche Deine Ziele und persönliche Wunder und werde glücklich.*[12]

Als ich vor gut dreißig Jahren einem solchen Meister der Manifestation beim Erstellen seiner Biografie half, fiel mir auf, dass die von ihm berichteten Erfolge weniger auf seinen beschworenen spirituellen Kräften beruhten, sondern viel mehr darauf, dass er Menschen durch seinen besonderen Guru-Status dazu brachte, kostenlos für ihn zu arbeiten. Nicht das Universum erfüllte seine Wünsche, sondern seine »Fans«. Als ich diese Beobachtung ihm gegenüber thematisierte, war meine Hilfe plötzlich nicht mehr gefragt.

Auch das »Familienstellen« nach Bert Hellinger ist ein Beispiel für die Vermischung von schamanistischen Ritualen, christlichen

Werten und Macht. Vor dieser Form des Familienstellens wird in Deutschland zu Recht seit vielen Jahren gewarnt. Bert Hellinger (1925–2019) war als katholischer Priester in Afrika tätig. Bei den Zulus lernte er einen Begriff kennen, der ihn faszinierte: die Familienseele, eine geistige Realität, in der »die Wahrheit« der Familie gespeichert sei. Hellinger glaubte, dass man sich in diese Realität einklinken könne, und entwickelte dazu das »Familienstellen«, bei dem er Stellvertreter und -vertreterinnen der Familienmitglieder in den Raum stellte und sie befragte. Diese wurden in dem von ihm sogenannten »wissenden Feld« zu Schamanen, deren Rückmeldungen von Beteiligten kritiklos akzeptiert werden mussten, wie unglaublich sie auch sein mochten. Ein wichtiger Bestandteil des Familienstellens war die Behauptung Hellingers, die Schuld der Väter und Mütter würde sich spürbar auf das Leben der Kinder und Kindeskinder auswirken. Nur durch Familienstellen könne diese Schuld symbolisch beglichen werden. Die Enkelin war damit schuld an der Abtreibung der Großmutter, der Enkel an den Kriegsverbrechen seines Großvaters.

Die Bibel lehrt etwas anderes. So stellen Jeremia (Jeremia 31,29) und Hesekiel infrage, ob die Schuld der Väter wirklich von den Kindern getragen werden müsse, wie dies in 5. Mose 5,8-9 geschrieben steht: »Die Kinder werden nicht für die Sünden der Eltern bestraft und die Eltern nicht für die Sünden der Kinder. Die Gerechten werden für ihre Gerechtigkeit belohnt, die Gottlosen werden für ihre Gottlosigkeit bestraft« (Hesekiel 18,20-21). Durch den Kreuzestod von Jesus Christus sind wir in jedem Fall endgültig frei von jeglicher Schuld, die unsere Vorfahren auf sich geladen haben mögen! Für die Begleichung welcher Schuld auch immer brauchen wir kein Familienstellen.

Doch das ist noch nicht alles. Bei den Zulus gelten die Männer als die absoluten Herrscher ihrer Familien und Frauen und Kinder sind ihnen vollkommen unterworfen. Das gilt auch für sexuelle Handlungen an Kindern.[13] Nach Hellingers öffentlich geäußerter und schriftlich formulierter Meinung ist daher immer die Mutter schuld, wenn es sexuelle Übergriffe in der Familie gibt.[14] Hätte die Frau ihrem Mann alle sexuellen Wünsche erfüllt, hätte dieser sich nicht am Kind vergriffen. Von Teilnehmerinnen, die sexuelle Gewalt erlitten hatten, forderte Hellinger, sich während der Familienaufstellung vor den Stellvertretern und -vertreterinnen ihrer Eltern zu verbeugen und zu sagen: »Ich habe es gern für euch getan.«[15] Mir wurde von Betroffenen erzählt, dass, wenn eine Frau sich weigerte, diesen Satz zu sagen, sie vom Meister mit den Worten »Du hast ein kaltes Herz, du bist noch nicht so weit« aus der Sitzung entlassen wurde.

Es schaudert mich, wenn ich daran denke, dass der katholische Priester Bert Hellinger versuchte – und dies mit einigem Erfolg! –, sexuelle Gewalt an Kindern zu rechtfertigen und ihren Müttern dafür die Schuld in die Schuhe zu schieben.

Mein Mann und ich distanzierten uns bereits frühzeitig vom Familienstellen nach Hellinger.[16] Wir haben mit vielen Menschen gearbeitet, die von ihm oder seinen Nachfolgern und Nachfolgerinnen geschädigt worden waren. Ich erinnere mich besonders gut an eine Frau, die an Brustkrebs erkrankt war. Ihre Weigerung, den schrecklichen Satz »Ich habe mich gerne missbrauchen lassen« auszusprechen, bezeichnete Hellinger als Grund für ihre Krebserkrankung. Zum Glück verließ sie die Veranstaltung. Und zum Glück haben sich fast alle Psychotherapeuten und -therapeutinnen, die Hellingers Methode weitergaben, inzwischen von seiner Methode distanziert.

Auch wir Christen und Christinnen laufen Gefahr, wie Esoteriker und Esoterikerinnen zu agieren. Das tun wir immer dann, wenn wir glauben, dass wir etwas anderes für unsere Erlösung tun müssen, als an Jesus zu glauben (siehe Römer 1,16-17). Für Martin Luther war dies sogar der Grund, sich gegen die bestehende Kirchenordnung zu wenden. Und ohne seine Verurteilung des Ablasses gäbe es heute keine protestantische Kirche!

Wir agieren auch dann wie esoterische Menschen, wenn wir glauben, dass alles, was wir im Gebet zu hören glauben, »die von Gott gegebene Wahrheit« ist und somit nicht nur für uns selbst, sondern für alle zu gelten hat. Gott wird zum Verbündeten, der die eigene Überzeugung stützt. Wie bereits erwähnt, trug diese Haltung in der Pandemie viel zum Unfrieden in den Gemeinden bei. Viele Impfgegner und -gegnerinnen, denen ich begegnet bin, glaubten beispielsweise, im Gebet von Gott in ihrer Haltung bestärkt worden zu sein. Da sie fest davon überzeugt waren, Gottes Wahrheit zu verkünden, wurden damit alle, die eine andere Entscheidung getroffen oder im Gebet etwas anderes gehört hatten und sich impfen ließen, zu Ungläubigen erklärt. Und das gab es sicher andersherum genauso.

Hier stellt sich daher die Frage: Wie unterscheiden wir das, was jemand – im guten Glauben – als Gottes Wahrheit verkündet, von wirklicher Prophetie? Das ist wichtig, damit wir eben nicht in die Esoterik-Falle tappen.

Diese Frage stellte ich Armando Siewert, der seit dreißig Jahren im prophetischen Dienst für verschiedene Pfingstgemeinden arbeitet. Er antwortete mir: »Wahre Propheten führen Menschen in eine Gottesbeziehung. Nach einer Prophetie muss der Empfänger sagen können: ›Mir ist Jesus größer geworden, ich habe seine Gegenwart gespürt.‹ Prophetie ermutigt und stärkt, tröstet und heilt.« Die Früchte sind also entscheidend.

Was hilft uns noch dabei, die falschen Propheten zu erkennen, vor denen uns Jesus so eindringlich warnt (Matthäus 7,15-20)? Die Bibel gibt klare Antworten. Zum einen sollte das, was prophezeit wird, auch eintreffen (5. Mose 18,18-22). Aber auch wenn eintrifft, was der Prophet vorhersagt, sind wir aufgerufen, wachsam zu bleiben (5. Mose 13,2-5). Armando führt aus: »Falsche Propheten ziehen Menschen an sich und binden sie an die eigene Person. Sie stellen sich und nicht Gott in den Mittelpunkt.« Das Verhalten des Propheten oder der Prophetin ist also ein weiterer Hinweis.

Vor allem müssen wir dabei berücksichtigen, dass es nicht nur der Heilige Geist ist, der Nachrichten übermittelt und übernatürlich wirkt. Auch die Diener der Finsternis haben magische Kräfte. Die ersten drei Wunder, mit denen Mose und Aaron den Pharao davon überzeugen wollten, das Volk Israel ziehen zu lassen, konnten dessen Magier tatsächlich nachahmen (siehe 2. Mose 7 und 8). Oder denken Sie an die Auseinandersetzungen, die Jeremia mit falschen Propheten führte (Jeremia 23,9-40), oder an Micha, der es als Einziger wagte, das Unheil vorherzusagen, das schließlich wirklich eintraf. Gott selbst erlaubte den Lügengeistern, die vierhundert Kollegen von Micha in die Irre zu führen (1. Könige 22; 2. Chronik 18).

Ich habe eine sehr gute Freundin durch eine falsche Prophetin verloren. Diese sagte meiner Freundin immer wieder, die Geschwulst an ihrer Brust sei nur »schlechtes Karma« und werde sich durch Meditation, Fasten und Wassertrinken auflösen. Als es mir schließlich gelang, meine Freundin zum Arzt zu bringen, wurde Brustkrebs im Endstadium festgestellt. Sie starb kurze Zeit danach. Die Frau, die sie so in die Irre geführt hatte, wies alle Verantwortung von sich.

Das war mir eine Lehre. Diese falsche Prophetin wollte meine Freundin weder gefährden noch umbringen. Aber es zeigt, wie wichtig es ist, uns selbst gegenüber wachsam zu bleiben. Nicht alles, was wir von anderen oder – im besten Glauben – im Gebet hören, ist Gottes Stimme! Zuweilen sind es nur unsere eigenen Wünsche oder Überzeugungen, unsere unbewussten Lösungsstrategien und Glaubenssätze.

Bewegen wir deshalb die Worte, die wir im Gebet hören, wie Maria »in unseren Herzen« (Lukas 2,19-20) und denken wir darüber nach. Entfernen wir das Unkraut von unserem Acker, damit wir fähig werden, Gottes Stimme wirklich herauszuhören.

Was tun, wenn wir psychotherapeutische Hilfe brauchen?

Zunächst: Es gibt viele Gründe, psychotherapeutische Hilfe in Anspruch zu nehmen. Die folgenden gehören zu den in meiner Praxis häufig genannten:

Es gibt etwas in Ihrem Leben, das Sie verändern wollen. Sie haben sich womöglich bereits ausführlich mit Ihrem Seelsorger oder Ihrer Seelsorgerin oder einer anderen Ansprechperson ausgetauscht. Trotz Ihres ehrlichen Bemühens ist es Ihnen jedoch bisher nicht gelungen, das unerwünschte Verhalten zu verändern, die Paarkrise zu lösen oder den Konflikt mit Ihrem Kind oder Ihrer Verwandtschaft beizulegen. Sie können die angestrebte Lösung nicht umsetzen und der Verdacht keimt in Ihnen auf, dass dies auch mit Ihnen selbst zu tun hat.

Oder: Sie erleben immer wieder, dass scheinbar harmlose Anlässe Sie in Angst und Schrecken versetzen, so als würde Ihr Leben bedroht. Sie ertragen es zum Beispiel nicht, allein zu sein oder Sie kriegen Panikattacken bei der Vorstellung, Ihr Partner oder Ihre Partnerin würde Sie verlassen. Es hilft Ihnen nicht, dass der- oder diejenige Ihnen versichert, dies keinesfalls vorzuhaben. Die Angst lähmt Sie, ohne dass Sie etwas dagegen tun können.

Oder: Sie haben selbst etwas Schlimmes erlebt, einen Unfall, eine Gewalttat, eine Naturkatastrophe, oder einer nahestehenden Person ist so etwas passiert. Möglicherweise ist jemand plötzlich gestorben. Seitdem geht es Ihnen nicht mehr gut. Sie haben Schlafstörungen und wenn Sie endlich eingeschlafen sind, werden Sie von Albträumen gequält. Sie haben plötzlich Angst, das Haus zu verlassen, sind misstrauisch und werden immer wieder von Erinnerungen an das Ereignis überfallen. Endlich spricht eine Ärztin von einer Posttraumatischen Belastungsstörung.

Oder: Das Leben fällt Ihnen immer schwerer. Sie fühlen sich nur noch traurig, wie ausgeschaltet. Schlafen fällt Ihnen schwer und schließlich schaffen Sie Ihren gewöhnlichen Alltag nicht mehr. Für eine gewisse Zeit gelingt es Ihnen, im Beruf noch zu funktionieren. Haushalt und Freundschaften dagegen vernachlässigen Sie immer mehr, weil Sie es einfach nicht mehr schaffen. Schließlich brauchen Sie auch für Ihren Beruf eine Krankschreibung, der Arzt spricht von Depression und verschreibt ein Medikament.

Oder: Sie leiden an einem körperlichen Symptom. Die Ärzte finden keine Ursache, Medikamente helfen nicht und auch Gebete haben nichts an Ihrem Zustand verändert. Irgendwann spricht ein Arzt von einem psychosomatischen Problem. Damit meint er, dass die Ursache für die körperliche Beschwerde in der Psyche zu finden ist.

All dies sind gute Gründe, eine Psychotherapie ins Auge zu fassen.

Der nächste Schritt besteht darin, einen passenden Therapeuten zu finden. Wenn Sie darauf angewiesen sind, dass die Krankenkasse die Therapie bezahlt, sind Sie in der Auswahl eingeschränkt. Therapieplätze sind selten und begehrt. Die Behandlung wird von psychologischen Psychotherapeuten und -therapeutinnen oder von entsprechend ausgebildeten Ärzten oder Ärztinnen durchgeführt.

Diese Menschen haben Psychologie studiert und eine von den Kassen anerkannte psychotherapeutische Zusatzausbildung absolviert. Leichter haben es manchmal diejenigen, die die Therapie privat bezahlen. Es gibt viele Kolleginnen und Kollegen, die auch ohne Kassenzulassung hervorragend ausgebildet sind und ausgezeichnete Arbeit leisten.

Ganz gleich, nach welcher Schule eine Therapeutin gelernt hat, ist die »Chemie« zwischen Ihnen beiden das Wichtigste. Wie gesagt, vereinbaren Sie zunächst eine Probestunde und entscheiden Sie erst danach, ob Sie sich diesem Menschen vorbehaltlos anvertrauen wollen. Sie werden ihm Inhalte erzählen, die Sie vielleicht noch nie mit jemandem geteilt haben. Obwohl Sie sicher sein können, dass dieses Wissen nicht ausgeplaudert wird – wir Therapeuten und Therapeutinnen unterliegen alle der Schweigepflicht –, ist es wichtig, dass Sie sich wohlfühlen.

Vielen Christen und Christinnen ist es wichtig, dass auch ihr Gegenüber gläubig ist. Ja, es kann sehr hilfreich sein, wenn wir den Glauben und die Liebe für Jesus miteinander teilen. Ich persönlich erwähne meinen Glauben auf meiner Website nicht, damit sich niemand ausgeschlossen fühlt. Das betrifft nicht nur diejenigen, die sich als atheistisch oder agnostisch bezeichnen oder die Angehörigen anderer Religionen. Viele Menschen sind durch religiösen Missbrauch traumatisiert und befürchten, durch einen gläubigen Therapeuten retraumatisiert zu werden. Mein Glaube teilt sich trotzdem mit, denn irgendwann fragen mich viele meiner Klientinnen und Klienten, was bei mir anders ist. Liebe und Frieden sind wahrnehmbar, auch wenn ich nicht darüber rede.

Sollten Sie kein christliches Gegenüber in Ihrem Wohnort finden, denken Sie daran, dass seit der Pandemie viele Praxen auch online beraten. Das geht ausgezeichnet und macht es Ihnen noch leichter, jemanden zu finden, der Ihnen wirklich liegt. Oder Sie nehmen von dem Kollegen oder der Kollegin vor Ort das, was diese Ihnen geben können, und gehen zusätzlich zur Seelsorge.

Wenn Sie jemanden gefunden haben, hilft es sich klarzumachen: Was ist das wichtigste Ziel der Psychotherapie? Meine Antwort lautet: Sie hilft zu einem tiefen Verständnis der eigenen Emotionen und Reaktionen. Dazu ist es nicht notwendig, die gesamte Kindheit zu erforschen. Weil unser Verhalten und unsere Emotionen jedoch zum größten Teil von vergangenen Erfahrungen geprägt sind, hilft es ungemein zu verstehen, warum wir so fühlen und reagieren, wie wir reagieren. Die zugrunde liegenden Glaubenssätze und Muster sind alt und gehören zu einer anderen Zeit. Deshalb wirken sie nicht zielführend bei der Lösung unserer aktuellen Probleme. Eine gute Psychotherapie hilft dabei, diese Zusammenhänge herzustellen und das nicht mehr taugliche Verhaltensmuster zu verändern.

Wir Psychotherapeuten und -therapeutinnen sind also dazu ausgebildet, die dem Verhalten zugrunde liegenden Muster zu erkennen. Das bedeutet, dass wir nicht für jede Problemtür einen eigenen Schlüssel brauchen. Sondern wir nutzen den Generalschlüssel, mit dem wir viele Türen öffnen oder schließen können.

Wir wissen darüber hinaus, dass jede Medaille zwei Seiten hat. Das gilt auch für Glaubenssätze und Verhaltensmuster. Jedes Verhalten hat auch einen Vorteil für die Person, die es ausführt, auch wenn ihr dies nicht bewusst ist. Erst wenn wir bereit sind, den Vorteil aufzugeben, können wir auch den Nachteil loslassen. Dann verändert sich das Verhalten ganz von selbst, denn wir neigen dazu, das Bessere dem Schlechteren vorzuziehen. Psychotherapeuten und -therapeutinnen sind darin geschult, auch die Vorteile destruktiver Verhaltensmuster und hinderlicher Glaubenssätze herauszuarbeiten und damit veränderbar zu machen. Sie haben in langjährigen Ausbildungen Interventionen – Techniken – gelernt, deren Wirksamkeit wissenschaftlich geprüft wurde.

Ein Einwand, den ich immer wieder höre, ist, dass Therapeuten und Therapeutinnen mehr Probleme haben als andere Menschen und versuchen, sich durch ihre Tätigkeit selbst zu behandeln.[17] Ist eine unglückliche Kindheit wirklich die beste Voraussetzung für diesen Beruf?

Es ist tatsächlich gar nicht so selten, dass Menschen ihre belastenden Erfahrungen in Ressourcen verwandeln. Schwere Krankheiten in der Familie können dazu führen, dass Kinder medizinische Berufe ergreifen, Insolvenzen führen zu kaufmännischen Ausbildungen oder Studiengängen und natürlich wecken seelische Störungen in der Familie bei Kindern den Wunsch, das Erlebte nicht nur selbst zu verarbeiten, sondern auch anderen Menschen mit ähnlichen Erfahrungen beizustehen. Ich sehe darin keinen Nachteil, sondern einen echten Vorteil: Wir Christen und Christinnen erfahren täglich, dass Gott uns schlimme Erfahrungen nicht erspart. Idealerweise nutzen wir die eigenen Erlebnisse dann, um anderen Menschen, die Hilfe suchen, authentisch und professionell den Weg aus der Belastung heraus zu zeigen. Wir sind glaubwürdig, weil wir diesen Weg selbst gegangen sind. Diese Ansicht wird auch in medizinischen Fachkreisen geteilt.[18]

Bleibt die Sorge, vom Psychotherapeuten und -therapeutinnen beeinflusst zu werden. Viele befürchten, dass die Therapierenden sie in eine Richtung drängen, die diese selbst für richtig halten. Und ja, der Satz »Wenn du mit deinem Mann oder deiner Frau zusammenbleiben willst, dann achte darauf, dass dein Paartherapeut nicht geschieden ist« ist durchaus ernst zu nehmen. Auch Therapeuten sind Menschen und auch ihre Wahrnehmung ist von eigenen Erfahrungen und Überzeugungen geprägt. Dass dies so ist, sollte uns Profis jedoch bewusst sein. Wir haben schließlich in vielen Hundert Stunden Eigentherapie und Supervision gelernt, die eigenen Erfahrungen zu bearbeiten, um sie eben *nicht* auf unsere Klienten und Klientinnen zu projizieren.

Das gilt auch für mich und meine Erfahrungen. Obwohl ich meinen Glauben nicht in den Vordergrund stelle, wirken sich meine christlichen Werte auf meine Beratungen aus. Deshalb biete ich zum Beispiel Paaren an, Konfrontationen in konstruktive Auseinandersetzungen und Trennungswünsche in die Aufarbeitung der gemeinsamen Schwierigkeiten zu verwandeln. Denn es schmerzt mich körperlich, wenn Klientinnen und Klienten sich gegenseitig abwerten und recht haben wollen, statt am Frieden zu arbeiten.

Wenn Paare sich unbedingt trennen wollen, biete ich an, die gemeinsame Geschichte zu bearbeiten, damit die Trennung friedlich verläuft. Die Kinder dieser Paare sollten nicht den Preis für die ungelösten Probleme ihrer Eltern zahlen müssen. Glücklicherweise lieben die meisten Väter und Mütter ihre Kinder und gehen auf meinen Vorschlag ein.

Und zuletzt bitte ich Jesus um seinen Segen und um seine Führung, damit ich meinem Gegenüber das geben kann, was es braucht, um den nächsten Schritt zu tun. Und wenn die Stunde gut gelungen ist, danke ich Gott dafür, denn ich weiß zutiefst, wem ich die »plötzlichen Einfälle« zu verdanken und warum ich genau die »richtigen Worte« gefunden habe.

Teil II

Den Seelenacker bearbeiten, um Gottes Willen näherzukommen

Im letzten Kapitel haben wir den Unterschied zwischen Seelsorge und Psychotherapie herausgearbeitet, die verschiedenen psychotherapeutischen Schulen kennengelernt und vom Selbsterlösungsweg der Esoterik unterschieden sowie die Gründe aufgeführt, selbst eine Therapie in Erwägung zu ziehen.

In den folgenden Kapiteln kümmern wir uns um die psychische und emotionale Entwicklung, die jeder Mensch im Laufe seiner Kindheit durchläuft, um das Entstehen der Glaubenssätze und Prägungen, die uns so oft begrenzen und einschränken, ohne dass wir das merken. Und das alles mit dem Ziel, in unserer Seele Raum zu schaffen für Gottes Sprechen und um seinem Willen für uns näherzukommen.

In der Bibel lernen wir zweierlei: Auf der einen Seite sind wir durch unser Bekenntnis zu Jesus Christus neue Menschen (2. Korinther 5,17). Auf der anderen Seite werden wir nicht nur im Alten, sondern auch im Neuen Testament immer wieder aufgefordert, uns zu ändern, um liebevoller und gerechter, um bessere Menschen zu werden. Das heißt: Obwohl wir geistlich neue Menschen geworden sind, bleibt es unsere Aufgabe, an uns zu arbeiten. Die Aussage in 1. Johannes 2,6, wir sollen danach streben, so zu leben, wie Jesus es uns vorgemacht hat, bestätigt dies.

Streben heißt, dass wir uns darum bemühen, damit sich was verändert. Doch viele Christen und Christinnen glauben, dass es ausreicht, um eine günstige Veränderung des Charakters zu beten, und sind dann enttäuscht, wenn nichts oder zu wenig passiert. Wahrscheinlich haben auch Sie gemerkt, dass diese Strategie meist leider nicht zum erwünschten Ziel führt. Es ist ja nicht so, dass wir uns vornehmen, uns besonders aggressiv oder eklig aufzuführen! Nein, solche Verhaltensweisen geschehen meist spontan, sodass wir gar keine Wahl haben, uns für ein besser passendes Verhalten zu entscheiden.

Warum reicht es also nicht aus, immer wieder dafür zu beten, dass Gott uns hilft, die Verhaltensweisen loszuwerden, die sich nicht mit unserem Christsein vereinbaren lassen? Warum genügt es nicht, wenn wir uns selbst dafür tadeln, dass wir mal wieder wütend geworden sind, unseren Nächsten verurteilt und beschuldigt oder Gott eine ganze Weile vollkommen vergessen haben? Ist es wirklich das Böse oder das Fleisch, das uns täglich neu dazu verleitet, nicht sanftmütig, geduldig, empathisch und liebevoll zu reagieren, sondern beleidigt, ungeduldig, genervt, egoistisch und aggressiv?

Obwohl ich täglich nicht nur in der Praxis, sondern auch an mir selbst erlebe, dass die meisten dieser Reaktionen nicht »böse« gemeint und nicht dazu gedacht sind, jemandem bewusst zu schaden, drücken wir mit diesem Verhalten sicher nicht den in Jesus neugeborenen Menschen aus. Wir handeln und reden unüberlegt, emotional, spontan. Meist tun uns diese Reaktionen hinterher leid und wir bekennen im Gebet: »Jesus, ich war wieder zickig, bockig, unleidlich usw.«

Die Frage ist also: Wie können wir an diesen Reaktionen und Mustern arbeiten und das Unsere dazu beitragen, dass Gott uns davon befreien kann?

Die meisten Muster, mit denen wir unser Leben regeln, haben wir als Kinder in unseren Familien gelernt; sie begleiten uns also schon einige Jahre. Je öfter wir solche Muster angewendet haben, umso größer ist die Chance, dass wir sie wiederholen. Wenn wir uns in einer Situation wiederfinden, die der, in der das Muster geprägt wurde, ähnlich ist, verbindet unser Gehirn blitzschnell die notwendigen Nervenbahnen, damit wir – ohne zu überlegen – reagieren können. Gerade in Gefahrensituationen rettet uns dieses blitzschnelle Zurückgreifen auf bekannte Verhaltensmuster oft die Gesundheit oder sogar das Leben. Gott hat also das Gehirn nicht so geschaffen, um uns zu ärgern. Nein, die meisten Muster sind sehr nützlich. Sie erleichtern unseren Alltag ungemein. Und unter unseren unzähligen gespeicherten Verhaltensmustern befinden sich auch jene, die uns befähigen, Beziehungen zu führen.

Weil wir die meisten dieser Muster jedoch als Kinder gelernt haben, spiegeln sie nicht nur unsere Erfahrungen wider, sondern auch die Analysefähigkeit des Lebensalters, in dem sie entstanden sind. Das wird oft vergessen, wenn geraten wird, dem spontanen Gefühl mehr zu vertrauen als dem Verstand. Viele Konfliktlösungsstrategien und Stressmuster nebst den sie begleitenden Emotionen stammen aus eher frühen Lebensaltern. Würden Sie einem Kindergartenkind Ihre Autoschlüssel anvertrauen? Sicher nicht! Doch gerade in unseren Beziehungen zu anderen Menschen, in unseren Ehen, in Konflikten und wenn wir in Stress geraten, überlassen wir sehr jungen, impulsiven Verhaltensweisen die Regie über unser erwachsenes Leben, ohne diese zu reflektieren.

Wenn wir daher ein solches Muster verändern wollen, ist es ungemein hilfreich, uns zu überlegen, wozu es uns gedient hat. Wir können das Verhalten viel besser verändern, wenn wir wissen, welchen Zweck es einmal für uns erfüllt hat. Und weil wir wissen, dass es kindliche Lösungsstrategien sind, die wir unbewusst anwenden, können wir uns dem Kind, das in uns weiterlebt, als liebevolle wiedergeborene Erwachsene zuwenden. Denn nur die Liebe kann uns verändern. Durch das liebevolle Verständnis für die Kinder, die wir früher waren, können wir heute entscheiden, es anders zu machen. Das braucht ein wenig Übung, doch wenn wir beständig daran arbeiten, wird es uns gelingen.

Das heißt: Auch wenn Gott an uns wirkt, bedarf es tatsächlich unserer tätigen Mitarbeit. Wie bereits gesagt, seit ihrer Erschaffung ist es den Menschen von Gott aufgetragen, den Acker zu bearbeiten (1. Mose 2,15). Christen müssen an sich arbeiten, wenn sie bessere Menschen werden wollen. Die Geschichte des israelitischen

Königs Saul soll uns eine Lehre sein. Obwohl Gott ihn in einen neuen Menschen verwandelte (1. Samuel 10,9), war er nicht davor gefeit, später so schwere Fehler zu begehen (1. Samuel 13,13), dass Gott ihm das Königtum wieder nahm. Offensichtlich hatte Saul versäumt, seinen Hochmut zu überwinden und sich dem Willen Gottes zu unterwerfen.

Doch wir heute haben gegenüber Saul einen entscheidenden Vorteil: Mit Jesus an der Seite ist diese Arbeit leichter. Ich habe in meinem eigenen Leben und in den Lebensgeschichten vieler Klientinnen und Klienten die Erfahrung gemacht, wie Gott dabei hilft, dass die Arbeit Frucht trägt. Wir haben immer die Möglichkeit, die Last vors Kreuz zu legen, und nicht selten eröffnen sich dann Räume und gehen Türen auf, die wir zuvor nicht wahrgenommen haben. Der Pfarrer Eugen Eckert beschreibt das in einem Liedtext so: »Meine engen Grenzen, meine kurze Sicht bringe ich vor dich. Wandle sie in Weite: Herr, erbarme dich.«[19]

In diesem und in den nächsten Kapiteln werden wir deshalb die Äcker aufsuchen, die wir selbst von Unkraut befreien und fruchtbar machen müssen. Oder, um im vorherigen Bild zu bleiben: Wir nehmen dem Kind die Autoschlüssel ab und geben ihm dafür die Liebe und das Verständnis, nach denen es sich gesehnt hat. Danach setzen wir uns selbst ans Steuer!

Lassen Sie uns dazu mit einem kurzen geschichtlichen Rückblick beginnen. Denn die Liebe der Eltern zu ihren Kindern, die eine sichere Bindung ermöglicht, ist ein kostbares Gut, das noch gar nicht so lange im gesellschaftlichen Bewusstsein existiert. Es ist wichtig, sich dessen bewusst zu werden. Danach befassen wir uns mit den Lernerfahrungen, die wir als Kinder in unseren Familien machen, um zuletzt auf besonders schwere Erfahrungen, die Traumata, zu sprechen zu kommen. Abschließen werden wir mit der Frage: Müssen wir den Personen, die für negative Prägungen und vielleicht sogar Traumata verantwortlich sind, vergeben? Und wenn ja, wie geht das?

Dabei bleibt es nicht aus, dass ich mich wiederhole. Doch durch die Wiederholung verknüpfen sich die Inhalte mit Ihren eigenen Erfahrungen, ohne dass Sie viel dazu tun müssen. Freuen Sie sich daher ruhig, wenn Ihnen ein Thema oder Gedanke bekannt vorkommt. Die Fragen am Ende jeden Kapitels dienen dazu, uns dieses innere Wissen bewusst zu machen.

1.

Familie – der Geburtsort von Bindung(sstörungen)

Bedingungslose Liebe der Eltern – ein Geburtsrecht der Kinder?

Heute sind, zumindest in der westlichen Welt, fast alle Kinder fest davon überzeugt, dass es die Pflicht ihrer Eltern ist, sie bedingungslos zu lieben und uneingeschränkt ihre Potenziale zu unterstützen. Sie halten dies für ihr Geburtsrecht. Als die wichtigsten Kennzeichen der mütterlichen und väterlichen Zuneigung gelten laut einer Studie von Fehr und Russel, die 1991 in einer amerikanischen Fachzeitschrift veröffentlicht wurde, die lebenslange bedingungslose Liebe der Eltern zum Kind und die uneingeschränkte Unterstützung seiner Potenziale. Viele erwachsene Klientinnen und Klienten beklagen sich darüber, dass ihre eigenen Eltern dieser Pflicht nur ungenügend nachgekommen sind. Dabei wird vollständig übersehen, dass diese Liebe erst seit ungefähr fünfzig Jahren eine allgemein geteilte gesellschaftliche Realität ist. Dies fand ich heraus, als ich für eines meiner Bücher zum Thema Kindheit recherchierte.

»Aber für uns Christen war die Liebe doch schon immer die bestimmende Kraft«, mögen Sie einwenden. Ja, Sie haben recht – doch in der christlichen Kindererziehung stand die Liebe eben nicht im Vordergrund! Fast zwei Jahrtausende lang dominierten stattdessen Strenge, bedingungsloser Gehorsam des Kindes und das Erzeugen von Angst vor dem Teufel und dem strafenden Gott.

Wir erlebten dies noch 1997 in einem katholischen Kindergarten mit unserem kleinen Sohn. Marian, evangelisch getauft, war sich nach Einschätzung der leitenden Ordensschwester seiner Sünden nicht genügend bewusst. Es reichte offensichtlich nicht aus, dass die katholischen Kinder nicht mit ihm spielen durften. (Solche Geschichten höre ich übrigens andersherum auch von katholischen Menschen in protestantisch geprägten Gegenden. Es kommt ganz darauf an, welche Kirche die Mehrheit stellt.)

Kurz vor Ostern rammte die Ordensschwester deshalb unserem Vierjährigen einen Nagel in die Handfläche, um ihm zu zeigen, wie Jesus für ihn hatte leiden müssen, weil er, unser Kleiner, immer noch sündig – nicht katholisch – sei. Leichenblass kam er nach Hause und sprach stundenlang kein Wort, bis er es wagte, von diesem schrecklichen Erlebnis zu berichten. Wir konnten ihm die Angst nehmen und beschwerten uns bei der Kindergartenleitung. Die Ordensschwester wurde daraufhin versetzt und erhielt eine andere Aufgabe, hoffentlich nicht wieder mit Kindern. Ich treffe aber bis heute junge Menschen, die nichts mehr vom Glauben wissen wollen, weil sie mit Angst und Schrecken an ihre »christliche« Erziehung zurückdenken.

Was sagt die Bibel zu diesem Thema? Im Alten Testament ist eher andersherum von bedingungsloser Liebe und bedingungslosem Gehorsam der Kinder gegenüber ihren Eltern die Rede. Dass Gott unser liebevoller Vater ist und wir seine geliebten Söhne und Töchter, wurde erst im Neuen Testament durch Jesus zur neuen Realität (Galater 4,6-7). Wir sind keine Sklaven und Sklavinnen des Gesetzes mehr, getrieben von Angst vor Verdammnis durch den strafenden Gott, sondern dürfen ihn »Abba« nennen: Vater. Jesus fordert uns auf, Gott um das zu bitten, was wir brauchen, mit dem Hinweis, dass kein Vater seinem Kind eine Schlange gibt, wenn es um einen Fisch bittet (Lukas 11,11-13). Die bedingungslose Liebe

Jesu zu uns Menschen und die Liebe Gottes zu seinem Sohn wurden seitdem Sinnbild für die Liebe der Eltern zu ihren Kindern.

Wie wurde dieses Vorbild umgesetzt? Wenige Hundert Jahre nach Jesu Auferstehung war leider von der liebevollen Haltung gegenüber Kindern nichts mehr übrig. Der Kirchenvater Augustinus (354–430), der in seiner Autobiografie *Confessiones* über sein Leben berichtet, gibt uns Einblicke in diese frühe Zeit.[20] Er selbst hatte einen entscheidenden Einfluss auf die Entwicklung des christlichen Glaubens und dessen moralische Werte. Seiner Überzeugung nach ist die Frucht, die Eva vom Baum der Erkenntnis pflückte, nicht die Erkenntnis von Gut und Böse, sondern die lustvolle Sexualität. Er begründet seine These damit, dass Adam und Eva sich erst nach dem Genuss der verbotenen Frucht ihrer Nacktheit bewusst wurden, sich schämten und ihre Geschlechtsteile mit Feigenblättern bedeckten. Viele Hundert Jahre lang galten deshalb Kinder, die sichtbaren Folgen der Sexualität, als kleine Teufel, weil Zeichen der Sünde.

Und da es Eva war, die Adam zur Sünde verführte, war es laut Augustinus auch die Frau, die die Erbsünde der Geschlechtslust auf ihre Kinder übertrug. Nur die Taufe konnte die Kinder retten. Aus diesem Grund hielt Augustinus Kinder, die vor der Taufe starben, für sündig und verdammt. Die Verdammnis ungetaufter Kinder rief den Widerspruch von Bischof Julian von Eclanum hervor, der den Gott des Augustinus »einen Verfolger der Neugeborenen« nannte, »der winzige Säuglinge in das ewige Höllenfeuer wirft«[21]. Doch Julian setzte sich leider nicht durch.

Dass sich diese Überzeugung bis heute gehalten hat, erlebte ich 1996 bei einem Trauergottesdienst für ein kurz nach der Geburt verstorbenes Kind. Der katholische Priester erkundigte sich bei den Eltern: »Ist es getauft?« Als diese verneinten, fuhr er fort: »Dann beten wir nur für die Eltern.«

In seiner Schriftreihe *De Civitate Dei* empfahl Augustinus, Kinder ähnlich wie Sklaven zu behandeln. Ungehorsam solle zurechtgewiesen werden »durch Scheltworte oder Schläge oder sonst eine gerechte und erlaubte Bestrafungsart, so gut es eben Gesetz und Herkommen unter den Menschen gestatten, und zwar zu seinem eigenen Besten, damit er sich dem Frieden, von dem er abgewichen war, wieder füge«[22].

Um diesen Gehorsam zu erzielen, wurde häufig auf die körperliche Züchtigung zurückgegriffen, ein Erziehungsmittel, das im Alten Testament empfohlen wurde (Sprüche 3,11; LUT).[23] Im Neuen Testament finden wir ähnlich lautende Zeilen: »Es dient zu eurer Erziehung, wenn ihr dulden müsst. Wie mit Kindern geht Gott mit euch um. Denn wo ist ein Sohn, den der Vater nicht züchtigt? Seid ihr aber ohne Züchtigung, die doch alle erfahren haben, so seid ihr Ausgestoßene und nicht Kinder« (Hebräer 12, 7-8; LUT). Viele Hundert Jahre lang galt Prügel deshalb als biblisches Erziehungsmittel. Da es heute nicht mehr erlaubt ist, Kinder zu schlagen, wurden in neueren Bibeln die Worte »züchtigen« und »schlagen« durch das Wort »zurechtweisen« ersetzt. Der Rat des Paulus: »Ihr Väter, schüchtert eure Kinder nicht ein, damit sie nicht mutlos werden« (Kolosser 3,21), wurde in alldem weniger berücksichtigt.

Erst Martin Luther bezeichnete – in Anlehnung an die Evangelien – Kinder als Geschenk Gottes und ihre Aufzucht und Erziehung als heilige Pflicht der Eheleute. Er war davon überzeugt, dass es keinen größeren Schaden für die Christenheit gebe, als die Erziehung der Kinder zu vernachlässigen: »So dürfen wir wahrlich keinen Fleiß, Mühe noch Kosten an unseren Kindern sparen, zu lehren und zu erziehen, dass sie Gott und der Welt dienen mögen.«[24] Als Erziehungsmittel empfahl Luther aber weiterhin, die Kinder zu »warnen und schrecken, wehren und strafen«[25], damit sie das Wort

Gottes befolgen, um ihrerseits die eigenen Kinder zu guten Christen und Christinnen erziehen zu können.

Den Kindern gebot Luther, sich nach dem vierten Gebot zu richten, also Vater und Mutter zu ehren. Er führte in seinem Katechismus aus, dass »ehren« viel mehr sei als bloßes »lieben«. Die Ehre erfordere »eine Zucht, Demut und Scheu«, die die Eltern direkt neben Gott platziert:

> Die Eltern sind nach Gott die Höchsten, der höchste Schatz auf Erden und die Quelle aller Autorität [...]. So präge man dem jungen Volk ein, seine Eltern an Gottes statt vor Augen zu halten und so zu denken, ob sie gleich gering, arm, gebrechlich und wunderlich seien, dass sie dennoch Vater und Mutter sind, von Gott gegeben. Darum sind nicht die Personen anzusehen, wie sie sind, sondern Gottes Willen, der so schafft und ordnet.[26]

Eltern als Stellvertreter Gottes auf Erden? Wir sollen keine anderen Götter neben ihm haben und ich persönlich weiß von keiner Stelle in der Bibel, die die Behauptung Luthers stützt. Ich kenne aber unzählige Kinder, deren Eltern sich wie Götter verhalten. Nicht wenige erwachsene Kinder wollen deshalb vom Glauben nichts wissen und brechen den Kontakt zu den Eltern ab. Das ist wirklich schlimm.

Doch es war nicht nur die Haltung der Kirchenväter und der Kirche, die den Kindern die Erfahrung von Liebe und Nähe erschwerte: Oft war es die blanke Not. Bis weit ins 19. Jahrhundert hinein galten Kinder in den Familien der Bauern und Bäuerinnen, Handwerker und Fabrikarbeiter vor allem als eine unwillkommene und nicht vermeidbare Begleiterscheinung der Sexualität. Das lag nicht daran, dass diese Eltern ihre Kinder nicht hätten lieben wollen. Es war jedoch so, dass sich niemand um die Kleinen kümmern konnte, da jedes Familienmitglied arbeiten musste, um das Überleben zu sichern. Also wurden die Säuglinge eng gewickelt und – mit Branntwein oder Opium ruhiggestellt – den ganzen Tag über allein gelassen. Abends kümmerte sich um das Kind, wer gerade Zeit hatte. Da wundert es nicht, dass nur die Hälfte der Kinder überlebte. Jean Jaques Rousseau, der 1759 mit seinem Buch *Emile oder über die Erziehung* das erste Buch zum Thema Kindererziehung schrieb, beschreibt dieses übliche Verfahren äußerst drastisch:

> Bei der geringsten Abhaltung hängt die Amme es [das Kind] wie ein Bündel Flicken an einen Nagel, und so lange dieselbe, ohne sich zu überstürzen, ihr Geschäft besorgt, so lange muss das unglückliche Wesen in dieser qualvollen Lage ausharren. Alle, die man in diesem Zustand traf, hatten ein dunkelrotes Gesicht. Da die stark zusammengepresste Brust die nötige Zirkulation des Blutes nicht zuließ, stieg es nach dem Kopfe. Wenn man das arme gemisshandelte Kind für sehr ruhig hielt, so lag das allein daran, dass es nicht mehr Kraft zu schreien hatte. Mir ist unbekannt, wie viele Stunden ein Kind, ohne zu sterben, in diesem Zustand zu bleiben vermag, aber ich bezweifle, dass es lange geschehen kann. Darin liegt, sollte ich meinen, einer der größten Vorteile des Einschnürens.[27]

Und ja, Sie haben sich im letzten Satz nicht verlesen. Kinder galten eindeutig nicht als Segen, sondern als Plage. Sobald sie laufen konnten, mussten sie bei der Arbeit, auf dem Feld oder im Haus helfen. In vielen Fabriken und Bergwerken wurden schon Vierjährige als Arbeitskräfte verpflichtet, weil sie so klein waren, dass dank ihnen auch niedrige Stollen ausgebeutet werden konnten. In den Fabriken verrichteten kleine Kinder Handlangerdienste oder mussten Maschinen bedienen. Ein Zeitzeuge aus England ist Charles Dickens (1812–1870), der in seinem Roman *David Copperfield* viele autobiografische Elemente verarbeitete. Dickens Vater kam aufgrund seines Lebenswandels in den Schuldturm, worauf der kleine Charles, noch keine zehn Jahre alt, die Schule verlassen musste, um in einem schmierigen Laden durch das Spülen von Flaschen und Krügen Geld zu verdienen:

> Es scheint mir wunderbar, wie man mich in einem solchen Alter so leicht in die Welt hinausstoßen konnte. Es scheint mir wunderbar, dass selbst nach meinem Herabsinken zu der Stellung des armen kleinen Sklaven, der ich seit unserer Ankunft in London gewesen war, niemand Mitleid genug hatte mit mir – einem Kinde von hervorstechenden Fähigkeiten, aufgeweckt, lernbegierig, zart und körperlich wie geistig leicht verletzt –, um vorzuschlagen, dass man, wie ganz gewiss möglich gewesen wäre, etwas erübrigen könne, mich in eine gewöhnliche Schule zu schicken.[28]

Zur Korrektur diente damals immer noch das »Erziehungsmittel Gottes«: die Prügel. Dass sich so keine emotionalen Bindungen entwickeln konnten, liegt auf der Hand. Noch vor Erreichen des zehnten Lebensjahres verließen viele Kinder ihre Eltern, um sich allein durchzuschlagen.

Erst in der Mitte des 19. Jahrhunderts änderte sich durch die Entwicklung des Bürgertums das Leben der Kinder. Jetzt galt es als ein Zeichen von Wohlstand und gesellschaftlicher Anerkennung, wenn die Frau zu Hause bei den Kindern bleiben konnte. Doch eine Kindheit, die ihren Namen verdiente, war immer noch nur den Söhnen und Töchtern der Wohlhabenden vorbehalten. Der Dichter Richard Dehmel, der die Nöte seiner Zeit beschrieb, sprach den Menschen mit seinem Gedicht *Der Arbeitsmann* aus der Seele:

> Wir haben ein Bett, wir haben ein Kind, mein Weib!
> Wir haben auch Arbeit, und gar zu zweit,
> und haben die Sonne und Regen und Wind,
> und uns fehlt nur eine Kleinigkeit,
> um so frei zu sein, wie die Vögel sind: nur Zeit!

Wenn wir sonntags durch die Felder gehen, mein Kind,
und über Ähren weit und breit
das blaue Schwalbenvolk blitzen sehn,
oh, dann fehlt uns nicht das bisschen Kleid
um so schön zu sein, wie die Vögel sind: nur Zeit!
Nur Zeit! Wir wittern Gewitterwind, wir Volk,
nur eine kleine Ewigkeit,
uns fehlt ja nichts, mein Weib, mein Kind,
als all das, was durch uns gedeiht,
um so kühn zu sein, wie die Vögel sind: nur Zeit![29]

Erst hundert Jahre später rückten das Kind und die Kindheit in den Mittelpunkt gesellschaftlichen Interesses. Das deutsche Wirtschaftswunder ermöglichte vielen Familien eine sichere Lebensgrundlage. Die Tatsache, dass Kinder gewünscht wurden, gab ihnen einen völlig neuen Stellenwert im Leben ihrer Eltern: Sie wurden wichtig und zum Lebensinhalt vor allem ihrer Mütter, denn in den Sechziger- und Siebzigerjahren wurde immer noch das »alte« Familienmodell gelebt. Die Väter sorgten mit ihrer Arbeit für den Unterhalt der Familie und die Mütter gaben mit der Heirat ihre Berufstätigkeit auf und blieben bei den Kindern. Auch wenn das heute in Vergessenheit geraten ist, war es zu der Zeit eine soziale Errungenschaft, dass Frauen eben *nicht* arbeiten mussten und sich um ihre Kinder kümmern konnten.

Dass körperliche und seelische Gewalt Kindern schaden und als Erziehungsmittel unzulässig sind, wurde in Deutschland erst im Jahr 2000 durch Paragraf 1631 des Bürgerlichen Gesetzbuches festgelegt. Kindern Angst vor der Sünde und der Hölle zu machen und die Sexualität zu verteufeln, ist also heute nicht mehr erlaubt. Was bleibt, ist die unerlässliche Aufarbeitung von religiösem Machtmissbrauch. Dies ist nicht nur wichtig, damit die Schuldigen zur Verantwortung gezogen werden, sondern auch, weil wir in der Nachfolge Jesu danach streben sollten, dass unsere Kinder den Glauben nicht aus Angst vor dem strafenden Gott oder den autoritären Eltern ablehnen oder verlieren.

Die bedingungslose Liebe unserer Eltern zu uns ist also kein Geburtsrecht, sondern ein kostbares Geschenk, für das wir sehr dankbar sein können. Gehen wir in der Beziehung zu unseren Kindern mit gutem Beispiel voran und denken dabei auch an unsere »verlorenen« Söhne und Töchter, die sich von uns und/oder vom Glauben abgewandt haben.

Bevor wir fortfahren, finden Sie hier die ersten Fragen, die Sie für sich reflektieren können.

Selbstreflexion

Haben meine Eltern mich bedingungslos geliebt?
Wenn nicht, welche Bedingungen wurden gestellt?
Habe ich diese Bedingungen erfüllt?
Wenn nicht, was waren die Konsequenzen?
Wie haben meine Eltern mir den Glauben vermittelt?
Was habe ich in der Kinderkirche/im Kindergottesdienst erlebt?
Wie haben sich diese Erlebnisse auf meinen Glauben ausgewirkt?

Warum Bindung so wichtig ist

Jeder Mensch sehnt sich nach Bindung, denn wir alle kennen das Gefühl und die Erfahrung von Nähe, Liebe, Versorgung und Geborgenheit, die wir im Mutterleib gemacht haben. Auch wenn wir uns nicht bewusst daran erinnern, ist dieses Gefühl in uns gespeichert.

Was braucht ein Kind, um sich vertrauensvoll zu entwickeln und sich seinen Eltern nahe zu fühlen, also eine Bindung aufzubauen?

Es ist eigentlich ganz einfach: Das Kind braucht Zuwendung. Auf den Punkt gebracht bedeutet dies, dass das Kind auf Signale, die es sendet, eine passende Antwort erhält. Aus der Beantwortung des Signals schließt das Kind auf die Bedeutung, die es für sein Gegenüber hat.

Ganz praktisch:

- Das Kind weint – die Mama kommt, nimmt es auf den Arm und tröstet es. Das Kind fühlt sich geliebt und getröstet.
- Das Kind weint – die Mama kommt nicht. Das Kind fühlt sich ungeliebt und unwichtig, ganz gleich, aus welchem Grund die Mama nicht kommt.
- Das Kind weint – die Mama kommt zwar, aber schimpft es aus. Das Kind fühlt sich ungeliebt und lernt, dass seine Gefühle nicht nur unwichtig sind, sondern dass es schadet, diese zum Ausdruck zu bringen.

Wiederholen sich diese Antworten auf die Signale des Babys immer in derselben Weise, werden sie vom Kind gelernt:

- Ich bin für andere Menschen wichtig und deshalb fühle ich mich wertvoll.
- Da ich wertlos bin, vertraue ich niemandem und sorge dafür, dass ich allein klarkomme.
- Meine Gefühle stören. Ich verhalte mich so, dass ich niemanden provoziere.

Das kindliche Gehirn ist noch nicht in der Lage, den Kontext, in dem etwas stattfindet, zu analysieren. Es kann nicht unterscheiden, ob die Mutter mit den Anforderungen des Alltags überfordert und deshalb ungeduldig ist oder ob sie es nicht mag. Wenn der Vater abwesend ist, weiß das Kind nur, dass er nicht da ist. Ob seine Abwesenheit durch Arbeit oder Desinteresse verursacht wird, kann es nicht unterscheiden. Da es noch nicht in der Lage ist, solche komplexen Zusammenhänge zu begreifen, bezieht es das Verhalten seiner Bezugspersonen zuerst einmal auf sich. Die daraus gezogenen Schlüsse werden nicht nur auf die Eltern, sondern unbewusst auf alle Menschen, besonders aber auf nahestehenden Personen, angewendet.

Wie wirkt sich das auf unser Erwachsenenleben aus?

Sie schreiben zum Beispiel eine Textnachricht und bekommen keine Antwort – wie reagieren Sie? Wenn die verbale Kommunikation fehlt, muss man interpretieren. Diese Interpretation beruht jedoch auf den Bindungserfahrungen, die man als Kind gemacht hat. Wenn Sie sich wertvoll fühlen, rufen Sie die nicht antwortende Person möglicherweise einfach an und fragen: »Was ist los?« Fühlen Sie sich wertlos und haben als Kind wenig oder unpassendes Feedback erhalten, nehmen Sie die fehlende Antwort eher persönlich, unterstellen der Person vielleicht sogar aggressive Motive: »Sie mag mich nicht. Das sieht ihr ähnlich. Ich überlege mir Konsequenzen!« Und ohne dass Sie es bemerken, schnappt sich hier das innere Kind die Autoschlüssel! Dieses Phänomen ist so häufig, dass der Kommunikationsforscher und Psychotherapeut Paul Watzlawick darüber ein lesenswertes Buch geschrieben hat, das den bedenkenswerten Titel trägt: *Anleitung zum Unglücklichsein*[30].

Welches Feedback brauchen Kinder also für die Entwicklung einer guten Bindung?

Je jünger sie sind, umso dringender brauchen sie das unmittelbare Reagieren der Eltern auf ihre Äußerungen. Das Aufschieben von Bedürfnissen lernt ein Kind erst ab dem dritten Lebensjahr. Die körperliche Anwesenheit allein reicht dabei nicht aus – die seelische und emotionale ist genauso wichtig! Die Mamas und Papas, die mit dem Handy vor dem Gesicht den Kinderwagen schieben, geben ihren Babys das Signal, dass anderes interessanter ist als der Kontakt zu ihnen. Sie verpassen wichtige Augenblicke, in denen die Kleinen ihr Feedback gebraucht hätten. Ein Lächeln, ein beruhigendes Wort, ein Streicheln … Gerade zu Beginn des Lebens ist Feedback noch nicht kompliziert.

Im Gehirn des Kindes vernetzen sich durch die Rückmeldungen seiner Eltern Nervenbahnen, die nur durch Feedback aktiviert werden. Wenn Vater oder Mutter ihr weinendes Kind zum Beispiel trösten, bilden sich im Körper des Kindes Endorphine – Glückshormone. Wenn dies oft genug wiederholt wird, lernt der Stoffwechsel des Kindes, negative Gefühle mit der Ausschüttung von Endorphinen zu verbinden. Aufgrund dieser Lernerfahrung sind wir viel besser in der Lage, uns selbst zu beruhigen, als wenn uns dieser Trost versagt wurde. Und die erwachsenen Menschen, denen das nicht gelingt, haben keinen Charakterfehler. Ihnen fehlt das frühkindliche Training.

Je älter das Kind wird, vor allem dann, wenn es beginnt, sich auch sprachlich auszudrücken, desto differenzierter sollte das Feedback seiner Bezugspersonen werden. Der Umgang mit Gefühlen, erwünschte und nicht erwünschte Reaktionen, Grenzen und Spielräume: Wir fassen diese Rückmeldungen von Eltern an ihre Kinder unter dem Begriff »Erziehung« zusammen. Eltern, aber auch ältere Geschwister, sind Vorbilder und werden nachgeahmt. Wie die Entwicklungspsychologin Emmy Werner herausfand, reicht dennoch eine stabile Bezugsperson aus, um die Grundlage für Bindungssicherheit zu schaffen.[31]

Um sich weiterhin gut zu entwickeln, brauchen Kinder sowohl Wurzeln als auch Flügel. Sie benötigen einerseits die sichere Nähe zu den Eltern und andererseits die Unterstützung ihrer Eigenständigkeit, ihrer Autonomie. Erleben Kinder, dass die Eltern feinfühlig auf diese unterschiedlichen Bedürfnisse reagieren, fühlen sie sich sicher. Sie lernen, dass sie dazugehören, auch wenn sie ihre eigenen Wege gehen.

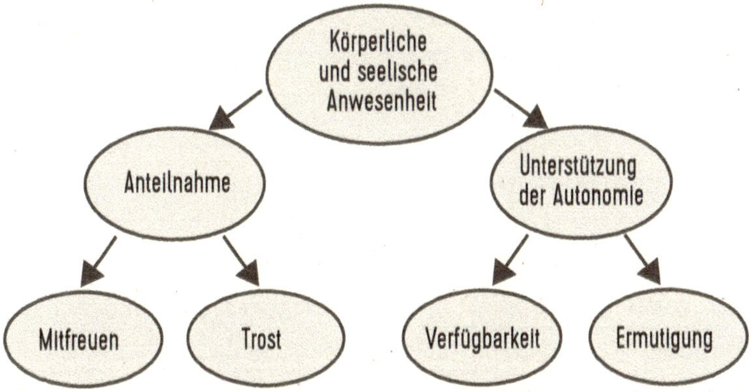

Diese Erkenntnisse bildeten die wissenschaftliche Grundlage für die Forschungsarbeit des Kinderarztes John Bowlby und der Entwicklungspsychologin Mary Ainsworth. Sie starteten 1969 die erste große Studie zum Bindungsverhalten, die bis heute ihre Aktualität behalten hat. Untersucht wurde, wie zwölf bis achtzehn Monate alte Kleinkinder auf eine fremde Umgebung, einen fremden Menschen und dic – maximal zwei Minuten dauernde – Trennung von ihren Müttern reagierten und wie sie sich verhielten, wenn die Mütter zurückkamen. Mit dieser Studie wurden grundlegende Bindungsmuster untersucht: Ist die Mutter eine so stabile Basis, dass das Kind den fremden Raum und die fremde Frau nicht als Bedrohung erlebt, sondern das neue Spielzeug neugierig erforscht? Wie reagiert das Kind auf die Trennung von der Mutter und wie verhält es sich, wenn sie zurückkommt?[32]

Bowlby und Ainsworth konnten in der Folge vier Bindungstypen unterscheiden:

Sicher gebundene Kinder hatten offensichtlich die Erfahrung gemacht, dass sie sich auf ihre Bindungspersonen verlassen können. Deshalb hatten sie keine Angst vor dem fremden Raum und untersuchten interessiert das angebotene Spielzeug. Die fremde Frau nahmen sie wahr, ohne diese zu beachten. Natürlich weinte das Kind, wenn die Mama den Raum verließ. Den Trost der fremden Frau nahm es nicht an, denn es war sich sicher, dass die Mama auf sein Weinen reagieren würde. Deshalb beruhigte sich das Kind sofort, wenn diese den Raum wieder betrat.

Die unsicher vermeidend gebundenen Kinder betonten dagegen ihre Autonomie. Sie entfernten sich von der Mama und ignorierten sowohl die fremde Frau als auch das Weggehen und Wiederkommen der Mutter. Sie taten das nicht, weil sie so selbstständig waren, denn dazu waren sie viel zu jung. Diese Kinder hatten die Erfahrung gemacht, dass sie sich nicht auf ihre Bindungspersonen als Trostspender verlassen konnten. Sie vermieden die Nähe, weil sie wussten, dass sie sowieso wieder enttäuscht werden würden.

Die unsicher ambivalent gebundenen Kinder zeigten in ihrem Verhalten beides: Nähe zur Mutter und Distanz zu ihr. Dadurch, dass sie es nicht wagten, sich von ihren Müttern zu entfernen, um sich dem Spielzeug zuzuwenden, zeigten sie, dass sie gelernt hatten, sich nicht auf die Mutter zu verlassen. Auf das Weggehen der Mütter reagierten sie mit Entsetzen, auf das Wiederkommen aber nicht mit Freude, sondern mit Ärger. Die fremde Frau wurde von diesen Kindern als Bezugsperson eher angenommen als bei den Gruppen der sicher gebundenen und unsicher vermeidenden Kinder.

Bei einigen wenigen Kindern konnten Bowlby und Ainsworth kein Bindungsmuster erkennen. Sie erstarrten oder brüllten wütend und vermieden die Nähe zur Mutter. Manche flüchteten sich sogar auf den Schoß der fremden Frau. Diese Kinder zeigten auch äußerlich Zeichen von Verwahrlosung. Die Verantwortlichen der Studie vermuteten, dass die Kinder traumatisiert waren. Dieses Verhalten wurde später »reaktive Bindungsstörung« genannt und ist im internationalen Diagnoseschlüssel ICD 10 unter dem Kapitel 94.1/2 aufgeführt.[33]

Wenn Sie jetzt fragen, ob solche Bindungsmuster nur bei Kleinkindern zu finden sind, dann lautet die Antwort: nein. Erwachsene verhalten sich oft nicht anders. Das sieht man oft daran, wie diese ihre Partnerschaften gestalten. Und genau diese Auswirkungen der kindlichen Bindungsmuster auf erwachsene Beziehungen wurden fast zwanzig Jahre nach der Studie von Bowlby und Ainsworth von den Psychologen Cindy Hazan und Phillip Shaver untersucht. Folgende von ihnen formulierten Aussagen verdeutlichen ihre Erkenntnisse:[34]

Sicher gebundene Kinder können als Erwachsene sagen: »Es fällt mir relativ leicht, anderen Menschen nahezukommen. Ich habe keine Probleme damit, dass andere sich auf mich verlassen. Ich habe nur selten Sorge, verlassen zu werden oder dass mir jemand zu nahekommt.«[35]

Durch die sichere Bindung verfügen diese Erwachsenen über eine Vielzahl nützlicher Ressourcen, die es ihnen ermöglichen, Konflikte zu klären und Probleme zu lösen. In der Paarberatung fallen sie dadurch auf, dass sie keine Scheu haben, die eigene Beteiligung an Konflikten zu reflektieren. Sie wissen, dass sie Fehler haben und sind bereit, daran zu arbeiten. Eltern können ihren Kindern für die Zukunft nichts Wertvolleres mitgeben als eine solche sichere Bindung.

Dagegen sagen die *unsicher vermeidend gebundenen Kinder* als Erwachsene: »Mir ist etwas unbehaglich, wenn ich anderen sehr nahe bin. Es fällt mir schwer, ihnen vollständig zu vertrauen oder mich selbst auf andere einzulassen. Ich werde nervös, wenn mir jemand zu nahekommt. Oft ist es auch so, dass meine Partnerin/

mein Partner sich mehr Intimität von mir wünscht, als ich geben kann.«

Diese Menschen haben große Angst vor Nähe, doch auch in ihnen existiert die Erinnerung an die sichere Bindung im Mutterleib. Sie verlieben sich deshalb in Männer oder Frauen, deren Leben sie aus irgendwelchen Gründen nicht teilen können. Entweder leben die Geliebten nicht im selben Land, zuweilen noch nicht einmal auf demselben Kontinent, oder sie üben Berufe aus, die regelmäßig lange Trennungen erforderlich machen. Auch verheiratete Männer und Frauen kommen infrage. Obwohl sich die unsicher vermeidend gebundenen Erwachsenen darüber beklagen, zu wenig Zeit mit dem geliebten Menschen verbringen zu können, löst die Vorstellung, der oder die andere wäre plötzlich verfügbar, nicht selten Panik aus. Damit rechnen jedoch die wenigsten. Diese Überraschung kann dann zu dem Wunsch führen, die schmerzhaften Bindungsmuster endlich aufzuarbeiten, um offen zu werden für eine wirkliche Partnerschaft.

Heute erfüllen Online-Beziehungen sowohl den Wunsch nach Nähe als auch den nach Distanz. Ich habe einige Klientinnen und Klienten, die ihre Online-Partner oder -Partnerinnen noch nie getroffen haben. Diese Kontakte dienen dazu, die eigene Angst vor wirklicher Nähe nicht wahrnehmen zu müssen. Kriminelle machen sich dies teilweise zunutze. Die Presse berichtet immer wieder über Menschen, die von vermeintlichen Geliebten dazu gebracht wurden, viel Geld zu überweisen, nur um irgendwann festzustellen, Betrügern aufgesessen zu sein.

Unsicher ambivalent gebundene Kinder können als Erwachsene sagen: »Ich habe das Gefühl, dass andere zögern, mir so nahezukommen, wie ich es gern hätte. Ich sorge mich häufiger, dass meine Partnerin/mein Partner mich nicht richtig liebt oder nicht mit mir zusammenbleiben will. Ich möchte eins mit meinem Partner oder meiner Partnerin sein und dieser Wunsch schreckt die Menschen manchmal ab.«

Dieses Bindungsmuster kommt in meiner Praxis am häufigsten vor. Beziehungsprobleme entstehen, weil vom Partner oder der Partnerin die Gefühle gefordert werden, die die Eltern nicht geben konnten. Häufig wird versucht, eine symbioseähnliche Verbundenheit herzustellen. Manche versuchen auch unbewusst, das fehlende Gefühl von ihren Kindern zu erhalten.

Eine Klientin kam zu mir, weil ihre Tochter eine Essstörung – eine Ess-Brech-Sucht – entwickelt hatte. Sie berichtete mir, dass sie selbst von ihrer Mutter abgelehnt worden sei und gestand, sich erst durch die Geburt ihrer Tochter als wertvollen Mensch erlebt zu haben. Die Tochter hatte, ohne dass darüber gesprochen wurde, die wichtige Aufgabe erhalten, den Selbstwert ihrer Mutter sicherzustellen. Wie es oft geschieht, erfüllen Kinder solche Aufträge, bis sie in die Pubertät kommen und sich darauf vorbereiten, ein von den Eltern unabhängiges Leben zu leben. Das zeigte sich auch bei ihrer Tochter. Das »Zuviel« – die Aufgabe, der Mutter täglich zu beweisen, dass diese ein wundervoller Mensch war – demonstrierte die Tochter, indem sie zu viel Essen in sich hineinstopfte. Das unbewusste Wissen, dass dies nicht ihre Aufgabe sein konnte, zeigte sie, indem sie das »Zuviel« wieder erbrach.

Die Mutter erkannte, dass die Tochter durch ihr Verhalten sowohl die Überforderung durch die Aufgabe als auch die Ablehnung ebendieser zeigte. Da sie eine gute Mutter war, die alles tun wollte, um ihrer Tochter zu helfen, vertraute sie ihren Selbstwert Jesus an und konnte das Mädchen loslassen. Ohne dass die Mutter mit der Tochter über ihren inneren Prozess gesprochen hatte, überwand diese die Essstörung kurze Zeit später und ist seit einigen Jahren symptomfrei. Dieser Fall ist ein gutes Beispiel dafür, wie psychotherapeutische Erkenntnisse kombiniert mit Seelsorge fantastische Ergebnisse bringen.

Haben Sie sich in einem der nicht sicheren Bindungsmuster wiedergefunden? Dann kommt jetzt die gute Nachricht: Auch wenn wir ein schwieriges Muster gelernt haben, können wir dieses verändern, wenn wir reflektieren, woher es kommt und dass es heute nicht mehr zielführend ist.[36] Sichere Bindung lässt sich lernen! Dazu müssen wir jedoch unseren Bindungs-Acker bearbeiten. Sonst neigen wir dazu, die unerfüllten Wünsche auf den Partner oder die Partnerin oder auf unsere Kinder zu projizieren. Der Wunsch, vom Gegenüber wortlos verstanden zu werden, weist auf solch eine Verwechslung hin. Wir sind keine Kleinkinder mehr. Nicht umsonst hat uns Gott mit der Fähigkeit zu sprechen ausgestattet.

Viele Klientinnen und Klienten, die ich in meiner Praxis wegen unerfüllter Beziehungswünsche beraten habe, fanden dadurch in glückliche Beziehungen, dass sie ihre Bindungsmuster erkannten und veränderten. Darunter waren viele Christinnen und Christen, die jahrelang um den richtigen Partner oder die richtige Partnerin gebetet hatten. Gott konnte die Person jedoch erst schicken, nachdem diese Männer und Frauen ihren Acker von Unkraut befreit hatten. Es hat also nicht unbedingt mit Gottes Willen für Ihr Leben zu tun, wenn Sie den Richtigen oder die Richtige noch nicht gefunden haben. Und es hat bestimmt nichts mit seinem Willen zu tun, wenn wir aufgrund unserer Bindungserfahrungen unsere Ehemänner und -frauen belasten.

Wir wollen die »Schuld« oder die Verantwortung dafür auch nicht auf unsere Eltern abwälzen. Sondern wir reflektieren unsere Bindungsmuster, um uns selbst zu verstehen und dadurch den Weg für Lösungen frei zu machen, damit diese Prägung nicht von uns an die nächste Generation weitergegeben wird. Das Erkennen des Bindungsmusters ermöglicht eine friedvolle Veränderung, damit Gott endlich zum Zuge kommen kann.

Selbstreflexion

Wie ist mein eigenes Bindungsmuster?
Hat es sich im Laufe der Jahre verändert?
Was hat dazu beigetragen, dass ich das Muster verändern konnte?
Was hat dazu beigetragen, dass mir das bisher noch nicht gelungen ist?

Der Einfluss der Geschwister auf die Bindungserfahrung

Wie kommt es nun aber, dass Mitglieder derselben Familien ihre Kindheiten ganz unterschiedlich bewerten?

Wie ein Kind seine Erfahrungen verarbeitet und was es daraus lernt, hängt von verschiedenen Faktoren ab. Der Genpool, den Vater und Mutter ihren Kindern mitgeben, setzt sich zwar bei allen Kindern aus denselben Eltern zusammen, doch ist er nur bei eineiigen Zwillingen tatsächlich identisch. Was ein Kind aus seinem Genpool macht, beruht auch bei Zwillingen auf den Möglichkeiten, die es durch seine Erziehung und sein gesellschaftliches, kulturelles und religiöses Umfeld bekommt und wie es diese Möglichkeiten nutzt. Jedes Kind ist einzigartig und Eltern können ihre Kinder gar nicht gleich behandeln, auch wenn sie dies anstreben. So erlebt das älteste Kind einen anderen Kontext als das mittlere oder jüngste, dem Einzelkind geht es anders als dem Kind in einer Geschwisterreihe.

In ein und derselben Familie haben Kinder deshalb nicht zwingend dieselben Bindungserfahrungen. Wenn die Eltern zu wenig anwesend sind, übernehmen die älteren Geschwister beispielsweise nicht selten stützende Funktionen für die jüngeren. Auch wenn das älteste Kind unsicher gebunden ist, kann es daher dafür sorgen, dass die jüngeren Geschwister Sicherheit erleben, obwohl die Älteren dafür einen hohen Preis zahlen. Sie erfüllen Aufgaben, die sie überfordern müssen, denn für sie bedeutet die Übernahme von Verantwortung für die jüngeren Brüder und Schwestern, dass sie ihre eigenen natürlichen Bedürfnisse aufgeben, von Mutter und Vater versorgt und betreut zu werden. Stattdessen müssen sie so tun, als wären sie erwachsen, weil sie Aufgaben erledigen, die ganz klar in den Verantwortungsbereich von Erwachsenen fallen. Je nach Temperament werden sie dadurch entweder zu kleinen Vätern und Müttern, die sich nach bestem Wissen um die Jüngeren kümmern, oder zu Tyrannen oder Tyranninnen, die ihre Geschwister ausnutzen und zu Dienstleistungen zwingen. Ich habe nicht wenige Klienten und Klientinnen betreut, die durch ältere Geschwister traumatisiert wurden. Wenn ich mit Familien arbeite, in denen ein Kind sich zu erwachsen oder zu dominant verhält, finde ich meist mindestens einen Erwachsenen, der seine Position nicht ausfüllt, die von dem dominanten Kind übernommen wird.

Auf die Beziehung zwischen den Geschwistern wirken sich solche Erfahrungen selten gut aus. Oft höre ich, das jüngere Brüder und Schwestern den Älteren vorwerfen, sie erziehen zu wollen. Dabei übersehen die Jüngeren, dass die Älteren diese Aufgabe entweder zugewiesen bekamen oder sie übernahmen, weil Vater und Mutter nicht zur Verfügung standen. Sie übersehen darüber hinaus, dass auch ältere Geschwister Kinder sind, oft nur wenige Jahre älter als die Jüngeren, und aus diesem Grund mit den gestellten Aufgaben völlig überfordert.

Solch eine Geschichte kennen wir auch aus der Bibel. Dass der Streit zwischen Josef und seinen Brüdern eskalierte, lag darin begründet, dass Jakob diesem Sohn Aufgaben übertrug, die eigentlich er selbst oder einer seiner Knechte hätte ausführen müssen – zumal er wusste, dass die Beziehung zwischen seinem Lieblingssohn und seinen Halbbrüdern nicht die beste war (1. Mose 37,3-14). Psychologisch betrachtet erinnerte ihn Josef an dessen Mutter, seine Lieblingsfrau Rahel, die bei der Geburt von Josefs jüngerem Bruder Benjamin gestorben war. Deshalb zog Jakob ihn seinen älteren Söhnen vor. Dafür wiederum hassten diese Josef und verkauften ihn nach Ägypten in die Sklaverei.

Eine zu exklusive oder intensive Bindung an Vater oder Mutter führt auch heute noch in die emotionale Sklaverei. Eine Klientin beklagte bitter, dass Gott ihr keinen Partner schickte. In der Therapie zeigte sich, dass sie sehr eng mit ihrer Mutter verbunden war. Diese hatte, nachdem der Vater die Familie verlassen und auch finanziell im Stich gelassen hatte, hart gearbeitet, um die Familie durchzubringen. Die älteste Tochter, meine Klientin, versorgte nicht nur die jüngeren Geschwister, sondern kümmerte sich auch um die Mutter, die den Verlust ihrer Ehe schwer verkraftete. So gewöhnte sich die Mutter daran, von der Tochter emotional versorgt zu werden. Die Tochter gewöhnte sich an die Mutter als Bestandteil ihres Lebens. Für einen Partner blieb innerlich kein Raum.

Um so einen Zustand zu verändern, muss sich äußerlich nicht viel ändern. Zwei Schritte sind notwendig: Erstens, die erwachsenen Söhne und Töchter treten innerlich zurück in die Geschwisterreihe. Sie verzichten darauf, sich in die Lebensführung ihrer jüngeren Brüder und Schwestern einzumischen. Im zweiten Schritt weisen sie den Eltern im Herzen den ihnen gebührenden Platz als Väter und Mütter zu. Sie lassen die Last los, für die Eltern verantwortlich sein zu wollen.

Das tat auch meine Klientin. Die Gefühle der Verpflichtung gegenüber der Mutter ließen immer mehr nach. Übrig blieben Zuneigung und Dankbarkeit. Kurze Zeit später traf meine Klientin ihren Mann. Der Platz an ihrer Seite war frei geworden.

Selbstreflexion

An welcher Stelle stehe ich in meiner Geschwisterreihe?
Hatten meine Geschwister Einfluss auf meine Bindungserfahrungen?
Inwiefern?

Die Lernerfahrungen von Schwangerschaft, Geburt und Kleinkindalter

Im letzten Kapitel habe ich Ihnen eine berühmte Studie der Bindungsforschung vorgestellt. Ich habe Sie eingeladen, Ihr eigenes Bindungsmuster zu untersuchen, um herauszufinden, ob Sie sich in einem der beschriebenen Modelle wiederfinden. Modelle haben jedoch Vor- und Nachteile. Der Vorteil besteht darin, dass man sich damit einer Kategorie zuordnen kann. Der Nachteil liegt auf der Hand: Für den Einzelnen sind solche »Schubladen« nie wirklich passend. Modelle und Statistiken ermitteln Mittelwerte. Wie der oder die Einzelne reagiert, können sie nicht erfassen.

Deshalb werden wir in diesem Kapitel konkret. Denn wie gesagt: Damit wir dem inneren Kind den Autoschlüssel abnehmen können, ist es ratsam, sich mit der eigenen Geschichte zu befassen. Und wo fangen wir am besten an? Natürlich im Mutterleib!

Dort ist in der Regel noch alles in Ordnung. Das Ungeborene empfängt, was es braucht: Nahrung, Wärme, Geborgenheit und Liebe. Es hat noch kein Empfinden davon, dass es ein von der Mama getrennter, unabhängiger Mensch ist. Der Schritt ins eigenständige Ich ist noch nicht erfolgt. Jeder Mensch, der bei Stress gerne ein warmes Bad nimmt oder sich unter eine Decke kuschelt, kann davon ausgehen, dass der Bauch für ihn ein sicherer Ort gewesen ist.

Diese Sicherheit haben leider nicht alle Menschen erlebt. Wenn die Mutter Substanzen konsumierte, die dem Ungeborenen schadeten, wenn sie viel Stress hatte, ernsthaft erkrankt war oder sie sich nicht darüber freuen konnte, dass sie Mama wird – all diese Faktoren wirken sich auf den Fötus aus. Es handelt sich bei einem Ungeborenen eben nicht um einen Zellklumpen, sondern um ein Lebewesen (Psalm 139,15-16), das von Beginn an den Stoffwechsel und die emotionalen Befindlichkeiten seiner Mutter teilt.

Natürlich haben wir keine bewusste Erinnerung an unsere Zeit im Bauch. Und doch wird das, was in dieser Zeit geschehen ist, in unserem unbewussten Wissensspeicher aufbewahrt.[37] Diese Erfahrungen können sich, ohne dass wir das wollen oder merken, in unser erwachsenes Leben einmischen. Aus meiner langjährigen beruflichen Zusammenarbeit mit Hebammen weiß ich, dass gestresste Mütter oft nervöse Babys bekommen, die sich schwer beruhigen lassen. Das Kind ist durch den gemeinsamen Stoffwechsel an einen hohen Stresslevel gewöhnt und sein Stresstoleranzfenster – der Bereich, den es gut verkraften kann – ist klein. Bevor alle Mütter jetzt beginnen, sich Gedanken zu machen: Es gibt noch viele andere Gründe, warum ein Baby viel weint.

Die pränatale Prägung, also die Ereignisse, die während der Schwangerschaft passieren, können sich sehr deutlich auf das Leben der Kinder auswirken.[38] Der eindrücklichste Fall, an den ich mich erinnere, war eine Klientin, die mich aus einem merkwürdigen Grund aufsuchte. Sie erzählte mir, dass sie sich immer nach drei Monaten von ihren Partnern trennte, oder aber die Partner verließen sie, wobei sie es ihnen auch leicht machte: Sie zickte, nervte und kritisierte und wenn der Mann dann gegangen war, weinte sie wochenlang, obwohl sie wusste, dass sie die Trennung provoziert hatte. »Jetzt habe ich einen Mann kennengelernt, den ich heiraten will, und ich merke, dass ich schon wieder mit dem Zicken beginne. Ich will damit endlich aufhören!«

Die Psyche funktioniert, meiner Erfahrung nach, vollkommen logisch. Sie folgt jedoch nicht der rationalen Logik, sondern verknüpft ähnliche Situationen. Das, was die Seele gelernt hat – ganz gleich in welchem Alter –, wiederholt sie, wenn sich etwas Vergleichbares ereignet. Es muss nicht genau das Gleiche sein, es muss nur dasselbe Muster betreffen. Deshalb fragte ich die Klientin, ob es eine Trennung von einem geliebten Menschen gegeben habe, als sie drei Monate alt gewesen war. Sie verneinte dies.

Da ich weiß, dass jeder auf die Auskünfte seiner Eltern angewiesen ist, wenn es um Informationen über die frühe Kindheit geht, bat ich die Frau, ihre Mutter nach diesem Zeitraum zu befragen. Mütter oder Väter verschweigen ihren Kindern oft die Dinge, wegen derer sie Schuldgefühle haben. Es kann dann helfen, wenn Tochter oder Sohn erklären, dass es nicht darum geht, die Eltern zu beschuldigen oder für Probleme verantwortlich zu machen, sondern nur darum, die Ursache für das eigene Verhalten zu verstehen, um es veränderbar zu machen.

In der nächsten Stunde berichtete die Klientin folgende Geschichte: »Meine Mutter wollte mich nicht. Mein Vater studierte, sie verdiente das Geld und fühlte sich mit einem Kind überfordert. Zusammen fuhren meine Eltern nach Amsterdam, um mich abtreiben zu lassen. Kurz bevor meine Mutter an die Reihe kam, sagte mein Vater zu ihr: *Wir werden es schaffen. Lass uns das Kind behalten.* Stellen Sie sich vor: Meine Mutter hatte die emotionale Beziehung zu mir innerlich nach drei Monaten beendet!« Dass dies tatsächlich die Ursache für ihr bisher unverständliches Verhalten war, zeigte sich darin, dass es ihr diesmal gelang, die aktuelle Beziehung fortzuführen. Sie heiratete den Mann und bekam zwei Kinder mit ihm. Die beiden sind seit fünfzehn Jahren ein Ehepaar.

Auch eine Geschichte von mir selbst kann ich beisteuern – ebenso unglaublich. Ich hatte als Kind panische Angst vor dem Meer. Das ging so weit, dass ich selbst am breiten Sandstrand immer nur mit Schwimmring umherlief und lediglich in den Dünen spielte. Zum Meer brachten mich keine zehn Pferde! Wenn ich aus dem Autofenster das Meer sah, kauerte ich mich zwischen Vordersitz und Rücksitz auf den Boden. Niemand verstand, warum ich so handelte. Ich hatte nie ein unangenehmes Erlebnis mit Wasser, war nie untergegangen, niemand hatte mich untergetaucht. Natürlich weigerte ich mich, schwimmen zu lernen. Als mein Vater einmal versuchte, mir im flachen Wasser zu zeigen, wie ich Arme und Beine bewegen sollte, schrie ich so laut, dass er es bald aufgab.

Als ich ungefähr neun Jahre alt war, erzählte mir meine Mutter dann, dass sie, als sie mit mir schwanger gewesen sei, einen Strandurlaub in Holland gemacht habe. Sie ging am Meeressaum mit den Füßen im Wasser spazieren, als sie plötzlich an etwas Weiches stieß. Als sie nach dem Hindernis schaute, lag vor ihr eine grausig entstellte Wasserleiche, über die sie fast gefallen wäre. Meine Mutter musste sich übergeben und war tief geschockt.

Nachdem ich diese Geschichte gehört hatte – natürlich habe ich sie als Neunjährige weder mit meiner Angst vor dem Meer noch mit meiner Weigerung, Schwimmen zu lernen, verknüpft –, fragte ich in den nächsten Ferien nach einem Schwimmkurs. Nach drei Stunden hatte ich Schwimmen gelernt. Es hatte gereicht, dass mein Unterbewusstes die Zuordnung zum auslösenden Ereignis hergestellt und verstanden hatte, dass dieser Schock meine Mutter und nicht mich betraf. Mein bewusstes Verstehen war dazu nicht nötig gewesen. Danach wurde ich zur »Wasserratte«, machte alle Schwimmscheine und befuhr als Erwachsene mit meinem Mann zwanzig Jahre lang die Nord- und die Ostsee mit unserem Segelboot. Angst vor dem Meer hatte ich selbst bei Sturm nie wieder.

Auch das tief sitzende Gefühl, nicht um seiner selbst willen geliebt zu sein und sich Liebe durch unermüdliche Dienstleistungen verdienen zu müssen, entsteht nicht selten in der Schwangerschaft. Viele Klientinnen und Klienten, die Mühe haben, ihren von Gott geschenkten Wert zu spüren, berichten, dass sie »Unfälle« sind. Die meisten fühlen sich schuldig, so, als hätten sie selbst »dem Storch das Fenster aufgemacht«. Wenn Sie solche Gefühle haben und sich nicht damit beruhigen können, dass Gott Sie wertvoll geschaffen hat und Jesus Sie liebt, fragen Sie Ihre Mutter nach der Zeit der Schwangerschaft und bitten Sie um Ehrlichkeit. Nicht um Ihre Mutter zu verurteilen, sondern damit Sie sich selbst besser verstehen.

Mit der Geburt folgt dann zweifellos eines der wichtigsten Ereignisse im Leben jedes Menschen. Ich glaube nicht, wie das von einigen Kollegen und Kolleginnen propagiert wird, dass jede Geburt traumatisch ist. Die Überwindung von Schwierigkeiten ist ja ein typisches Merkmal menschlichen Daseins. Erinnerungen an langwierige oder schwierige Geburten werden vom Kind jedoch gespeichert und prägen das Verhalten.[39]

Ich erinnere mich an ein sechsjähriges Mädchen, das seine Mutter zu mir brachte, weil es Dinge nie zu Ende brachte. Das selbstständige Erledigen der Hausaufgaben beispielsweise war eine tägliche Tortur. Das Mädchen setzte sich vor sein Heft, begann zu schreiben, hörte dann plötzlich auf und weinte. Es bat nicht um Hilfe, sondern weinte immer lauter, bis die Mutter schließlich kam und ihm half. Schon oft hatte sie mit ihrer Tochter geredet, ihr angeboten, sich gleich zu ihr zu setzen, was das Mädchen jedoch ablehnte. Warum brauchte das Mädchen diesen merkwürdigen Umweg?

Kinder lasse ich in meiner Praxis gerne spielen, denn im Spiel zeigen sie, was ihnen fehlt. Aus diesem Grund hatte ich lange ein kleines Zelt mit Krabbeltunnel. Die Kinder liebten das Zelt, denn dort fühlten sie sich so geborgen wie im Bauch. Der von dort ausgehende Krabbeltunnel symbolisierte den Geburtskanal. Nicht, dass ich ein Kind aufgefordert hätte, hindurchzukrabbeln. Das taten sie ganz von selbst.

Auch dieses Mädchen wählte den Tunnel, doch es kroch rückwärts und hatte plötzlich Angst, in diesem Tunnel stecken zu bleiben. Es fing an zu weinen, obwohl es leicht wieder ins Zelt zurück hätte kriechen können. Das Kind wusste irgendwie: Ich muss durch den Tunnel, mit dem Popo voran. Natürlich half ich dem Mädchen, sich aus seiner misslichen Lage zu befreien.

Danach befragte ich die Mutter. Sie berichtete von einer sehr schweren Geburt durch eine Beckenendlage, das heißt, das Kind hatte bei seiner Geburt falsch herum gelegen und war mit dem Gesäß zuerst aus dem Geburtskanal gezogen worden. Hierbei gibt es immer einen kritischen Moment, weil die Nabelschnur abgeklemmt wird und das Kind von der Sauerstoffzufuhr abgeschnitten ist. Deshalb ist es wichtig, diesen Moment sehr kurz zu halten. Obwohl das Mädchen natürlich keine bewussten Erinnerungen an die Geburt hatte, dachte es instinktiv, dass der Popo und nicht der Kopf nach vorne gehörte und dass es deshalb Hilfe brauchte, um sein Ziel zu erreichen. Es hatte erlebt, dass es ohne Hilfe von außen keine Chance hatte.

Ich übte daraufhin mit dem Mädchen, vorwärtszukrabbeln. Die Mutter bat ich, sich vor den Tunnel zu setzen und das Kind willkommen zu heißen. Da die Spiegelneuronen im Gehirn bei ähnlichen Situationen dieselben Nervenzellen verschalten wie bei dem tatsächlichen Ereignis, holte das Mädchen sozusagen eine stressfreie Geburt nach. Kurze Zeit später gelang es ihr, die Hausaufgaben selbstständig zu erledigen.

Ich frage meine Klientinnen und Klienten immer nach ihren Geburten. Viele Ängste lassen sich darauf zurückführen. Ein Klient hatte Angst vor Tunneln, weil er befürchtete, darin stecken zu bleiben. Realistisch betrachtet ist das bei Autobahntunneln ziemlich unwahrscheinlich. Er war sehr erstaunt, dass ich ihn nach seiner Geburt fragte: Es hatte tatsächlich einen lebensbedrohlichen Geburtsstillstand gegeben und er war mit der Saugglocke »geholt« worden. Nicht wenige Erwachsene, die keine Rollkragenpullover und keine Schals am Hals ertragen können, hatten bei der Geburt die Nabelschnur um den Hals gewickelt.

Ist die Geburt überstanden, sollte im besten Fall das Bonding erfolgen: Dabei liegt das Baby auf dem Bauch der Mutter, nimmt Blickkontakt auf und die Nabelschnur wird langsam durchtrennt. Dieser erste Blick ist magisch für beide. Das Kind, das so lange Teil des mütterlichen Körpers war, ist zum Gegenüber geworden. Im besten Fall bleibt das Kind danach bei seiner Mama und sie kann sich von Anfang an um ihr Baby kümmern. Wunderbar, wenn auch der Papa diese Stunden teilt. Die Symbiose bleibt bestehen, das Urvertrauen unverletzt.

Oft ist die Realität jedoch anders. Es herrscht bei allem guten Willen des Personals Hektik im Kreißsaal, die nächste Geburt steht schon an oder die Schicht der Hebamme ist zu Ende und die Kollegin muss sich erst einfinden. Aber auch medizinische Notfälle bei Mutter oder Kind sorgen dafür, dass die Einheit zerrissen wird. Ein Säugling erträgt die Trennung von seiner Mama nur wenige Stunden. Dann resigniert er. So klein er auch sein mag, merkt er sich eine wichtige Erfahrung: »Der Mensch, dem ich am nächsten bin, wird mich verlassen!«

Auch als Erwachsener bleibt diese Erinnerung im Unbewussten gespeichert und zeigt sich häufig in der Partnerschaft. Der Grund für Eifersucht, aber auch das Ertragen von Gewalt durch den Partner oder die Partnerin ist häufig darin zu finden, dass ein Kind eine frühe Trennung von seiner Mutter hinnehmen musste. Gewalt ist dann leichter zu ertragen, als wieder allein zu sein.

Es geht weiter: In seinem ersten Lebensjahr lernt das Kind unglaublich viel. Nie wieder in seinem Leben macht es so viele Erfahrungen. Nach der Geburt muss es erst lernen, dass nicht mehr alle seine Bedürfnisse unmittelbar erfüllt werden. Die Fähigkeit, Bedürfnisse aufzuschieben, entwickelt sich erst. Selbst Erwachsene schaffen es oft nicht, auf etwas Erwünschtes zu warten. Amazon Prime verdient damit viel Geld.

Es ist völlig unsinnig, Säuglingen eine bösartige oder dominante Absicht zu unterstellen, wenn sie weinen. Kein Baby will manipulieren oder seine Macht über die Eltern ausüben. Um solche Emotionen zu empfinden und ein darauf abgestimmtes absichtsvolles Handeln zu entwickeln, sind komplexe Denkvorgänge nötig: Nicht nur die eigene Reaktion muss bedacht – auch die des Gegenübers muss analysiert werden, um das eigene Verhalten dann passgenau darauf abzustimmen. Babys sind dazu gar nicht fähig. Pubertierende Jugendliche hingegen beherrschen diese Kunst perfekt. Ein Baby schreien zu lassen, ist deshalb nicht förderlich. Es fühlt sich verlassen und wenn es aufhört zu weinen, hat es sich nicht beruhigt, sondern ist resigniert. Es lernt: »Wenn ich Hilfe brauche, kommt niemand.« Eine sichere Bindung kann so nicht entstehen.

Der Säugling war lange genug im Bauch, um zu wissen, dass Nähe, Liebe, Wärme und Beziehung zu einem Menschen – seiner Mama – möglich sind. Wir müssen dem Baby nicht helfen, Urvertrauen zu entwickeln, sondern können es dabei unterstützen, sein Urvertrauen zu erhalten! Nach der Geburt hört die Erfahrung der Symbiose mit der Mama nicht einfach auf: Das Bewusstsein, ein eigenständiger Mensch zu sein, entwickelt sich im Laufe des ersten Lebensjahrs.

Wieder zitiere ich Jean Jacques Rousseau, der zumindest theoretisch wusste, was Kinder brauchen und wodurch sich die Liebe zwischen Kind und Mutter entwickelt:

> Keine Mutter, kein Kind! Zwischen ihnen sind die Pflichten gegenseitig, und werden sie von der einen Seite schlecht erfüllt, so werden sie auch von der anderen vernachlässigt. Das Kind muss seine Mutter lieben, noch ehe es weiß, dass ihm dies die Pflicht gebietet. Wird die Stimme des Blutes nicht durch Gewährung und treue Abwartung gestärkt und gesteigert, so erlischt sie schon in den frühesten Jahren, und das Herz stirbt sozusagen, noch ehe es geboren wird.[40]

Gut zweihundert Jahre bevor John Bowlby im Jahr 1975 seine Bindungstheorie formulierte, gelangte Rousseau also zu denselben Schlüssen: Baut die Mutter oder der Vater nicht von Anfang an eine Beziehung zum Kind auf, kann sich keine Nähe entwickeln.

Nach der Geburt bleibt das Baby ungefähr achtzehn Monate in einer symbiotischen Beziehung zur Mama. Diese Phase geht zu Ende, sobald sich das Kind bewusst von seiner Mutter unterscheidet und »Ich« und »Nein« sagt. Diese Monate sind übrigens die einzigen im Leben eines Menschen, in denen Symbiose normal und richtig ist. Nie wieder werden wir mit einem Menschen so verschmelzen wie als Baby mit unserer Mama, auch nicht mit dem Mann oder der Frau, mit dem oder der wir unser Leben teilen.

Um die Symbiose zu erhalten, trennen sich die meisten Mütter nur ungern von ihren Neugeborenen. Die uns Frauen von Gott gegebene Fähigkeit, ein Kind zu stillen, zeigt, wie wichtig Gott selbst die vertrauensvoll sanfte Landung im Leben ist und wie er die Einheit von Mutter und Kind schätzt. Und auch wenn eine Frau nicht stillen kann oder möchte und dem Baby ein Fläschchen gibt, bleibt sie durch die körperliche Nähe die stabile Bezugsperson für ihren Säugling. Jetzt kann sich die Bindung vertiefen, die es im Bauch gratis gab.

Ob diese Betreuung im ersten Lebensjahr auch von anderen übernommen werden kann, wird kontrovers diskutiert. Das Spektrum reicht von »Wer sein Kind zu Hause behält, verweigert ihm die Entwicklung« bis zu »Wer sein Kind in die Krippe gibt, traumatisiert es«. Beide Seiten können Daten vorweisen, die die jeweilige Sicht zu bestätigen scheinen. Ob Eltern ihr Kind in die Krippe geben, hängt meiner Erfahrung nach häufig von den Lebensumständen der Menschen ab. Oft genug haben Mütter und Väter keine andere Wahl, weil die Sicherung der Existenz erfordert, dass beide in Vollzeit arbeiten. Wir können jedoch dafür beten, dass unser Kind beschützt bleibt, auch wenn wir uns nicht den ganzen Tag selbst um es kümmern können oder wollen.

Sie erinnern sich: Jedes Kind braucht sowohl Wurzeln als auch Flügel. Das erste Lebensjahr war den Wurzeln gewidmet. Im zweiten geht es nun um die Entwicklung der Flügel. Je mehr sich das Kind selbstständig bewegen kann, umso größer wird sein Bedürfnis, dies auch zu tun. Autonomie kann vom Kind nur dann lustvoll erlebt werden, wenn sie von den Eltern bejaht wird. Das heißt, dass Eltern ihrem Kind die Möglichkeit geben, die Welt zu erleben, aber zur Stelle sind, wenn es Trost, Anteilnahme oder Hilfe braucht.

Ich hatte erst kürzlich die Möglichkeit, auf dem Spielplatz eine junge Mutter mit ihrem etwa anderthalb Jahre alten Sohn zu beobachten. Der Kleine hatte kein Interesse daran, die Rutsche runterzurutschen – er wollte sie hinaufklettern! Auf dem glatten Metall lag jedoch Sand und so rutschte er mit seinen Sandalen immer wieder ab. Das frustrierte ihn so sehr, dass er lautstark und wütend brüllte. Die Mutter nahm ihn auf den Arm und bot ihm an, mit ihm zusammen die Treppe zur Rutsche hochzusteigen, um dann hinunterzurutschen. Das war aber nicht das, was der Junge wollte. Sie behinderte seine Autonomie nicht, unterstützte diese aber auch nicht, denn sie zeigte ihm nicht, wie er das Problem hätte lösen können: indem er die Sandalen auszieht, denn mit nackten Füßen hätte der Kleine die Steigung leicht überwunden. Stattdessen erlebte er Frustration, die er lautstark äußerte, und lernte etwas Entscheidendes in der Beziehung zu seiner Mutter: Sie hilft mir nicht, eigene Ziele zu erreichen, sondern will, dass ich tue, was sie für richtig hält. Natürlich müssen Eltern entscheiden, in welchem Rahmen sie ihre Kinder experimentieren lassen. Am besten ist es jedoch, ihnen zu helfen, Probleme selbst zu lösen.

Kinder, deren Urvertrauen nicht gestört wurde, haben in der Regel keine Schwierigkeiten damit, sich auf Neues einzulassen, weil sie täglich erfahren haben, dass ihre Eltern sie dabei begleiten. Sie können damit umgehen, wenn sie scheitern, denn sie werden aufgefangen und unterstützt, aus ihren Fehlern zu lernen.

Kinder, die dagegen gelernt haben, ihren Betreuungspersonen zu misstrauen, sind je nach Temperament entweder ängstlich und trauen sich nichts zu oder sie überfordern sich und geraten dadurch leicht in Schwierigkeiten. Solche Lernerfahrungen wirken prägend und zeigen sich im Verhalten der Erwachsenen.

Ängstliche Menschen konnten womöglich als Kleinkinder weder Selbstwirksamkeit erleben noch Frustrationstoleranz entwickeln. Sie schrecken vor Herausforderungen zurück, auch wenn sie den Aufgaben gut gewachsen wären. So versäumen sie es, ihre Möglichkeiten auszuschöpfen. Oft finden sie einen Partner oder eine Partnerin, der oder die die Rolle des fürsorglichen Elternteils übernimmt und dem erwachsenen Menschen weiter Aufgaben abnimmt, die er selbst leisten könnte. Erinnern Sie sich an meine kurze Ausführung zum Helfen auf Seite 37 ff.

Andere ängstliche Personen wagen es nicht, sich wirklich von ihren Eltern zu trennen, obwohl sich diese oft in die Kindererziehung und die Paarbeziehung einmischen. Auf dieser Grundlage entstehen Paarkonflikte, denn die Ehemänner und -frauen der Ängstlichen lassen sich die Bevormundung durch die Schwiegereltern meist nur für einen begrenzten Zeitraum bieten.

Diejenigen, die als Kinder überfordert wurden, haben früh gelernt, dass sie mit Schwierigkeiten allein klarkommen müssen, auch wenn ihre Fähigkeiten dafür nicht ausreichen. Aus reiner Gewohnheit übernehmen sie Verantwortung auch für Dinge, wo sie es nicht müssten. So überfordern sie sich noch als Erwachsene. Auffällig ist jedoch, dass sie die Probleme zwar angehen, aber nicht wirklich lösen. Sie fühlen sich schnell überfordert, weil sie sich unbewusst an das alte Muster erinnern: Ich muss etwas tun, obwohl ich weiß, dass ich es nicht kann.

Ich erinnere mich an eine christliche Konferenz, an der ich mit meiner Jugendgruppe teilnahm. Zu Beginn einer Veranstaltung fragte der Referent, wer das Protokoll schreiben würde. Niemand meldete sich und ich, mit vierzehn Jahren eine der Jüngsten, fühlte mich verpflichtet, die Aufgabe zu übernehmen. Plötzlich wurde mir klar, dass ich keine Ahnung hatte, was »Protokollschreiben« bedeutete. Ich wagte jedoch nicht, dies zu sagen, weil ich aufgrund meiner Prägung keine Hilfe erwartete.

Ich habe keine Erinnerung an den Inhalt der Veranstaltung, denn meine Angst, das Gewünschte nicht liefern zu können, stieg ins Unermessliche. Der Augenblick der Wahrheit kam und ich stammelte – bis die Erwachsenen meine missliche Situation erkannten und die Ergebnisse aus dem Gedächtnis zusammenfassten. Es brauchte viele Jahre, bis ich erkannte, wie oft ich mich freiwillig in Situationen gebracht hatte, die mich heillos überforderten. Noch heute bekomme ich von Gott immer dieselbe Lektion: »Lass mich die Aufgaben an dich herantragen, für die ich dich ausgesucht habe. Du musst dich nicht anstrengen und auch nicht dafür leiden. Wenn du mir vertraust, hast du Frieden.«

Vielleicht wird Ihnen durch diese Beispiele immer klarer, wie wichtig gerade die ersten beiden Lebensjahre sind. Unsere Bindungserfahrungen sind zu einem nicht geringen Teil verantwortlich dafür, wie wir unsere Beziehungen zu anderen Menschen gestalten. Wir leben nach Regeln, die wir längst vergessen haben, denn in diesem jungen Alter ist das bewusste Erinnerungsvermögen noch nicht aktiv. Da diese Regeln die Zeit aber so unverfälscht überdauern, ist es möglich, sie zu reflektieren, der richtigen Entstehungszeit zuzuordnen und neue, passende Regeln für unsere Selbstwirksamkeit zu finden und anzuwenden.

Selbstreflexion

Wie hat meine Mutter die Schwangerschaft mit mir erlebt?
Gab es besondere Ereignisse?
Wie war meine Geburt?
Wurde ich nach der Geburt oder in den ersten beiden Lebensjahren von meiner Mutter getrennt? Wer hat sich um mich gekümmert?
Durfte ich Wurzeln und Flügel entwickeln? Woran erkenne ich meine Wurzeln, woran meine Flügel?

Wie entstehen Bindungsstörungen – auch wenn Eltern ihr Bestes geben?

Sie wissen nun bereits einiges über Bindung. Und ich bin mir sicher, dass Sie das Entstehen von Bindungsstörungen aus dem, was Sie verstanden haben, selbst ableiten können. Vielleicht nehmen Sie sich einen Augenblick Zeit und formulieren, wodurch die Bindungsqualität zwischen Eltern und Kindern gestört werden kann. Dann können Sie überprüfen, ob ich alles berücksichtigt oder etwas Wichtiges vergessen habe.

Lassen Sie mich zuletzt auf die Faktoren eingehen, die Mütter und Väter schlecht oder gar nicht beeinflussen können. Denn zum Glück wollen diese ihren Kindern ja selten *bewusst* schaden. Dafür, dass sich die sicheren Bindungen zwischen Eltern und Kindern trotzdem nicht immer wunschgemäß entwickeln, sind zwei Faktoren verantwortlich: zum einen die Lebensumstände und zum anderen die Erfahrungen der Mütter und Väter mit den eigenen Eltern.

Lebensumstände lassen sich nur bedingt kontrollieren und auch Christen und Christinnen sind ihrem sozialen Umfeld, politischen Entscheidungen und Krisen ausgesetzt. Schwere Erkrankungen oder Todesfälle von Familienmitgliedern stellen die Bewältigungsstrategien der Betroffenen auf die Probe und die Lösungsversuche sind nicht immer erfolgreich. Schicksalsschläge treffen auch junge Familien. Die Existenzsicherung kann in Gefahr geraten, manchen droht Wohnungslosigkeit und Armut.

Wenn zu viele Aufgaben gleichzeitig bewältigt werden müssen, steigt die Stressbelastung und damit die Gefahr für Beziehungskrisen und Trennungen. Nicht wenige versuchen, sich durch Alkohol, Medikamente oder Drogen zu betäuben. Die geduldige Aufmerksamkeit, die ein Kleinkind braucht, das feinfühlige Eingehen auf seine Bedürfnisse übersteigt dann die Möglichkeiten der betroffenen Mütter und Väter – besonders, wenn noch weitere Kinder zu versorgen sind. Viele Eltern berichten: »Ich habe nur noch funktioniert. Ich war gar nicht mehr anwesend.«

Doch auch wenn die Lebensumstände in Ordnung sind, wecken die Geburt eines Kindes und die darauffolgenden Jahre der Erziehung die Erinnerungen der Eltern an die eigene Kindheit: Väter und Mütter machen eine unwillkürliche Reise in den Zeitabschnitt, der durch das Lebensalter des Kindes angesprochen wird. Die positiven Erfahrungen bewirken, dass junge Mütter und Väter instinktiv wissen, was sie tun müssen, um ihr Kind zu beruhigen und zu umsorgen. Gab es jedoch Belastungen, werden die durch diese Erlebnisse erworbenen Verhaltensmuster durch dasselbe Lebensalter der eigenen Söhne und Töchter aktiviert. Dies äußert sich darin, dass plötzlich Probleme in der Beziehung zum Kind entstehen, die zuvor nicht da gewesen sind.

Frauen werden dabei eher durch Töchter an eigene Erfahrungen erinnert, Männer eher durch Söhne. Je ähnlicher sich Eltern und Kinder sind, umso leichter projizieren Mütter und Väter ihr eigenes Erleben auf ihre Kinder. Häufig kann ich daher am Alter des Kindes erkennen, wann Mama oder Papa in ihrer Kindheit Belastungen erlebten. Oft sagen meine Klienten und Klientinnen: »Ich verhalte mich genauso wie meine Mutter/mein Vater, obwohl ich das nie wollte!« Wenn ich dann mit den Erwachsenen an ihren Verletzungen arbeite und sie dabei unterstütze, diese zu heilen, kommt die Beziehung zum Kind oft von ganz allein wieder in Ordnung.

Die Psychologin Selma Fraiberg, Begründerin der Mutter-Baby-Therapie, drückte dieses Phänomen so aus:

> In jedem Kinderzimmer gibt es Gespenster. Sie sind die Besucher aus der nicht erinnerten Vergangenheit der Eltern, die ungeladenen Gäste bei der Taufe. Unter günstigen Umständen werden diese unfreundlichen und unerbetenen Geister aus dem Kinderzimmer verbannt, sie kehren in ihre unterirdische Bleibe zurück. Das heißt nicht, dass die Gespenster aus ihrer Grabstätte nicht auch Unheil ersinnen können. In einem unbewachten Augenblick können die Eindringlinge aus der Vergangenheit in den magischen Kreis eindringen, und Mutter und Kind finden sich dabei wieder, einen Moment oder eine Episode aus einer anderen Zeit mit anderen Akteuren erneut in Szene zu setzen.[41]

Wenn man diese »Gespenster« als das entlarvt, was sie sind – Lösungsmuster aus der Vergangenheit, die heute nicht mehr helfen, sondern belasten –, kann man sie in Engel verwandeln. Viele Klientinnen und Klienten suchen mich auf, wenn sie bemerken, dass sie die Verhaltensweisen ihrer Eltern wiederholen, unter denen sie selbst gelitten haben. Wenn eine Mutter oder ein Vater ihr Kind nicht lieben können, hat das fast immer mit der eigenen Kindheit und den eigenen Bindungsstörungen zu tun. Heilen diese Verletzungen, kann die Liebe zum Kind wieder ungehindert fließen.

Wie gesagt: Kinder brauchen Wurzeln und Flügel. Sie entwickeln sowohl Nähe als auch Autonomie, wenn die Bindungspersonen auf ihre Signale reagieren. Wenn dieses Feedback ausbleibt – und Kinder können nicht unterscheiden, ob Mutter und Vater triftige Gründe dafür haben –, verlieren sie ihre Sicherheit.

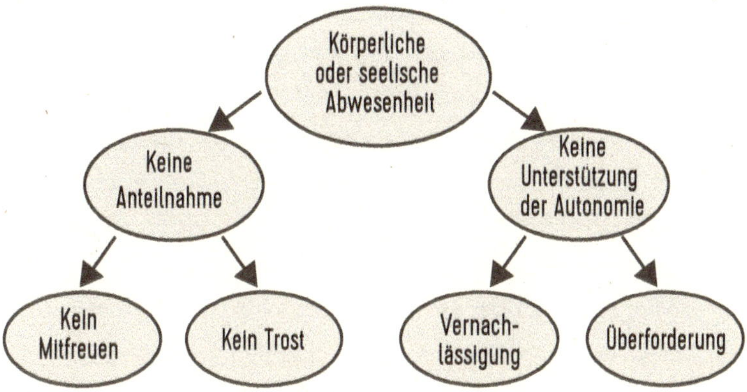

Durch fehlende emotionale Anteilnahme glauben Kinder, unwichtig zu sein. Sie erleben, dass anderes für die Eltern interessanter ist. Manche ziehen sich zurück und verschließen sich, andere werden laut und wild, um die Aufmerksamkeit der Eltern auf sich zu ziehen. Werden die Autonomiebestrebungen nicht unterstützt, geraten Kinder in überfordernde Situationen. Da alle Kinder selbstwirksam sein wollen, wagen sie Handlungen, die ihr Können überfordern. Manche werden dadurch mutlos und ängstlich und trauen sich nichts mehr zu, andere bringen sich selbst in Gefahr.

Meist lässt sich daher auffälliges Verhalten im Kleinkindalter noch leicht korrigieren. Die Kinder machen ja nur darauf aufmerksam, was ihnen fehlt: die spürbare Nähe zu ihren Eltern.

Es liegt jedoch, wie bereits erwähnt, nicht immer an den Eltern und den Lebensumständen, dass die sichere Bindung missglückt. Manche Kinder kommen zu früh auf die Welt oder haben Erkrankungen, die eine sofortige medizinische Behandlung erforderlich machen. So wird die Symbiose zwischen Mutter und Kind jäh unterbrochen, ohne dass jemand etwas dafürkann. Die Folgen zeigen sich nicht selten später als Angst vor dem Alleinsein. Erwachsene Frauen und Männer versuchen, die unterbrochene Symbiose mit ihren Partnern oder Partnerinnen wiederzubeleben. Das kann nicht funktionieren! Wenn Gott gewollt hätte, dass wir dauerhaft mit anderen verschmelzen, hätte er uns als Gase geschaffen und nicht in Körpern mit ihren natürlichen Grenzen. Partnerschaften werden durch solche Vorstellungen grandios überfordert.

Wenn Sie also bisher davon überzeugt waren, es sei die Aufgabe Ihres Mannes oder Ihrer Frau, Sie glücklich zu machen, wissen Sie jetzt, dass Sie an einer Bindungsstörung leiden. Überlassen Sie Gott die Sorge für Ihr Glück. Das wird Ihre Beziehung entlasten und entspannen und tatsächlich glücklicher machen.

Selbstreflexion

Welche Faktoren in meiner Familie könnten bei mir eine Bindungsstörung ausgelöst haben?
Wo habe ich es geschafft, nicht geeignete Verhaltensweisen zu verändern? Wie bin ich mit meinen Kindern umgegangen?

2. Wie kindliche Glaubenssätze unser Erwachsenenleben beeinflussen

Die Entstehung von Glaubenssätzen

Menschen bilden Kategorien – das heißt Muster oder Strukturen –, in die sie ihre Erfahrungen einordnen. Wir gehen ganz spontan anders auf Bekannte zu als auf Fremde, die Mitglieder unserer Familien behandeln wir anders als unsere Freunde und unsere Ehemänner oder -frauen anders als unsere Kollegen und Kolleginnen. Wir müssen in der Regel nicht darüber nachdenken, wen wir mit »Du« und wen mit »Sie« anreden. Solche Kategorien sind normal und notwendig, um das Leben zu bewältigen. Denn es ist völlig unmöglich, in jedem Augenblick alle Faktoren zu berücksichtigen, die nötig wären, um eine Situation angemessen zu beurteilen. Deshalb brauchen wir Kategorien.

Gottes Bauplan funktioniert auch hier perfekt: Unser Gehirn fasst ohne unsere bewusste Wahrnehmung wiederkehrende Abläufe zusammen und bietet sie uns als Reaktionsmöglichkeit an, wenn die Situationen dies erfordern. Dies geschieht blitzschnell. Der Kommunikationswissenschaftler Paul Watzlawick zitiert in seinem Buch *Wie wirklich ist die Wirklichkeit?* den Primatologen Ray Carpenter, der beschreibt, wie Affen solche Entscheidungen treffen:

> Stell dir vor, [...] du bist ein Affe und läufst einen Pfad entlang, um einen Felsen herum und stehst plötzlich vor einem anderen Tier. Bevor du weißt, ob du es angreifen, ignorieren oder ob du fliehen sollst, musst du eine Vielzahl von Entscheidungen treffen. Ist es ein Affe oder ein Nicht-Affe? Wenn es ein Nicht-Affe ist: Ist es ein Pro-Affe oder ein Anti-Affe? Wenn es ein Affe ist, ist er weiblich oder männlich? Wenn es ein Weibchen ist, ist es in Hitze? Wenn es ein Männchen ist, ist es erwachsen oder jung? Wenn es erwachsen ist, gehört es zu meiner oder zu einer anderen Gruppe? Gehört es zu meiner Gruppe, ist es ranghöher oder rangtiefer? Es bleibt dir ungefähr eine fünftel Sekunde, um alle diese Entscheidungen zu treffen, andernfalls kannst du angegriffen werden.[42]

Nicht nur den Affen sichert diese Funktion das Überleben. Auch in unserem Gehirn sind unzählige Muster gespeichert, die durch bestimmte Schlüsselreize ausgelöst werden und uns dazu befähigen, spontan zu reagieren. Muster sind also nichts Schlechtes, sondern die Voraussetzung, um das Leben bewältigen zu können. Wie automatisch wir diese Muster abrufen, wird uns klar, wenn in anderen Ländern andere Verhaltensweisen erforderlich sind: Dass in Großbritannien auf der linken Seite gefahren wird, musste ich mir vor Ort zum Beispiel immer wieder aktiv ins Gedächtnis rufen. Spontan hätte ich die rechte Straßenseite gewählt.

Wenn sich ein Muster als geeignet erwiesen hat, bilden Menschen Regeln. Alle ähnlichen Situationen werden von dem Moment an so und nicht anders bewältigt. Vor allem Eltern hoffen auf die Wirksamkeit dieses Prinzips: Sie wiederholen das, was sie für wichtig halten, und hoffen, dass sich die Kinder diese Regeln einprägen. Dass wir uns waschen, die Zähne putzen und vielleicht vor dem Essen beten, gehört genauso zu diesen erlernten Strukturen wie die Fähigkeit, uns Ziele zu setzen und Aufgaben zu erledigen oder Ordnung zu halten.

Sobald das Befolgen der Regel dann als selbstverständlich gilt, wird sie nicht mehr ausgesprochen. Solche Regeln nennt man

»implizit«. Das bedeutet, man geht davon aus, dass alle diese Regel kennen und auch befolgen. Sollte sich jemand anders verhalten, hält man das für eine bewusste Provokation. Dabei handelt die andere Person wahrscheinlich nur aufgrund einer Regel, die sie für selbstverständlich hält, die sich aber von der von mir vorausgesetzten unterscheidet. Vielleicht wird Ihnen bereits hier klar, dass implizite Regeln der Grund für sehr viele Konflikte sind.

In christlichen Non-Profit-Organisationen gehen beispielsweise alle Mitarbeitenden davon aus, dieselben Werte zu teilen. Doch welche Werte für die Einzelnen im Vordergrund stehen und wie diese im Berufsleben umgesetzt werden sollen, wird nicht besprochen, sondern als bekannt vorausgesetzt. Dabei müsste uns Christen und Christinnen klar sein, wie unterschiedlich wir unseren Glauben leben. Um das zu erkennen, müssen Sie nicht nach Jerusalem, in die Stadt der religiösen Vielfalt, reisen – obwohl ich Ihnen das nur empfehlen kann –, sondern nur die Gottesdienste anderer Gemeinden besuchen.

Die Schwierigkeiten mit nicht besprochenen, unterschiedlichen Werten zeigen sich in diesen Organisationen vor allem im Umgang mit Konflikten, die häufig nicht gelöst, sondern ignoriert werden. Viele Christinnen und Christen befolgen die Anweisungen des Paulus, einander zu ertragen (Kolosser 3,13), Frieden zu halten (Römer 14,19) und sofort zu vergeben. Andere wollen Unstimmigkeiten jedoch unbedingt benennen, wollen ehrlich sein. Sie folgen Jesu Rat, Konflikte mit Geschwistern anzusprechen (Matthäus 18,15-17). Sie möchten aus ihrem Herzen keine »Mördergrube« machen – eine Redewendung, die sich auf die Tempelreinigung bezieht. Jesus beklagte, dass die Menschen den Tempel zu einer »Räuberhöhle« verkommen lassen (Matthäus 21,13). Und das Herz des Menschen gilt als Symbol für den Tempel Gottes und wird gleichermaßen durch negative Gedanken verschmutzt. So wie Jesus die Händler aus dem Tempel treibt, wollen diejenigen, die über Probleme sprechen möchten, nicht nur das eigene Herz, sondern auch das Betriebsklima wieder friedlich und liebevoll gestalten. Beide Parteien fühlen sich im Recht und so bleiben die Probleme bestehen. Sie verschwinden ja nicht einfach von alleine und das bloße Ansprechen bringt auch noch keine Verbesserung.

Um die Probleme zu lösen, bräuchte es jemanden, der beide Positionen zur Sprache bringt und einen Kompromiss erarbeitet. Jemand müsste also die Führung übernehmen. Doch auch bei diesem Thema treffen wir auf unterschiedliche Werte. Als Kinder Gottes sind wir Geschwister und alle gleich. Niemand sollte sich in den Vordergrund stellen und deshalb haben Führungskräfte teilweise Mühe, ihre Führungsrolle tatsächlich auszuüben. Jesu Wort »Wer euch anführen will, soll euch dienen, und wer unter euch der Erste sein will, soll euer Sklave sein« (Matthäus 20, 26-27) fand allerdings nicht im Kontext eines Führungskräftetrainings statt, sondern sollte die Jünger vor Hochmut warnen. Aus diesem Missverständnis heraus vermeiden Führungskräfte wichtige Entscheidungen, wenn sie nicht von allen gutgeheißen werden.

Mitarbeitende in christlichen Organisationen erwarten von ihren Führungskräften beides: zum einen die Übernahme von Verantwortung, um die Organisation wirtschaftlich abzusichern und damit Arbeitsplätze zu erhalten. Gleichzeitig hätten die Mitarbeiter und Mitarbeiterinnen am liebsten nur einstimmige Entscheidungen, bei denen das Wohlergehen und die Interessen jedes und jeder Einzelnen berücksichtigt werden. Leider ist es aber weder im Arbeitsleben noch in der Gemeinde so, dass sich alle immer und überall einig sind und individuelle Interessen in allen Fällen berücksichtigt werden können. Deshalb wird diese unbeliebte Rolle von den Führungskräften nicht oder nur ungern übernommen. Diejenigen, die das trotzdem tun und unpopuläre Maßnahmen durchsetzen, werden nicht selten dafür angegriffen. Doch diejenigen, die solche Entscheidungen vermeiden, belassen die Konflikte, bis diese sich verselbstständigen. Dann kommt es zu Kündigungen bis – in Gemeinden – hin zu Spaltungen, was ich selbst erlebt habe. Hier könnte viel Leid vermieden werden, wenn die Beteiligten ihre impliziten Regeln ausgesprochen und in explizite verwandelt hätten. Denn erst ausgesprochen können sie diskutiert werden.

Solche Regeln finden wir nicht nur in unseren Gesetzbüchern, sondern auch in vielen Sprichwörtern:

»Ordnung ist das halbe Leben.«

»Wer rastet, der rostet.«

»Der frühe Vogel fängt den Wurm.«

Explizite Regeln können besprochen werden. Implizite Regeln befolgen wir dagegen so selbstverständlich, dass uns die dazu passenden Glaubenssätze gar nicht mehr bewusst sind. Viele dieser Glaubenssätze betreffen den Umgang mit Menschen:

- wie wir mit Nähe und Distanz umgehen, mit Verbundenheit und Autonomie;
- wie wir unsere Paarbeziehung leben und unsere Kinder erziehen;
- ob wir einen großen Freundeskreis oder nur wenige Vertraute haben;
- ob wir dem Leben grundsätzlich vertrauen oder misstrauen;
- ob wir Auseinandersetzung vermeiden, bei Konflikten Kontakte abbrechen oder ob wir Streitigkeiten lösen können.

Unsere Glaubenssätze lernen wir in sehr jungem Alter, also lange bevor der Verstand in der Lage ist, eine Situation wirklich adäquat zu beurteilen. Wir verinnerlichen die Grundlage unseres sozialen Verhaltens, indem wir das nachahmen, was die Menschen, mit denen wir zusammenleben, uns vormachen. Wir lernen jedoch nicht nur Fähigkeiten und Fertigkeiten, sondern ziehen Rückschlüsse aus dem Feedback, das uns die Familienmitglieder geben – wir interpretieren: Wie reagieren diese Menschen auf uns? Ist unsere Nähe erwünscht? Sind wir richtig, so wie wir sind? Daraus ziehen wir wichtige Informationen für unseren Selbstwert, ohne in so jungem Alter einschätzen zu können, ob unsere Interpretationen stimmen.

Für Kinder sind die Verhaltensmuster in ihren Familien »normal«. Sie werden daher bei ähnlichen Schlüsselreizen aktiviert, ganz egal, ob die gezeigte Reaktion zielführend ist oder blockiert. Wenn Kinder beispielsweise erfahren haben, dass sie durch Quengeln ihren Willen durchsetzen können, werden sie nicht bitten, sondern nerven. Wenn sie erleben, dass sie der Strafe entgehen, indem sie lügen, werden sie die Wahrheit verschweigen und immer bessere Ausreden erfinden. Wenn sie erfahren, dass Konflikte in der Familie nicht besprochen werden, werden auch sie nicht sprechen, sondern schweigen. Die dazu passenden impliziten Glaubenssätze würden lauten:

»Ich bekomme das, was ich will, wenn ich anderen auf die Nerven gehe.«

»Ich schütze mich, wenn ich die Wahrheit verschweige.«

»Konflikte sind nicht lösbar.«

Wenn meine Klientinnen und Klienten an einem bestimmten Verhalten arbeiten wollen, gebe ich ihnen gerne die Aufgabe, den dazu passenden impliziten Glaubenssatz in einen expliziten zu verwandeln, indem sie diesen aussprechen. Viele sind entsetzt, wenn sie merken, wie sehr diese unbewussten Regeln dem widersprechen, was sie als bewusste Erwachsene anstreben.

Eine Klientin, die durch ihre Arbeit in einer psychosozialen Einrichtung sehr erschöpft war, klagte darüber, das Gleichgewicht zwischen Arbeit und Privatleben nicht umsetzen zu können. Sie übernahm Aufgaben, die sie überforderten, versprach den Menschen, die sie betreute, jederzeit für sie erreichbar zu sein, obwohl sie wusste, dass dies gar nicht möglich war. Doch immer wieder ertappte sie sich dabei, solche unrealistischen Zusagen gemacht zu haben. Dafür klagte sie sich dann selbst an. Den eigenen Arbeitseinsatz zu schätzen, war ihr nicht möglich.

Als ich sie bat, ihren dazu passenden Glaubenssatz zu formulieren, sagte sie: »Nur wenn ich mich ständig überfordere, werde ich vielleicht geliebt.« Weinend erzählte sie von einer Kindheit, in der sie als die jüngste Tochter versucht hatte, den Haushalt für ihre chaotische Familie zu führen. Sie kaufte nach der Schule ein, kochte, putzte und räumte auf. Die süchtigen Eltern hatten sich nicht um sie gekümmert und für den älteren Bruder war sie die Zielscheibe seiner Aggressionen und Abwertungen. Auch wenn sie keine Anerkennung von ihrer Familie erhielt, machte sie einfach weiter, denn ohne ihren Einsatz wäre die Familie vollkommen im Chaos versunken.

Diesen Glaubenssatz erfüllte die Frau auch in ihrem Erwachsenenleben in allen Aspekten. Sie opferte sich auf, ohne dafür Anerkennung zu erhalten, ohne sich selbst dafür wertzuschätzen und ohne dass jemand bemerkte, wie erschöpft sie war. Die Erkenntnis, wie viel sie selbst dazu beitrug, dass sich das alte Muster in ihrem aktuellen Leben wiederholte, brachte sie auf neue Ideen. Sie hörte auf, ihre private Telefonnummer an die Menschen weiterzugeben, die sie beruflich betreute, und begann, ihre Tätigkeiten aufzuschreiben, um eine realistischere Einschätzung ihrer Arbeitsleistung zu gewinnen. Diese Listen besprach sie mit einer Freundin. Erst dadurch erkannte sie, wie viel sie tatsächlich leistete, und die Anerkennung der Freundin tat ihr gut.

Auch Paulus beklagt diesen Zustand (Römer 7,15-25). Er gibt zu, dass er, obwohl er wusste, welches Verhalten angemessen gewesen wäre, es nicht schaffte, dieses auch zu zeigen. Psychologisch betrachtet geschah ihm genau das, was ich gerade beschrieben habe: Das alte Muster, das nicht mehr zielführend ist, wird spontan aktiviert und bestimmt das Handeln.

Die Erkenntnis allein, dass das Verhalten nicht angemessen ist, führt jedoch leider noch nicht zu einer Veränderung. Wir sprachen darüber: Es verändert auch nichts, wenn man »das Fleisch« oder die »sündige menschliche Natur« dafür verantwortlich macht. Denn diese Bewertung hindert uns nicht daran, denselben Fehler immer wieder zu begehen, weil eben die implizite Regel, die das beklagte Verhalten triggert, nicht erkannt wurde.

Paulus nennt die Vernunft den Teil des Menschen, der das Gute erkennt und umsetzen will. »Fest steht: Meiner Vernunft nach möchte ich dem Gesetz Gottes gehorchen, aber meiner menschlichen Natur nach bin ich ein Sklave der Sünde« (Römer 7,25). Nutzen wir also unsere Vernunft, um uns diese unbewussten Strategien bewusst zu machen, die uns als Erwachsene nicht mehr dienen – und sie durch bessere zu ersetzen.

Ich fasse die bisherigen Erkenntnisse noch einmal für Sie zusammen:

Glaubenssätze werden in der Kindheit gebildet. Sie ordnen das Erlebte in Regeln, sind subjektiv und spiegeln darüber hinaus die Analysefähigkeiten des Lebensalters wider. Sie werden vergessen, wirken unbewusst weiter und beeinflussen so die Gestaltung unserer sozialen Kontakte, unsere Konfliktlösekompetenz und Impulskontrolle.

Es nützt nichts, wenn wir uns dafür verurteilen, beschimpfen oder abwerten. Wesentlich zielführender ist die Erkenntnis, dass sich durch das Befolgen dieses Glaubenssatzes in einem früheren Lebensalter Vorteile erzielen ließen, die heute nicht mehr vorhanden sind.

Nehmen wir daher dem Kind, das wir gewesen sind, liebevoll »die Autoschlüssel« weg, ohne es zu verurteilen, zu beschimpfen oder abzuwerten. Damit schaffen wir die Grundlage, um ein neues Verhaltensmuster und einen neuen Glaubenssatz auszuprobieren. Nur mit Verständnis und Liebe uns selbst gegenüber lernen wir nachhaltig. Und machen es damit wahrscheinlicher, dass wir als erwachsene Menschen ein Leben durch den Geist Gottes führen können, wie Paulus es in Römer 8 beschreibt.

Selbstreflexion

Welche Verhaltensweise beklage ich bei mir?
Welche implizite Regel, welcher Glaubenssatz, verbirgt sich hinter meinem Verhalten?
Formulieren Sie den Glaubenssatz.
Reflektieren Sie, wann und wo Sie diesen Glaubenssatz gelernt haben.
Identifizieren Sie die Situationen, die diesen Glaubenssatz und das nicht mehr erwünschte Verhalten auslösen.

Wie wir aus Glaubenssätzen Verhaltensmuster bilden

Bis hierher scheint alles ganz einfach zu sein: Das Kind übersetzt seine Lernerfahrungen in Regeln. Aus diesen Regeln bildet es Glaubenssätze und daraus ergeben sich Verhaltensmuster. Der Psychologe Kurt Lewin erstellte sogar eine Verhaltensgleichung: Person + Lernerfahrungen = Verhaltensmuster.[43]

Doch wie eine Person die Lernerfahrungen in Verhalten umsetzt, ist damit noch nicht erklärt. In meiner 25-jährigen Erfahrung in der Unterstützung und Beratung von Menschen habe ich drei Faktoren oder Dimensionen identifizieren können. Sie spielen eine wichtige Rolle bei der Art und Weise, wie Menschen ihre Erfahrungen verarbeiten, welche Glaubenssätze sie bilden und wie sie diese in Lösungsstrategien umsetzen:

- die Bindungserfahrung
- das Ausmaß der erlebten Selbstwirksamkeit
- die Persönlichkeitsstruktur

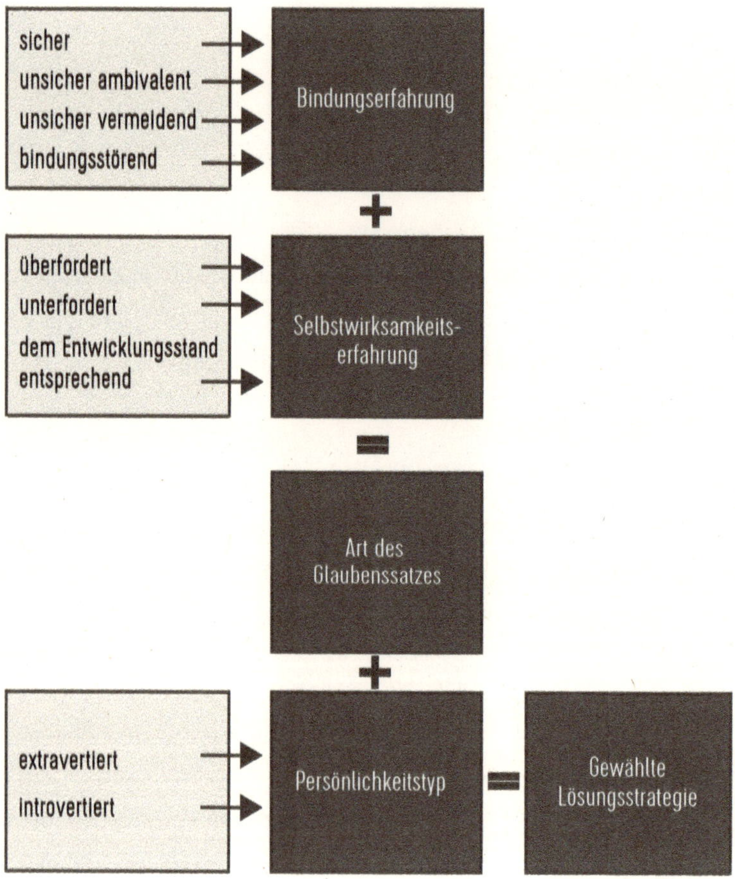

Unsere Bindungserfahrung und der Grad unserer erlebten Selbstwirksamkeit entscheiden über die Art unserer Glaubenssätze, während die grundsätzliche Gestimmtheit unserer Persönlichkeit darüber bestimmt, ob wir eher eine aktive oder passive, eine kämpferische oder abwartende Lösungsstrategie wählen. Im Folgenden werden wir diese drei Faktoren näher untersuchen.

a. Der Einfluss der Bindungserfahrung auf unsere Glaubenssätze

Wie werden also Bindungserfahrungen in Glaubenssätze übertragen? Wie Sie aus dem vorhergehenden Kapitel wissen, ist die Bindungserfahrung entscheidend dafür, wie Menschen auch im Erwachsenenalter ihre Beziehungen gestalten.

Sicher gebundene Kinder haben oft genug erlebt, dass Lösungen möglich sind. Solche Kinder müssen kein positives Denken lernen: Sie gehen automatisch davon aus, dass ihre Mitmenschen ihnen freundlich und hilfsbereit zur Seite stehen. Wenn es Schwierigkeiten gibt, haben sie keine Mühe, andere um Hilfe zu bitten. Aufgrund ihres Glaubenssatzes »Ich werde geliebt und respektiert« gehen die sicher Gebundenen davon aus, dass alle anderen genauso denken, fühlen und handeln. Sie müssen dann meist schmerzhaft lernen, dass sie nicht von allen Menschen so bedingungslos geliebt werden wie von ihren Eltern.

Dagegen haben *unsicher vermeidend gebundene Kinder* gelernt, dass sie auf sich allein gestellt sind – deshalb verlassen sie sich nur auf sich. Weil sie zu wissen meinen, dass sie keine Hilfe bekommen, neigen sie auch als Erwachsene dazu, nicht um Hilfe zu bitten. Solche Menschen haben den Glaubenssatz: »Ich muss immer alles selbst tun!« Und diese Erfahrung wiederholt sich tatsächlich immer wieder. Kommen Menschen mit dieser Überzeugung in meine Praxis, stellt sich nämlich meist heraus, wie sehr sie unbewusst dazu beitragen, dass sie allein gelassen werden: Es werden Helfer oder Helferinnen ausgesucht, die der Aufgabe nicht gewachsen sind. Oder es werden Bedingungen gestellt, die für andere nicht erfüllbar sind. Dann ist es nicht Gottes Wille, dass keine Hilfe gefunden wird, sondern es ist die Person selbst, die dies aufgrund ihres Glaubenssatzes verhindert.

Unsicher ambivalent gebundene Kinder haben gelernt, dass sie von den Entscheidungen anderer abhängig sind. Deshalb richten sie sich oft nach dem Willen derjenigen, die sie als stärker wahrnehmen. Sie befolgen den unbewusst gewordenen Glaubenssatz: »Was ich will, spielt sowieso keine Rolle.« Auch hier leisten die so geprägten Menschen einen großen Beitrag dazu, dass sich dieser Glaubenssatz erfüllt. Als Erwachsene könnten sie jedoch eine Menge dafür tun, dass ihre Bedürfnisse erfüllt werden! Dazu muss man nicht plötzlich zum Egoisten oder zur Egoistin werden. Der erste Schritt bestünde darin, die eigenen Bedürfnisse überhaupt erst einmal wahrzunehmen und sich dann zu überlegen, wie man selbst sozial verträglich dafür sorgen kann, dass sie erfüllt werden.

Viele unsicher ambivalent gebundene Christen und Christinnen erwarten hingegen, dass nun Gott das für sie tut, was ihre Eltern nicht geleistet haben. Sie beten um die Erfüllung ihrer Bedürfnisse und dann warten sie darauf, dass Gott tätig wird. Dabei vergessen sie ihren eigenen Beitrag – und die Bibel ist voller Beispiele dafür, wie wichtig dieser sein kann: Wenn zum Beispiel Mann und Frau die körperlichen Voraussetzungen für eine Schwangerschaft nicht geschaffen hätten, wären weder Isaak noch Samuel und auch Johannes der Täufer nicht geboren worden. Auch wenn Gott viel für uns tut, müssen wir die Voraussetzung dafür schaffen, dass sich seine Pläne für uns verwirklichen können.

Kinder mit reaktiver Bindungsstörung haben ein sehr kleines Stresstoleranzfenster. Das heißt, dass sie vor allem darum kämpfen, die Kontrolle über sich und das eigene Leben zu behalten. Oft genug nutzen sie Suchtmittel, um ihre Ängste zu betäuben. Solche schweren Bindungsstörungen entstehen aufgrund traumatischer Erfahrungen. Die Wirkung derartiger Verletzungen werde ich im nächsten Kapitel ausführlich behandeln.

Wie wir Bindung erlebt haben, spielt also eine große Rolle dabei, ob wir den Herausforderungen des Lebens offen und mutig gegenübertreten, ob wir Beziehungen und Nähe wagen oder ob wir als einsame Wölfe und Wölfinnen den Kontakt zu anderen lieber vermeiden.

b. Der Einfluss der Selbstwirksamkeitserfahrung auf unsere Glaubenssätze

Der zweite Faktor oder die zweite Dimension, die zu unseren Glaubenssätzen beiträgt, ist das Erleben von Selbstwirksamkeit in der Kindheit. Selbstwirksam zu sein bedeutet, dass wir uns als Handelnde erfahren, die das eigene Leben gestalten. Das gilt nicht nur für unser privates Leben. Dass wir uns an einer Arbeitsstelle wohlfühlen, liegt zum Beispiel nicht in erster Linie und nur an der Bezahlung. Wir sind vor allem dann motiviert, wenn wir Gestaltungsspielräume selbstständig nutzen können.[44]

Ob wir Herausforderungen mutig angehen oder ob wir passiv abwarten, was auf uns zukommt, hat viel mit unserer Erziehung zu tun. Selbstvertrauen lernen Kinder in erster Linie, wenn ihnen zugetraut wird, Lösungen für ihre Probleme zu finden. Dabei ist es natürlich wichtig, dass die Eltern dafür sorgen, dass das Kind nur den Schwierigkeiten begegnet, die es aufgrund seines Alters und seines Entwicklungsstands selbst lösen kann.

Nur die Kinder, an die *altersgerechte Anforderungen* gestellt wurden, erleben sich deshalb als selbstwirksam. Sie haben gelernt, ihrem Alter angemessene Entscheidungsspielräume auszuschöpfen, haben die Konsequenzen ihrer Entscheidungen getragen und auch erfahren, dass Scheitern möglich ist. Sie haben aber auch aus eigener Kraft Ziele erreicht, auf die sie stolz sein können. Diese Menschen haben als Erwachsene Freude daran, Neues auszuprobieren. Fehlschläge entmutigen sie nur kurz. Der Fehler wird analysiert und dient dazu, es beim nächsten Mal besser zu machen.

Unterforderte Kinder haben dagegen wenig Spielräume für eigene Ideen und selbstbestimmtes Handeln. Wir unterscheiden zwei Arten von elterlichem Verhalten, die dazu führen, dass Eltern ihren Kindern keine Entscheidungsspielräume zugestehen. Es gibt die fürsorglich kontrollierenden und kritisch kontrollierenden Eltern:

Fürsorglich kontrollierende »Helikoptereltern« verbergen ihre Kontrolle hinter Fürsorglichkeit. Sie sind davon überzeugt, dass sie »es besser wissen« als das Kind. Obwohl sie damit recht haben, verhindern sie, dass ihr Kind eigene Lernerfahrungen macht. Sie mischen sich mehr in die Lebensführung des Kindes ein, als es seinem Entwicklungsstand entspricht, und beschränken es damit in seiner Autonomie. Probleme lösen sie für das Kind, denn Scheitern ist nicht vorgesehen. Wenn trotzdem etwas schiefläuft, nehmen Helikoptereltern das persönlich und neigen dazu, anderen die Schuld dafür zuzuweisen, zum Beispiel Lehrerinnen, Erziehern und Freunden und Freundinnen ihres Kindes.[45] Dieses elterliche Verhalten fördert die Unselbstständigkeit der Kinder und gleichzeitig deren Erwartung, andere seien für ihr Glück verantwortlich.

Kritisch kontrollierende Eltern messen das Kind hingegen an den eigenen Leistungen. Das, was der Vater, was die Mutter im selben Alter »geschafft« oder auch »nicht geschafft« hat, wird vom

Kind erwartet, ohne dessen Persönlichkeit und den veränderten Kontext zu beachten. Dies führt dazu, dass das Kind auch in seinem Umfeld als Sohn oder Tochter von XY wahrgenommen wird und nicht als eigenständige Person. Selbst wenn solche Kinder Leistungen bringen, erleben sie sich nicht als selbstwirksam, da sie in erster Linie die Aufträge ihrer Eltern erfüllen. Was sie selbst für sich und ihr Leben wollen, spielt dabei kaum eine Rolle.

Überforderte Kinder erleben im Gegensatz zu den unterforderten, dass sie regelmäßig an Aufgaben scheitern. Häufig beginnt die Überforderung damit, dass Mutter und/oder Vater dem Kind bewusst oder unbewusst zu verstehen geben, dass sie ihre eigenen Lebensaufgaben und ihre Erziehungsverantwortung nicht ohne seine Hilfe bewältigen können. Der Fachbegriff für diese Form der Überforderung heißt »Parentifizierung«: Ein Kind wird zum Stellvertreter oder zur Stellvertreterin der Eltern gemacht.

Einige meiner Klientinnen haben ihre kleineren Geschwister ohne die Hilfe von Erwachsenen großgezogen, vor der Schule das Feld gepflügt oder Heu gemacht, täglich Essen gekocht und nebenbei noch aufgeräumt und die Wohnung geputzt. Diese Art der Überforderung wird immer noch eher den Mädchen aufgebürdet. Kein Wunder, dass sich diese Frauen auch als Erwachsene Aufgaben aufladen, die sie überfordern müssen: Keine Frau kann gleichzeitig einen Vollzeitjob erfüllen, alleine die Kinder betreuen und die perfekte Ehefrau sein. Während Männer eher dazu stehen, dass sie die Kinderbetreuung neben ihrem Beruf nicht leisten können, neigen Frauen dazu, sich als Versagerinnen zu fühlen, wenn sie das Unmögliche nicht möglich machen, auch wenn die Belastung objektiv zu hoch ist. Viele Mütter rutschen so in ein Burn-out, weil die körperlichen und seelischen Kräfte nicht mehr reichen. Damit wiederholen sie die Erfahrungen ihrer Kindheit und vertiefen ihre Überzeugung, mal wieder versagt zu haben.

Von den Jungen wird dagegen eher verlangt, ihren Mann zu stehen und nach außen hin erfolgreich zu sein. Auch sie werden mit diesem Anspruch überfordert, vor allem dann, wenn der Vater erfolgreich oder einflussreich war und vom Sohn erwartet wird, dieselbe Leistung zu bringen. Wir sollten uns daher nicht wundern, dass so viele Männer ihren Selbstwert vor allem an ihren beruflichen Erfolgen festmachen und damit ihre Gesundheit und ihre Ehen gefährden.

Natürlich wirken die Faktoren Bindung und Selbstwirksamkeit, die wir nun untersucht haben, aufeinander ein. Sicher gebundene Kinder haben viel größere Chancen, selbstwirksames Handeln auszuprobieren, als Kinder, die alleingelassen und überfordert oder abhängig gemacht und manipuliert werden.

c. Der Einfluss der Persönlichkeit auf unsere Lösungsstrategien

Wie ein Mensch diese Lernerfahrungen und Glaubenssätze nun in konkrete Lösungsstrategien umsetzt, ist abhängig von seiner charakterlichen Struktur. Um Ratsuchenden diese Struktur zu verdeutlichen und sie damit untersuchbar zu machen, nutze ich das Modell der *Big Five*. Es unterteilt die Persönlichkeit in fünf messbare Kategorien: Aufgeschlossenheit, Gewissenhaftigkeit, Verträglichkeit, Verletzlichkeit und Extraversion. Zu jeder Kategorie gibt es natürlich auch das Gegenteil. Alle fünf Kategorien zu berücksichtigen, ist für meine Fragestellung, welche Lösungsstrategien gewählt werden, nicht nötig. Die Kategorien Extraversion versus Introversion geben uns genügend Aufschluss darüber, welche Lösungsstrategien Menschen wahrscheinlich wählen.

Ob jemand extravertiert oder introvertiert ist, ist angeboren und nicht erlernt. Dabei ist das eine nicht besser oder schlechter als das andere! Extravertierte Menschen neigen eher dazu, Kontakte zu knüpfen und aktiv zu werden. Sie sind eher bereit zu kämpfen, auch wenn es manchmal besser wäre, den Mund zu halten und abzuwarten. Das hingegen tun introvertierte Menschen, die sich eher im Hintergrund halten. Sie versuchen, Schwierigkeiten diplomatisch zu lösen oder auszusitzen, auch wenn es manchmal besser wäre, für die eigenen Rechte zu kämpfen. Beides hat, je nach Kontext, Vor- und Nachteile. Natürlich gibt es Mischformen, das heißt Menschen, die in bestimmten Kontexten extravertiert reagieren und sich in anderen eher zurückhalten. Wenn Sie wissen wollen, welchem Typus Sie sich eher zuordnen sollen, fragen Sie diejenigen, die Sie in Ihrer Kindheit gekannt haben.

Aus diesen drei Dimensionen können Sie jetzt fast wie bei einer mathematischen Gleichung Verhaltensmuster von Menschen erklären:

Das sicher gebundene, selbstwirksame, extravertierte Kind wird eher bei Demonstrationen mitlaufen als das introvertierte, welches sich wiederum durchaus an einer Unterschriftenaktion beteiligt.

Ein unsicher ambivalent gebundenes, überfordertes extravertiertes Kind wird sich eher einen hilfsbedürftigen Menschen als Partner oder Partnerin suchen, um an dessen Rettung zu scheitern, während das introvertierte Kind sich eher eine Retterin oder einen Retter sucht, von der oder dem es sich dann kontrolliert fühlt.

Selbstreflexion

Wenden Sie nun die drei Dimensionen – Bindungserfahrung, Erleben von Selbstwirksamkeit, Extraversion/Introversion – auf sich selbst und den Glaubenssatz an, den Sie in der vorausgegangenen Übung formuliert haben. Stellen Sie sich dazu folgende Fragen:

Welches Bindungsmuster trifft am besten auf mich zu?
Wie wurde ich erzogen? Durfte ich mich ausprobieren und meine Selbstwirksamkeit erfahren?
Bin ich eher extravertiert oder introvertiert? Wie würden mich Mitglieder meiner Familie einordnen?
Vergegenwärtigen Sie sich nun den Glaubenssatz, den Sie in der letzten Selbstreflexion gewählt haben.
Versuchen Sie zu verstehen, welche Lernerfahrungen für diesen Satz verantwortlich waren und mit welcher Lösungsstrategie Sie diesen bisher umgesetzt haben.

Das unbewusste Lebensskript

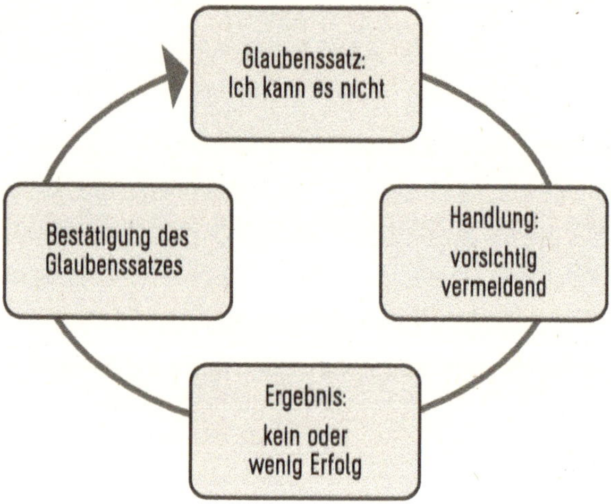

Die soeben behandelten unbewussten Glaubenssätze und Lösungsstrategien, denen wir wie ferngesteuert folgen, nenne ich unser »unbewusstes Lebensskript«. Es wirkt wie ein Drehbuch, in dem die Rollen, die wir auf der Bühne des Lebens spielen, aufgezeichnet sind. In diesem Lebensskript findet sich nicht nur unser Selbstschema – die Art und Weise, wie wir uns selbst wahrnehmen –, sondern auch das Partnerschema – wie wir andere wahrnehmen. (Wie wir die Qualität der Beziehung zu anderen Menschen erleben, hängt also zu einem großen Teil von uns selbst ab.) Darüber hinaus finden wir in diesem Skript unzählige Verhaltensschemata, die wir spontan anwenden, wenn sie durch passende Schlüsselreize ausgelöst werden.

Wir selbst sind es also, die in nicht geringem Ausmaß dazu beitragen, dass sich die uns nicht bewussten Glaubenssätze erfüllen. Das Gute ist: Genau deshalb haben wir gute Chancen, die ungünstigen Voraussetzungen zu ändern! Indem wir uns nämlich das Unbewusste bewusst machen, die impliziten Regeln in explizite verwandeln und diese dann so verändern, dass sie unserem aktuellen Alter, unseren Ressourcen und unserer Vorstellung von einer christlichen Lebensgestaltung entsprechen.

Unsere Sicht auf uns selbst

Beginnen wir mit unserem »Selbstschema«, also der Art und Weise, wie wir uns selbst wahrnehmen. Das Selbstschema setzt sich aus dem Feedback zusammen, das wir von den Menschen erhielten, die uns in unserer Kindheit begleitet haben: von unseren Eltern und Geschwistern, Mitgliedern der erweiterten Familie wie Großeltern, Tanten und Onkel, Freunden unserer Eltern, aber auch Erzieherinnen und Lehrerinnen. Das, was im Erwachsenenalter geschieht, beeinflusst uns zwar auch, doch wir können dann viel besser entscheiden, ob ein Feedback zu unserem Selbstbild passt und dieses annehmen oder ablehnen.

Alle Feedbacks, die nicht der Wahrheit entsprechen, schaden Kindern. Ein Kind, das für alles, was es tut, gelobt wird und immer »etwas ganz Besonderes ist«, wird schon in der Kita enttäuscht, wenn es auf die vielen anderen »ganz besonderen« Kinder trifft, die ähnlich sind wie es selbst. Wenn das Kind auf seiner »Besonderheit« besteht und von anderen Kindern eine entsprechende Behandlung fordert, wird es Schwierigkeiten haben, Freunde und Freundinnen zu finden. Trotz aller positiven Feedbacks seiner Familie beginnt es, an seinem Selbstwert zu zweifeln.

Wenn Sie also an einem Selbstwertproblem leiden, obwohl Ihre Eltern Sie nur gelobt haben, besteht Ihre Aufgabe darin zu lernen, dass Sie Fähigkeiten und Defizite haben, dass Sie Dinge sehr gut, andere mittelmäßig und wenige gar nicht können. Die Tatsache, dass Sie als Mensch einzigartig sind, hebt Sie nicht hervor, da das auch auf alle anderen Menschen zutrifft. Unsere Begabungen sind Geschenke Gottes, die wir zu seiner Ehre einsetzen dürfen.

Es gibt aber auch Kinder, die sich deshalb wertlos fühlen, weil sie ständig abgewertet wurden. Das negative Feedback – ganz gleich, ob es ausgesprochen oder vom Kind aufgrund des elterlichen Verhaltens interpretiert wurde – wird verinnerlicht, als Glaubenssatz gespeichert und von ihm als Erwachsenen wiederholt. Dies geschieht unabhängig von tatsächlichen Kompetenzen und Leistungen, von Ressourcen und Fähigkeiten. Auch die Perfektionisten und Perfektionistinnen, die nie mit sich zufrieden sind, weil »man es immer noch besser machen könnte«, haben nicht gehört, dass sie so, wie sie sind, in Ordnung und liebenswert sind.

Um solche Programmierungen aufzulösen, gilt das schon bekannte Prinzip: Wir machen Unbewusstes bewusst und aus impliziten Regeln explizite, wodurch sie verhandelbar und veränderbar werden. Das Aussprechen ist dabei der erste Schritt. Wird zum Beispiel Abwertung in der Kindheit in einem Glaubenssatz zum Ausdruck gebracht, könnte dieser lauten: »Lieber Papa/liebe Mama, ich bin auch heute eure brave Tochter/euer braver Sohn, indem ich allen beweise, dass ihr recht hattet: Ich bin ein Versager/eine Versagerin, ich bin nicht liebenswert und wertlos.«

Sobald man Sätze wie diese formuliert, wirkt das wie ein heilsamer Schock. Denn sie machen den Betroffenen unmissverständlich klar, wie sie sich täglich selbst so programmieren, dass genau das eintrifft, was sie nicht wollen. Ich bitte meine Klientinnen und Klienten dann, diesen Satz im Sinne einer »Psycho-Impfung« einmal täglich zu wiederholen. Sobald dieser unsinnige Glaubenssatz ausgesprochen wird, regt sich in der Regel Widerstand. Dadurch merken die Betroffenen, wann sie Gefahr laufen, das destruktive Muster zu wiederholen.

Ich arbeite sehr häufig mit dieser Art von »Impfung«, weil sie so schnell und so gut wirkt. Der Fachbegriff dafür lautet »Symptomverschreibung«. Auch in der Bibel finden wir dafür viele Beispiele: Wie oft trug Gott seinen Propheten auf, destruktive Handlungen am eigenen Leib auszuführen, um dem Volk seine Fehler bewusst zu machen und es zu einer Änderung seines Verhaltens anzuregen (siehe u. a. Hesekiel 4–5).

Unsere Sicht auf unsere Mitmenschen

Auch die Art und Weise, wie wir unsere Mitmenschen wahrnehmen, spiegelt unser Lebensskript wider. Die Freunde und Freundinnen, die wir wählen, passen zu unseren Bindungserfahrungen: Ob wir einer besten Freundin oder einem besten Freund vertrauen können oder mit vielen Menschen eher bekannt als befreundet sind, hängt davon ab, ob wir solches Vertrauen in unseren Familien erlebt haben. Meinem Mann und mir fiel zum Beispiel irgendwann auf, dass wir uns stark von Menschen angezogen fühlten, die sich später als Narzissten erwiesen und uns enttäuschten. Wir hätten es eigentlich wissen müssen: Unsere beiden Väter erfüllten alle Kriterien dieser Persönlichkeitsstörung. Die Hoffnung, von solchen Menschen geliebt zu werden, ließ uns wichtige Warnhinweise übersehen.

In Partnerschaften zeigt sich unser Lebensskript am deutlichsten. Die Klientinnen und Klienten, die mich aufsuchen, weil sie »den Richtigen« oder »die Richtige« immer noch nicht gefunden haben, sind häufig an unbewusste Glaubenssätze gebunden. Diese bewirken, dass sie sich in die »falschen« Männer oder Frauen verlieben, was sich aber nicht sofort, sondern erst nach einiger Zeit offenbart. Der Mann, der wiederholt Frauen wählt, die ihn nicht wollen, könnte zum Beispiel erzählen, dass er ein »Unfall« war und er nie eine herzliche Beziehung zu seiner Mutter entwickeln konnte. Die Frau, die sich von ihrem Mann schlecht behandeln lässt, hat vielleicht als Kind erfahren, dass Beziehungen leidvoll sind. Dass die Muster von Paaren oft wie »der Deckel auf den Topf« zusammenpassen, erlebe ich täglich in der Praxis.[46]

Wollen Sie ein solches Muster verändern, besteht der erste Schritt darin, zu erkennen, was Sie selbst dazu beitragen, die zu beklagende Situation zu ermöglichen und fortzuführen. Aufgrund Ihrer Handlungsmuster können Sie meist problemlos auf den zugrunde liegenden Glaubenssatz schließen.

Gehen Sie davon aus, dass Ihr Partner oder Ihre Partnerin genau zu diesem Muster passt. Wir heiraten den Menschen, der das unbewusste Lebensskript perfekt ergänzt, ganz gleich, ob es uns glücklich oder unglücklich macht. Natürlich trägt der oder die andere auch dazu bei, dass die Konflikte entstehen, aber er oder sie ist nicht allein dafür verantwortlich, dass sich diese Konflikte ereignen. Wir wiederholen gemeinsam unsere Kindheitsdramen und finden deshalb keinen Weg heraus, weil wir uns wie verletzte Kinder und nicht wie Erwachsene verhalten. Was hindert uns zum Beispiel daran, dem anderen recht zu geben und liebevoll auf ihn zuzugehen? Wir bekriegen schließlich keinen Feind, der uns schaden will, sondern wir haben eine Meinungsverschiedenheit mit dem Menschen, mit dem wir unser Leben teilen. Meist geht es ja nur um Kleinigkeiten und nicht um Maßnahmen zur Rettung der Welt!

Die Erforschung des eigenen Lebensskriptes ist eine sehr lohnende Aufgabe, die es uns ermöglicht, die eigene Beteiligung an vielen Situationen zu reflektieren, in denen wir uns bisher als Opfer der Umstände gefühlt haben. Die Erkenntnis, dass wir auch Täter und Täterinnen sind, mag schmerzlich sein, eröffnet aber die Chance, endlich etwas an diesen Situationen zu verändern. Gehen wir es an!

Selbstreflexion

Welche Situationen oder Erfahrungen wiederholen sich in meinem Leben? Wählen Sie die Situation aus, die Ihnen am wichtigsten ist.
Wie verhalte ich mich in dieser Situation? Wie könnte der Glaubenssatz heißen, nach dem ich mich unbewusst richte? Formulieren Sie diesen Glaubenssatz.
Nehmen Sie sich Zeit und überlegen Sie, wann dieser Glaubenssatz sinnvoll war:
Wie alt war ich? Kann ich dem Kind, das ich gewesen bin, liebevoll und verständnisvoll begegnen?
Das Kind, das Sie gewesen sind, hatte Gründe, sich so zu verhalten. Schreiben Sie die Szene auf. Notieren Sie, was geschehen oder wer was sagen muss, damit Sie wie das Kind reagieren, das Sie gewesen sind – zum Beispiel: »Immer, wenn mich jemand kritisiert, fühle ich mich auch heute noch in meiner Existenz bedroht. Ich erinnere mich daran, dass Fehler in meiner Familie nicht erlaubt waren, und reagiere bei Kritik aggressiv/verängstigt/mit Kopfschmerzen usw. Dabei spielt es keine Rolle, ob die Kritik berechtigt oder unberechtigt ist.«

Wie Sie wissen, reicht es nicht aus, etwas nicht mehr tun zu wollen. Wir brauchen eine Alternative. Nehmen Sie sich deshalb noch einen Moment Zeit, um sich daran zu erinnern, dass Sie heute ein erwachsenes Kind Gottes sind.

Wie möchten Sie in solchen Situationen reagieren? Schreiben Sie eine neue Szene – zum Beispiel: »Jemand kritisiert mich! Ich merke, wie Emotionen in mir aufsteigen, und realisiere, dass sich mein inneres Kind meldet. Ich nehme das Kind liebevoll in meine Arme und erkläre ihm, dass ich mich jetzt um die Situation kümmere. Ich höre mir die Kritik in Ruhe an und überlege, was davon zutrifft und wo ich anderer Meinung bin. Meine Position vertrete ich respektvoll und ehrlich.«

Wiederholen Sie diese Übung, damit Sie sich mit Ihrem veränderten Verhalten anfreunden können.

Je öfter Sie diese Übung wiederholen, umso wahrscheinlicher ist es, dass Sie auf das Äußern von Kritik beim nächsten Mal anders reagieren.

Warum Sie sich durch dieses mentale Training tatsächlich eine Wahlmöglichkeit schaffen, erkläre ich im Kapitel über die emotionalen Folgen traumatischer Erlebnisse. Zunächst wollen wir uns jedoch damit befassen, woran wir erkennen können, dass ein altes Muster die Regie übernehmen will. Denn je früher wir das merken, umso besser können wir entscheiden, ob wir genauso wie immer oder anders reagieren wollen.

Woran wir erkennen, dass die alten Muster die Regie übernehmen

Würden Sie ein Kleinkind Ihr Auto steuern lassen? Natürlich nicht! Doch oft genug überlassen wir es den Verhaltensmustern des Kleinkindes, unsere Erwachsenen-Beziehungen zu gestalten.

Sicher haben Sie schon von dem Begriff des »inneren Kinds« gehört. Das bedeutet nicht, dass in Ihnen eine zweite Persönlichkeit existiert. Es handelt sich dabei um ein Konzept, das von dem Theologen John Bradshaw und den Psychologinnen Erika Chopich und Margaret Paul entwickelt wurde, um zu verdeutlichen, warum sich Erwachsene gar nicht so selten wie Kinder verhalten. Und meist geht es dabei nicht um das glückliche, verspielte Kind, sondern um das verletzte oder traumatisierte.

Christen und Christinnen mögen dieses Konzept häufig, denn Jesus liebte die Kinder. Das heißt jedoch nicht, dass er wollte, dass sich Erwachsene wie Kinder verhalten! Er meinte damit, dass wir Menschen Gott, dem Vater, genauso vertrauensvoll begegnen sollen wie Kinder ihren Eltern. Der Vater hat die Verantwortung, er lenkt unser Leben, so wie Eltern die Verantwortung für ihre Kinder tragen und deren Leben lenken, bis diese selbst erwachsen sind. Also sollten wir als Erwachsene ebenso Verantwortung übernehmen und unser Leben selbst steuern – anstatt dem inneren Kind die Autoschlüssel zu überlassen.

Woran erkennen wir nun also das »innere Kind« in uns, das nach den oben besprochenen Glaubenssätzen handelt?

Wir erkennen es daran, dass es meist in stressigen Situationen die Kontrolle übernimmt, zum Beispiel in Konflikten oder wenn Probleme auftauchen. Gerade in Krisen, in denen es hilfreich wäre, dass wir uns auf unsere erwachsenen Ressourcen besinnen und den uns von Gott gegebenen Verstand nutzen, übernimmt eben leider das innere Kind die Regie. Wie es das tut, hat viel mit unserer Kindheitsprägung zu tun. Meist können wir aus der Art der Lösungsstrategie erkennen, wie alt bzw. jung das Kind bei deren Entstehung gewesen ist: Je jünger das Kind war, umso weniger kann es Stress aus eigener Kraft bewältigen. Es braucht die Anwesenheit seiner Mutter oder einer anderen vertrauten Bezugsperson, um sich zu beruhigen. Wenn Erwachsene zuweilen wie verzweifelte Kleinkinder reagieren, haben sie die Fähigkeit, sich selbst zu beruhigen, nicht gelernt!

Es gibt einige typische Merkmale, an denen man das verletzte innere Kind erkennt:

1. **Emotionalität:** Die Gefühle sind meist sehr stark und verlangen nach sofortiger Zuwendung. Häufig ist die Anwesenheit eines anderen vertrauten Menschen notwendig. Meist finden wir in diesem Fall eine Bindungsstörung im ersten Lebensjahr, eine Trennung von Mutter und Kind oder die Unfähigkeit der Eltern, feinfühlig auf die Bedürfnisse des Kindes zu antworten.
2. **Große Verletzlichkeit:** Kritik – auch berechtigte – wird als Angriff auf die Persönlichkeit verstanden. Die Betroffenen fühlen sich »im Kern getroffen« und verteidigen sich entweder wütend oder ziehen sich tief verletzt zurück. Wahrscheinlich haben diese Menschen nie erfahren, dass sie geliebt werden, obwohl sie Fehler gemacht haben. Es wurde kein Unterschied gemacht zwischen dem Verhalten des Kindes und seiner Person: »Du bist böse/unfähig/störend« statt »Ich liebe dich – nur dein Verhalten passt nicht«.
3. **Schuldzuweisungen:** Den Balken im eigenen Auge wahrzunehmen tut niemand wirklich gern. Wenn Eltern die eige-

nen Fehler jedoch nie zugegeben und sich nie beim Kind für ihr Fehlverhalten entschuldigt haben, lernt dieses, dass Schuldzuweisungen der beste Weg sind, von eigenen Fehlern abzulenken. Die Schuld liegt immer bei dem oder der anderen. Dieses Verhalten von Eltern gehört übrigens zum autoritären Erziehungsstil. Da wundert es nicht, dass sich so geprägte Kinder auch als Erwachsene verzweifelt wehren und die Schuld konsequent bei anderen Menschen suchen.

4. **Verallgemeinerungen:** Die Worte »immer« und »nie« gehören zum Vokabular des inneren Kindes. Das liegt zum einen daran, dass nur wenige Kinder vor dem zwölften Lebensjahr fähig sind, abstrakt zu denken. Abstraktes Denken ist jedoch notwendig, um Situationen über längere Zeiträume zu analysieren, um feststellen zu können, ob etwas tatsächlich immer oder nie geschieht. Zum anderen liegt es daran, dass Kinder – und nicht nur Kinder – immer dann, wenn sie von einem Problem absorbiert sind, mit einer Art Tunnelblick nur noch die Störung wahrnehmen: »Nie erlaubst du das!« »Immer ziehst du meinen Bruder/meine Schwester vor!« Sobald in Konfliktsituationen solche Verallgemeinerungen ausgesprochen werden, können wir davon ausgehen, dass das innere Kind die Kontrolle übernommen hat.
5. **Mangel an erwachsenen Lösungsstrategien:** Ein Kind ist sofort zufrieden, wenn seine Bedürfnisse erfüllt werden und es recht bekommt. Kinder agieren nicht sozial, sondern versuchen in erster Linie, die eigenen Interessen durchzusetzen. Konflikte zwischen Erwachsenen lassen sich dauerhaft jedoch nur lösen, wenn Kompromisse ausgehandelt werden, die für beide Seiten annehmbar bleiben. Wenn nur eine oder einer auf Kosten des oder der anderen gewinnt, behält das Kind die Regie.

Wenn Sie sich in der einen oder anderen Lösungsstrategie wiedererkannt haben, entspannen Sie sich. Sie haben die ersten Schritte zur Lösung Ihres nicht zielführenden Konfliktverhaltens bereits getan. Sie müssen nichts anderes tun, als sich bewusst zu machen, welches Verhalten von anderen Menschen Ihr verletztes inneres Kind triggert. Die einzelnen Schritte, um ein solches Verhalten zu verändern, habe ich in meinem Buch »Liebe dich selbst, Gott tut es auch«[47] ausführlich beschrieben. Trösten Sie Ihr Kind und geben Sie ihm immer wieder zu verstehen, dass Sie sich jetzt erwachsen um die Lösung von Konflikten und von beruflichen Problemen kümmern werden.

Häufig kommt es vor, dass Erwachsene im Kontext des Berufs sehr wohl über zielführende Strategien verfügen. Der Beruf ist ein unbelasteter Kontext, in dem Rationalität und Sachlichkeit erwünscht sind. Wenn es aber Defizite in den privaten Beziehungen gibt, neigen Erwachsene im beruflichen Umfeld dazu, die Kollegen, die Führungskräfte und die Firma wie eine Familie wahrzunehmen. Sie projizieren dann entweder einen Eltern- oder einen Kinderaspekt auf die Menschen in ihrer Firma, abhängig davon, in welcher Position sie sich befinden. Meist entsteht ein Teufelskreis, zu dem sowohl Mitarbeiter wie Führungskräfte beitragen.

Mitarbeiter und Mitarbeiterinnen projizieren gerne Elternaspekte auf ihre Führungskräfte. Haben sie als Kinder nicht genügend Wertschätzung erfahren, erhoffen sie diese von ihren Chefinnen und Chefs. Gab es heftige Auseinandersetzungen im Elternhaus, ist die Gefahr groß, dass auch berechtigte Kritik als Angriff interpretiert wird.

Treffen diese Mitarbeiter auf Führungskräfte, die sich selbst in einer Art Elternrolle und die Mitarbeiter als Kinder verstehen, stehen die Chancen hoch, dass sich die Projektionen erfüllen.

Dies geschieht häufiger in Familienunternehmen, in denen sich der meist männliche Geschäftsführer als »Patriarch« sieht, als in Dax-Konzernen. Jetzt kommt es ganz darauf an, ob sich die Führungskraft als kritisches oder fürsorgliches Eltern-Ich empfindet:

Ein kritischer Vater-Chef ist der Überzeugung, dass Mitarbeiter engmaschig kontrolliert werden müssen, und wird deren Selbstwirksamkeit immer mehr einschränken. Die Reduzierung der Selbstwirksamkeit führt bei diesen jedoch in den meisten Fällen zur Aktivierung eines rebellischen Kind-Anteils, der häufig zuerst zu einer emotionalen Kündigung und »Dienst nach Vorschrift« führt und, sobald sich die Gelegenheit ergibt, zum Wechsel der Arbeitsstelle.

Wenn Führungskräfte hingegen die fürsorgliche Elternrolle einnehmen, erwarten ihre Mitarbeitenden, dass sie nicht nur fachlich, sondern auch emotional unterstützt werden. Sie möchten für ihren Einsatz von der Führungskraft »gemocht« werden. Eine Führungskraft, die dieser Projektion entspricht, erlebt im Mitarbeiter den Sohn oder die Tochter, den Freund oder die Freundin und gibt tatsächlich die gewünschte emotionale Zuwendung. Treten Probleme auf, betreffen diese nicht nur die berufliche, sondern auch die emotionale Ebene. Beide fühlen sich vom Verhalten des anderen »zutiefst enttäuscht«. Da die Eltern-Kind-Ebene unbewusst angesprochen wurde, führen auch solche Konflikte nicht selten zu Beziehungsabbrüchen bzw. zur Kündigung des Mitarbeiters.

Natürlich gibt es nicht nur das verletzte innere Kind, denn wir haben in der Kindheit nicht nur belastende Situationen erlebt. Unsere kreativen, spontanen, verspielten Anteile möchten wir sicher nicht missen. Wir verlieren uns im Spiel mit unseren Söhnen und Töchtern oder mit unseren Enkelkindern und können uns herzlich an einem leckeren Eis freuen.

Deshalb muss das innere Kind nicht erwachsen werden. Sie sollte jedoch entscheiden, wann und wo das Kind spielen darf und wann und wo lieber Sie als Erwachsene die Regie übernehmen.

Selbstreflexion

Welche Situationen veranlassen mich dazu, meinem verletzten inneren Kind die Autoschlüssel zu geben?
Wie reagiere ich dann genau?
Was hätte das Kind damals gebraucht?
Stellen Sie sich vor, dass Sie sich als Erwachsener um das Kind kümmern. Können Sie das Bedürfnis des inneren Kindes nach Verständnis und Zuneigung heute erfüllen?
Woran erkenne ich mein gesundes inneres Kind?

3.

Die emotionalen Auswirkungen traumatischer Erlebnisse

Wir haben bereits darüber gesprochen: Es gibt Situationen, in denen ich zwar weiß, wie ich reagieren sollte und das auch möchte und es trotzdem nicht schaffe – wie Paulus im Römerbrief (7,15-16) ausdrückt: »Ja, wie ich handle, ist mir unbegreiflich. Denn ich tue nicht das, was ich eigentlich will, sondern das, was ich verabscheue. Ich tue also das, was ich eigentlich nicht will.« Solche Situationen kennen viele von uns nur zu gut. Die Frage ist:

Warum können wir uns nicht beherrschen und flippen stattdessen schon wieder aus?

Warum erstarren wir, statt uns zu wehren?

Warum geben wir nach, statt uns abzugrenzen und Nein zu sagen?

Ist es wirklich »das Fleisch«, das uns an angemessenen Handlungen hindert – oder gibt es auch bei den uns selbst unverständlichen Reaktionen einen triftigen, unbewussten Grund für unser Handeln und Fühlen?

Ja, geistlich betrachtet ist es das Fleisch. Doch erst die psychologische Betrachtungsweise hilft dabei, das Unverständliche zu verstehen und zu verändern. Und sie trägt dazu bei zu begreifen, warum es einigen Menschen gelingt, ihre unerwünschten Verhaltensmuster zu ändern und anderen nicht, obwohl sie sich verzweifelt darum bemühten. Die Erklärung dafür fand ich in den Lebensgeschichten meiner Klientinnen und Klienten.

Vor 25 Jahren war das Familienstellen sehr beliebt. Mein Mann und ich hatten die Aufstellungsarbeit nach Virginia Satir gelernt und galten deshalb als Alternative zum bereits erwähnten Bert Hellinger. Wir hatten viel zu tun. Durch diese Arbeit lernten wir viele Hundert Familiengeschichten kennen und langsam kristallisierte sich heraus, warum die Veränderung bei einigen leicht und bei anderen unmöglich schien: Diejenigen, die Schwierigkeiten hatten, berichteten von traumatischen Erlebnissen. Sollte das der entscheidende Unterschied sein?

Da Gott mir aufgetragen hatte, Traumatherapeutin zu werden, ging ich dieser Hypothese nach und stieß auf das Buch *Traumatic Stress* des niederländischen Psychiaters Bessel van der Kolk.[48] Dieser befasste sich in den Achtzigerjahren intensiv mit den Problemen von Soldaten, die aus dem Vietnamkrieg heimgekehrt waren. Die Männer waren im Schnitt neunzehn Jahre alt, als sie an die Front geschickt worden waren und vor ihrem Einsatz physisch und psychisch gesund gewesen. Nach ihrer Rückkehr litten sie an heftigen körperlichen und seelischen Symptomen, ohne dass ihnen mit den üblichen Mitteln geholfen werden konnte. Viele wurden aus der Armee entlassen und gerieten in existenzielle Nöte.

Die amerikanische Sozialarbeiterin Sarah Haley, Tochter eines traumatisierten Soldaten und Opfer sexueller Gewalt, kümmerte sich um die Betroffenen. Sie gehörte zum Team Bessel van der Kolks, was sich als Glücksfall erweisen sollte, denn so hatte sie die Möglichkeit, ihre Beobachtungen wissenschaftlich zu überprüfen. Haley bemerkte nämlich, dass die Symptome der Soldaten denen von vergewaltigten Frauen glichen. Sie ließ Betroffene beider Gruppen »in der Röhre« – im Computertomografen – von ihren Erlebnissen berichten, denn erstmals in der Geschichte der Medizin war es möglich, dem Gehirn bei der Arbeit zuzusehen. Es zeigte sich, dass die Gehirne der Betroffenen fast identisch reagierten – egal, ob das Trauma durch den Krieg oder sexuellen Missbrauch ausgelöst worden war. So wurden aus bloßen Beobachtungen überprüfbare Tatsachen.

Daher wissen wir heute, dass es eine traumatische Vorbelastung gegeben haben muss, wenn eine bestimmte Symptomatik vorliegt. Es braucht keine bekannten Ursachen. Ausreichend sind die seelischen und körperlichen Reaktionen der Betroffenen. Außerdem wurde bewiesen, dass jeder Mensch Traumasymptome entwickeln kann. Diese Erkenntnis war insofern äußerst wichtig, als die durch den Krieg verursachten seelischen Schwierigkeiten der jungen Soldaten bisher als »Charakterschwäche« abgestempelt worden waren.

Durch ihre Arbeit gelang Sarah Haley bei der Zuordnung der Symptome zu traumatisierenden Erlebnissen ein entscheidender Durchbruch: Dank ihres Einsatzes wurde die Diagnose »Posttraumatische Belastungsstörung (PTBS)« im Jahr 1980 erstmals in die internationalen Diagnosehandbücher aufgenommen. Danach konnte in Studien ermittelt werden, dass viele psychische Erkrankungen und Verhaltensauffälligkeiten, aber auch chronische körperliche Erkrankungen ihren Ursprung in traumatischen Erlebnissen haben.

Dass ein Trauma psychische Symptome auslösen kann, ist leicht nachvollziehbar. Der Zusammenhang zwischen PTBS und der Entstehung von Diabetes 2 war hingegen eine Überraschung. Prof. Dr. Claudia Luck-Sikorski, Präsidentin der SRH-Hochschule für Gesundheit, schreibt dazu: »Es gibt inzwischen viele Hinweise darauf, dass sozial und emotional belastende Situationen auf Dauer auch körperliche Beeinträchtigungen wie chronische Erkrankungen nach sich ziehen.«[49]

Trauma betrifft also nicht nur die Seele. Weil der Körper auf den Stress reagiert, ist er mitbetroffen und zu einem großen Teil auch für die emotionalen Reaktionen verantwortlich. Es reicht deshalb nicht aus, nur mit der Seele und an Verhaltensänderungen zu arbeiten. Auch der Körper braucht ein spezielles Training, um andere Reaktionen zu ermöglichen. Und körperliches Training muss, wie jeder Sportler weiß, regelmäßig durchgeführt werden. Wenn man das tut, sind auch bei PTBS in den meisten – leider nicht in allen – Fällen Verbesserungen möglich.

Das Leid der Betroffenen ist groß: Sie haben nicht nur schreckliche Erlebnisse gehabt. Die daraus entstehende Symptomatik sorgt auch im Alltag immer wieder dafür, dass sie missverstanden, abgewertet und ausgegrenzt werden. Deshalb ist es so wichtig, dieses Phänomen besser zu verstehen, um in der richtigen Weise damit umzugehen. Das wollen wir im Folgenden versuchen.

Was verstehen wir unter dem Begriff »Trauma«?

Vieles, was man heute umgangssprachlich »Trauma« nennt, ist in Wirklichkeit Stress. Stress ist unangenehm, doch wir wären grundsätzlich in der Lage, etwas an der Situation zu verändern. Das mag uns nicht gefallen: Vielleicht müssen wir unsere Komfortzone verlassen, die Arbeitsstelle kündigen oder eine Paarberatung beginnen, vielleicht eine Freundschaft beenden oder Kompromisse schließen, die uns nicht schmecken.

Im Gegensatz dazu können wir eine traumatische Situation jedoch nicht beeinflussen. Es ist dem Menschen weder möglich, das Geschehen in gewünschter Weise zu steuern, noch kann er davor flüchten. Er erstarrt, fühlt sich ohnmächtig und ausgeliefert. Der Begriff »Trauma« beschreibt demzufolge ein Erlebnis, bei dem die Möglichkeiten eines Menschen, mit dieser Situation umzugehen, komplett überfordert werden. Deshalb bedeutet Trauma immer auch Kontrollverlust. Jede und jeder kennt Situationen, in denen ein solcher Kontrollverlust nicht nur möglich, sondern wahrscheinlich ist. Naturkatastrophen, schwere Unfälle und Gewalterfahrungen, aber auch der plötzliche Tod einer nahestehenden Person gehören dazu. Wir werden vom Geschehen überrascht und haben keine Möglichkeit, uns darauf vorzubereiten.

Lange hatte man daher angenommen, dass nur die Plötzlichkeit die Überforderung und damit die Traumatisierung auslöst. Dass das nicht stimmt, kann jeder Mensch nachvollziehen, der bereits vorher weiß, dass ihm etwas Schlimmes bevorsteht, ohne etwas daran ändern zu können. Darunter fallen auch die Erlebnisse, die Menschen im Krieg durchstehen müssen. Diejenigen, die von solchen Situationen berichten und unter der entsprechenden Symptomatik leiden, erhalten dann besagte Diagnose »Posttraumatische Belastungsstörung«. Damit verbunden ist das Recht auf Psychotherapie und auf Aufenthalte in dafür spezialisierten Kliniken. Schwerer haben es diejenigen, die zwar unter den Symptomen einer PTBS leiden, die Ursachen dafür aber nicht eindeutig belegen können.

Wollen diese Menschen nur Aufmerksamkeit erregen, indem sie sich als traumatisiert bezeichnen?

Diese Hypothese stimmt so gut wie nie. Erinnern wir uns: Traumata entstehen, wenn die Bewältigungsmöglichkeiten eines Menschen überfordert werden. Bisher haben wir nur die Schicksalsschläge und die Folgen menschlicher Unvernunft, Habgier und Grausamkeit genannt, mit denen wir konfrontiert werden können, zum Beispiel im Krieg. Einen wichtigen Faktor für Kontrollverlust haben wir dabei jedoch noch nicht berücksichtigt: das Lebensalter! Situationen, die für Jugendliche und Erwachsene stressig sind, die sie aber bewältigen, können für Kinder unlösbar sein. Je jünger das Kind ist, umso weniger selbstwirksam kann es handeln. Ein Säugling kann nur schreien, ein Kleinkind vermag sich den Handlungen älterer Geschwister und Erwachsener nicht zu entziehen. Deshalb haben Kinder ein viel höheres Risiko als Erwachsene, traumatisiert zu werden.

Da sich das Langzeitgedächtnis erst ab dem zweiten Lebensjahr entwickelt, können die frühen Erlebnisse nur selten erinnert werden. Deshalb wurden Babys noch in den Achtzigerjahren ohne Narkose operiert! Durch bildgebende Verfahren konnte jedoch nachgewiesen werden, dass die Gehirne der Säuglinge sehr wohl auf den Schmerz reagierten und dass sich die betroffenen Kinder schlechter erholten als Babys, die eine Narkose erhalten hatten. Wie wir wissen, hinterlassen auch seelische Verletzungen Spuren im Gehirn und prägen das Verhalten, auch wenn sich die Betroffenen ebenfalls nicht daran erinnern können. Sie leiden unter typischen Traumasymptomen und erhalten oft genug die Diagnose »Persönlichkeitsstörung«.

Und hiermit berühren wir ein Thema, das für viele Christen und Christinnen schwer zu ertragen ist: Der gefährlichste Ort für Kinder ist statistisch betrachtet die Familie! Nur in der Familie kann Gewalt gegenüber Kindern unbemerkt geschehen. Das geschieht in allen gesellschaftlichen Schichten, wobei Arbeitslosigkeit, Armut und Alleinerziehen das Risiko erhöht. Das Risiko steigt nicht deshalb, weil solche Menschen von Natur aus gewaltbereiter oder weniger empathisch wären. Sie sind häufig nur überfordert und zerrissen zwischen der Notwendigkeit, für die Existenz der Familie zu sorgen und dem Wunsch, gute Mütter und Väter zu sein und Zeit mit ihren Kindern zu verbringen. Außerdem sind sie aus finanziellen Gründen oft gezwungen, an Orten zu leben, an denen Kinder schlechten Einflüssen ausgesetzt sind. So steigt für diese Kinder das Risiko, auch im Umfeld der Familie verletzt zu werden. Prof. Dr. Luck-Sikorski schreibt: »Inzwischen ist bekannt, dass nicht nur akute Extremerfahrungen PTBS auslösen können, sondern auch dauerhafte Krisen im sozialen Umfeld dafür verantwortlich sein können.«[50]

Es gibt Ereignisse, die, wenn sie nur manchmal geschehen würden, keine schwerwiegenden Folgen haben müssen. Wenn ich als Erwachsene höre, dass ich »ein Depp« bin, kann ich mich damit auseinandersetzen. Ich kann selbstkritisch reflektieren, ob ich tatsächlich wie ein »Depp« gehandelt oder gesprochen habe oder ob da jemand nur seine schlechte Laune an mir auslassen wollte. Je jünger ich jedoch bin und je öfter ich solche Zuschreibungen höre, umso wahrscheinlicher ist es, dass ich diese Abwertungen glaube, besonders dann, wenn es Familienmitglieder sind, die mich so behandeln. Mein Selbstwert und meine Selbstachtung werden verletzt.

Weil das Kind den Zuschreibungen nichts entgegenzusetzen hat, sprechen wir von *emotionaler Gewalt*. Emotionale Gewalt hat verschiedene Facetten, die sich laut oder leise äußern können. Die lauten Formen sind leicht zu identifizieren: Kinder werden angeschrien, abgewertet, beschuldigt, bedroht und erpresst. Schwieriger wird es, wenn Kinder nicht ernst genommen oder manipuliert werden. Ausgrenzen, Ignorieren und Beschämen geschieht leise oder gar nonverbal durch Blicke oder Gesten. Diese Menschen haben es viel schwerer, den Grund für ihre Posttraumatische Belastungsstörung nachzuweisen, als Kinder, die körperliche oder sexuelle Gewalt erlitten haben.

Solche Traumaerfahrungen ereignen sich vor allem in Beziehungen und werden deshalb auch »Beziehungstraumata« genannt. Und viele Erwachsene, die die Diagnose »Persönlichkeitsstörung« erhalten, leiden wie gesagt in Wahrheit an den Folgen eines Beziehungstraumas.

Daneben gibt es die *körperliche Gewalt* gegenüber Kindern, die aus gutem Grund gesetzlich verboten ist. Sie wirkt entwürdigend und traumatisierend. Problematisch ist, dass Schläge im christlichen Bereich lange als »Erziehungsmittel Gottes« galten. Dies wird auch heute noch von einigen Kirchen propagiert. Wenn Sie mir nicht glauben wollen, geben Sie im Internet die Begriffe »Bibel, Kinder und Schläge« ein. Dort finden Sie unter anderem folgenden Beitrag: »Angemessene und maßvolle physische Züchtigung ist der Bibel nach aber eine gute Sache. Sie trägt zum Wohlergehen des Kindes bei und ist Teil einer guten Kindererziehung.«[51] Ich habe zahlreiche Klientinnen und Klienten, die im Namen Gottes durch körperliche Gewalt traumatisiert wurden. Viele haben Jahrzehnte später noch mit den Folgen zu kämpfen.

Dass darüber hinaus *sexuelle Gewalt* gegenüber Kindern traumatisch wirkt, ist nicht neu. Darunter versteht man, dass Kinder von Erwachsenen oder mindestens vier Jahre älteren Jugendlichen an sexuellen Aktivitäten beteiligt werden, ohne deren Tragweite erfassen zu können. Dabei geht es den Tätern und Täterinnen sowohl um die Befriedigung körperlicher Bedürfnisse als auch um das Demonstrieren von Macht. Bei den Tätern handelt es sich überwiegend um Männer: 87 Prozent männliche Täter stehen dreizehn Prozent Täterinnen gegenüber. Auch dieses Verbrechen wird leider in den meisten Fällen in Familien verübt: 65 Prozent der weiblichen Missbrauchsopfer im Kindesalter und dreißig Prozent der Jungen erleben diese Form der Gewalt durch Familienmitglieder. Jungen werden häufiger in Internaten oder in Heimen Opfer sexueller Gewalt.[52]

Die Dunkelziffer ist erheblich. Viele Klientinnen wagen nur aufgrund ihrer schweren Symptomatik über ihre Erlebnisse zu sprechen. Die meisten schützen die Täter, um den Ruf der Familie nicht zu gefährden und weil sie berechtigte Sorge haben, als »Nestbeschmutzer« zu gelten. Deshalb werden nur wenige Taten tatsächlich angezeigt. Durch die Gerichtsprozesse werden die Betroffenen oft zusätzlich verletzt und es ist durchaus nicht gesichert, dass sie Gerechtigkeit erfahren. Wie wir in der Presse lesen können, gehen leider auch die Landeskirchen bei der Aufarbeitung der Missbrauchsfälle nicht immer mit gutem Vorbild voran.

Auch über *Vernachlässigung* müssen wir sprechen. Kinder werden vernachlässigt, wenn ihre Bezugspersonen sie unzureichend betreuen, ernähren, pflegen oder wenn sie wenig oder keine Förderung und keinen Schutz vor Gefahren erhalten. In Deutschland haben Kinder ein geringes Risiko, auf der Straße leben zu müssen. Das betrifft in der Regel eher Jugendliche, die sich so ihren Familien oder einer Heimunterbringung entziehen.

Die Vernachlässigung, mit der wir es in Deutschland zu tun haben, zeigt sich also selten im Äußeren und mehr auf anderen Ebenen. Erwähnen möchte ich den Umgang mit Medien. Eltern, die soziale Medien und Computerspiele für sich selbst ablehnen und sich deshalb nicht damit befassen, haben keine Ahnung, womit sich ihre Kinder im Netz beschäftigen. Doch diese Medien sind Teil unserer Welt geworden, ganz gleich, ob uns das passt oder nicht. Wir können sie nicht verhindern! Genauso wie Kinder lernen müssen, sich im Straßenverkehr sicher zu bewegen, sollten sie den Umgang mit Medien lernen. Statt diese zu verbieten, wäre es deshalb zielführender, das Kind dabei zu begleiten, sie sicher zu nutzen. Dass sich die Eltern selbst damit befassen, ist allerdings die Voraussetzung.

Verlassenheit, ein weiterer Auslöser für kindliche Traumata, kann unterschiedliche Gründe haben. Es geht aber immer darum, dass die Kontaktwünsche des Säuglings oder Kleinkinds nicht in der richtigen Weise beantwortet werden. Viele dieser Gründe kennen Sie bereits aus dem Kapitel über Bindung. Je jünger das Kind ist, umso kürzer ist die Zeitspanne, die es allein erträgt. Kinder schreien zu lassen, um ihre Lungen zu stärken, war früher ein verbreitetes Mittel, um den Nachtschlaf der Eltern zu sichern. Unzählige Kinder erlebten dadurch eine unermessliche Verlassenheit. Aber auch eine frühe Kindheit im Brutkasten, Krankenhausaufenthalte und medizinische Eingriffe, bei denen die Bezugspersonen nicht ununterbrochen anwesend sein konnten, können zu Verlassenheitstraumata führen.

Lassen Sie uns zum Schluss über *religiösen Missbrauch* sprechen. Vielen meiner jungen Klientinnen und Klienten wurde von ihren Eltern oder religiösen Führern eingetrichtert, sie seien böse, weil sie an weltlichen Dingen Interesse zeigen. Die Überzeugung, der »Teufel« herrsche über die Seele von Kindern, wenn diese zum Beispiel zornig sind, richtet großen Schaden an und ist verantwortlich für Verhaltensauffälligkeiten und psychosomatische Erkrankungen. Dass viele dieser Kinder als Jugendliche vom Glauben nichts mehr wissen wollen, ist verständlich und gleichzeitig sehr traurig.

Besonders Mädchen wird in christlichen Kreisen bis heute vermittelt, sie seien minderwertig und ihre Sexualität fragwürdig. Leider gibt es in der Bibel viele Stellen, die vor der verführenden Frau warnen (zum Beispiel Sprüche 5,1-14 und 7,1-27). Sexuelle Gewalt von Männern gegenüber Frauen scheint hingegen recht üblich zu sein (1. Mose 19,7-9; Richter 19). Obwohl Vergewaltigung zwar verboten war (5. Mose 22,25-27) und der Vergewaltiger sterben musste, wurde dies in der Praxis nicht immer umgesetzt: Als Dina, die Tochter Jakobs, vergewaltigt wird, wird sie nicht von ihrem Vater, sondern von ihren Brüdern gerächt. Dafür werden diese von Jakob schwer getadelt: »Ihr habt mich ins Unglück gestürzt! Jetzt hassen mich die Bewohner des Landes.« Die Brüder entgegnen: »Er durfte unsere Schwester doch nicht wie eine Hure behandeln!« (1. Mose 34,1-30.) Dass König David nur zornig wurde, seinen Sohn Amnon aber nicht dafür bestrafte, dass dieser seine Stiefschwester Tamar vergewaltigt hatte, führte letztlich dazu, dass ihr

Bruder Absalom die Rache in die eigenen Hände nahm, Amnon tötete und sich gegen David auflehnte (2. Samuel 13,1-39).

Dass Männer für sexuelle Gewalt an Frauen und Kindern nicht bestraft werden, hat eine lange Tradition. Es ist traurig, dass Kinder und Frauen auch heute noch für ihr Recht auf Selbstbestimmung kämpfen müssen.

Traumatische Erlebnisse in der Kindheit wirken deshalb so destruktiv, weil das Kind die Lernerfahrungen in dieser Prägephase unbewusst in die Gestaltung seines weiteren Lebens übernimmt. Die seelischen und körperlichen Folgen sind enorm. Sind die traumatischen Reize in der Überzahl, kann es sogar zu einer dauerhaften, nicht reversiblen Schädigung des kindlichen Gehirns kommen. Das Kind wird sich grundsätzlich anders entwickeln, als wenn es dem Trauma nicht ausgesetzt gewesen wäre. Der Mannheimer Psychiater Dr. Manfred Laucht bestätigt, dass alle Funktionsbereiche benachteiligt sind »von der motorischen bis hin zur sozial-emotionalen Entwicklung«[53]. In einem Vortrag, den der Neurobiologe Dr. Gerald Hüther im Dezember 2002 in der psychiatrischen Klinik der Universität Göttingen hielt, nennt er eine Vielzahl gravierender Folgen von Kindheitstraumata, die durch wissenschaftliche Studien belegt sind:

- **Veränderungen im Gehirn:** verringertes Hirnvolumen, erweiterte Ventrikel, verringerte Dicke des Corpus callosum, verringertes Volumen des Hippocampus, Defizite der Frontalhirnentwicklungen besonders im Bereich der rechten Hemisphäre
- **Sensorische Defizite:** auf der Ebene der sensorischen Integrationsfähigkeit, zum Beispiel Körperempfinden, Schmerzempfinden, Bewegungskoordination
- **Defizite im Verhalten:** vielfältige Verhaltensstörungen, Defizite auf der Ebene von Lernen und Gedächtnis

- **Symptome und psychiatrische Störungsbilder:** dissoziative Symptome, gestörte Affektregulation, Somatisierungsstörungen, Borderline-Persönlichkeitsstörung, Drogenabhängigkeit, selbstverletzendes Verhalten, Depressionen, Zwangsstörungen, Essstörungen, Angststörungen usw.[54]

Weiterhin stellt Hüther fest:

> Die hier geschilderten neurobiologischen Zusammenhänge und Folgen frühkindlicher Traumatisierung unterstreichen im Grunde nur einige, seit langem bereits angestellte Vermutungen und daraus abgeleitete Forderungen: Es muss und kann mehr getan werden, um zu verhindern, dass Kinder von ihren Eltern misshandelt, vernachlässigt oder missbraucht werden, nicht nur um das Leid dieser Kinder zu beenden, sondern auch (...) um die immensen Kosten zu vermeiden, die aufgrund der vielfältigen Störungen der Hirnentwicklung von diesen Opfern direkt (als spätere Straftäter, Drogenabhängige etc.) oder indirekt (als spätere, in dieser Funktion überforderte Eltern oder als Langzeitpatienten) verursacht werden.[55]

Traumatische Ereignisse muss man nicht selbst erlebt haben; es reicht, zuzusehen oder davon zu hören. Jede Person, die sich beruflich mit der Lösung von Krisen befasst, kann von dieser »indirekten Traumatisierung« betroffen sein. Das betrifft die »Blaulichtfamilie«, aber auch diejenigen, die als Seelsorgerinnen, Sozialarbeiter und Psychotherapeutinnen die Berichte von betroffenen Menschen anhören. Erwachsene, die in diesen Berufen arbeiten, lernen, mit solchen Belastungen umzugehen.

Doch Kinder sind auch hier wieder besonders betroffen. Selbst wenn sie nicht selbst geschlagen werden, wirkt beispielsweise das Erleben von Gewalt traumatisch. Besonders heftig ist die direkte Konfrontation damit, dass ein Elternteil vom anderen oder ein Geschwisterkind geschlagen oder abgewertet wird. Unterschätzt wird ebenso die Wirkung von Bildern und Worten. So wurden in New York nach dem 11. September 2001 viele Kinder durch die Fernsehbilder der einstürzenden Twin Towers und die Reaktionen ihrer Eltern traumatisiert.[56] Meine eigene Kindheit wurde überschattet von den Ängsten meiner Eltern vor einem Atomkrieg. Und da die Berichte über den Vietnamkrieg immer bei den gemeinsamen Mahlzeiten gehört wurden, hatte ich keine Chance, diesem Horror zu entfliehen.

Wie die heutigen Kinder die Belastungen durch zwei Jahre Corona und die Auswirkungen des aktuellen Ukraine-Krieges verarbeiten, bleibt abzuwarten. Dass die kinderpsychiatrischen Krankenhäuser und die Kindertherapeuten und -therapeutinnen die vielen Anfragen kaum noch befriedigen können, ist jedoch kein gutes Zeichen.

Grundlegendes zur Funktionsweise des Gehirns

Es wurde bereits mehrfach erwähnt, dass Gehirne bei Kontrollverlust – unabhängig vom zugrunde liegenden Trauma – ähnliche Reaktionen zeigen. Um zu verstehen, was dabei geschieht, ist es wichtig, die normale Reizverarbeitung des Gehirns zu erfassen, die ich hier, zugegeben, sehr vereinfacht dargestellt habe.

Alle Erfahrungen, die wir machen, wirken sich darauf aus, wie wir die Welt erleben. Dies geschieht zuerst einmal physisch, indem wir die durch unsere Sinnesorgane aufgenommenen Eindrücke vorsortieren, um diejenigen auszuwählen, die wichtig genug sind, damit wir sie wahrnehmen.

Dabei geht das Gehirn recht pragmatisch vor: Während Sie dieses Buch lesen, sind es vor allem die visuellen Reize, die Sie vorrangig wahrnehmen. Klingelt die Türglocke und Sie erwarten ein Päckchen, wird dieser auditive Reiz die Wichtigkeit des visuellen

Reizes übertreffen. Sie legen das Buch zur Seite, stehen auf, öffnen die Tür und nehmen das Päckchen in Empfang. Sie versuchen, die Verpackung aufzureißen und scheitern am Klebeband. Ihr kinästhetischer Spürsinn meldet einen zu großen Widerstand und Sie holen sich eine Schere. Sind im Päckchen die Plätzchen, die Ihre Mutter für Sie gebacken hat, wird der olfaktorische Reiz, den Sie mit Ihrer Nase wahrnehmen, womöglich dazu beitragen, dass Sie die Tüte mit dem Gebäck öffnen und Ihrem gustatorischen Sinn, dem Geschmackssinn, die Beurteilung überlassen. Möglicherweise fällt Ihnen auf, dass die Plätzchen besonders schön verziert sind und dazu nutzen Sie natürlich Ihren visuellen Sinn.

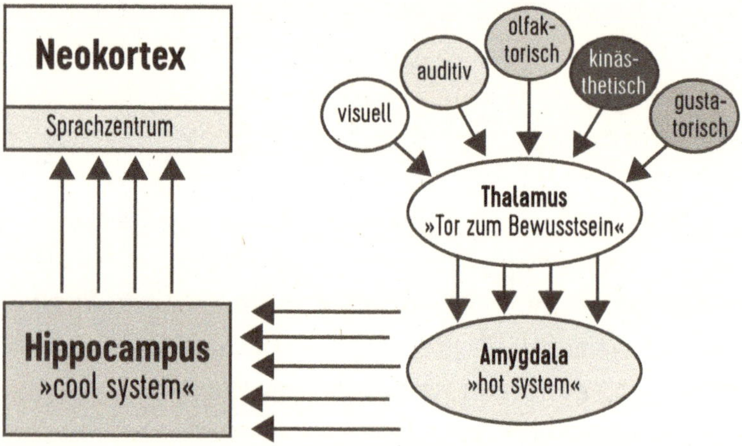

Das Areal im Gehirn, das diese Sinneseindrücke aufnimmt und sortiert, ist der Thalamus, auch das »Tor zum Bewusstsein« genannt. Anschließend ordnet die in der rechten Hirnhälfte liegende Amygdala den Sinneseindrücken Gefühle zu. Diese Reize werden an den Hippocampus, der sich in der linken Hemisphäre befindet, weitergeleitet. Dort werden sie benannt – Freude über das Gebäck, Erinnerungen an Weihnachten im Kreis der Familie –, in einen zeitlichen und räumlichen Rahmen gestellt – ich mache hier in meiner Wohnung das Päckchen auf und esse ein Plätzchen – und ins Kurzzeitgedächtnis übernommen – ich kann in den nächsten Tagen davon erzählen.

Nur die Reize, die der Hippocampus benennt und zuordnet, können erinnert und deshalb verarbeitet werden. Also sind die Zuordnung und Benennung von Informationen Vorbedingung dafür, dass wir aus Informationen dauerhaft lernen. Warum das so wichtig ist, wird Ihnen verständlich, wenn Sie verstehen, dass die Informationsverarbeitung des Gehirns bei traumatischen Erlebnissen vollkommen anders verläuft. Dazu kommen wir gleich.

Jede gewonnene Erfahrung bewirkt eine Flut von Nervenreizen, die sich zu Mustern vernetzen und Reaktionen auslösen, die darauf abzielen, den Reiz sinnvoll zu beantworten. Wenn wir zum Beispiel einmal eine Treppe hinuntergefallen sind, werten wir das Erlebnis aus, damit uns dasselbe nicht noch einmal passiert. Wenn wir in einer Situation einen Kontrollverlust erlebt haben, tun wir alles dafür, um in ähnlichen Situationen die Kontrolle zu behalten. Gerald Hüther vergleicht das Bilden neuer Muster mit »anfangs noch recht holprigen Feldwegen«, die, wenn sie zur Lösung des Problems beitragen oder oft genug wiederholt werden, zu »gut ausgebauten Straßen [werden], zu rasanten Autobahnen für den Informationsfluss in unserem Gehirn«.[57]

Im ersten Lebensjahr werden die meisten Datenautobahnen im Gehirn angelegt, die dann die Grundlage für den Erwerb vieler Fähigkeiten bilden. Alle Kinder werden mit einer funktionsbereiten Amygdala geboren, das heißt, dass sie von Geburt an in der Lage sind, Gefühle zu empfinden. Die wichtige Funktion, diese Gefühle zu regulieren, fällt dem Hippocampus zu, der in der linken Gehirnhälfte liegt. Es braucht ungefähr drei Jahre, bis ein kindliches Gehirn diese Aufgabe meistern kann.

Nervenverbindungen entwickeln sich nur, wenn sie immer wieder angeregt werden. So ist die Entwicklung bestimmter psychischer Fähigkeiten, zum Beispiel Feinfühligkeit und Mitgefühl, abhängig von der Bindungserfahrung des Kindes. Werden diese Nervenverbindungen nicht stimuliert, weil ein Kind vernachlässigt oder exzessivem Stress durch Misshandlungen ausgesetzt wird, können sie zugrunde gehen.

Heute wissen wir, dass wir ein Leben lang neue Datenautobahnen im Gehirn anlegen können – eine Fähigkeit, die »Plastizität« genannt wird. Durch bildgebende Verfahren konnte nachgewiesen werden, »dass sich im Hirn Strukturen umbauen, wenn die Probanden neue Erfahrungen machten oder bestimmte Fertigkeiten trainierten. In diesem Kontext befreite ausgerechnet die harte Naturwissenschaft auch die Psychotherapie von allen Zweifeln an ihrer Wirksamkeit, da man nur subjektiv empfundene Heilungserfolge tatsächlich mit Veränderungen in den Hirnstrukturen objektivieren konnte.«[58]

Die positiven Gefühle, die zum Beispiel das Lösen eines Problems verursacht, bewirken, dass sich die Handlungsstrategie einprägt. Wir lernen dann besonders gut, wenn wir uns für eine Sache begeistern. Das gilt auch für das Ausschütten von Endorphinen zur Selbstberuhigung: »Immer dann, wenn man sich noch einmal über etwas begeistern kann, wird im Hirn eine Art Gießkanne in Gang gesetzt, die einen Dünger freisetzt, der die im Zustand der Begeisterung besonders intensiv genutzten neuronalen Netzwerke zum Wachsen bringt. Begeisterung ist also Dünger fürs Hirn.«[59] Hier stützen die Neurowissenschaften das therapeutische Vorgehen der ressourcen- und lösungsorientierten Psychotherapie.

Und was geschieht, wenn ein Problem nicht gelöst werden kann, wenn der Stress – wie beim Trauma – nicht zu kontrollieren ist? Da keine der üblichen Lösungsstrategien zum Ziel führt, greifen dann Notfallmaßnahmen, die der Körper autonom auslöst, um eine Schädigung der linken, besonders empfindlichen Hemisphäre des Gehirns zu verhindern. Diese wird nämlich durch die Notfallmaßnahme blockiert, was man hier auf dem Foto deutlich sehen kann.[60]

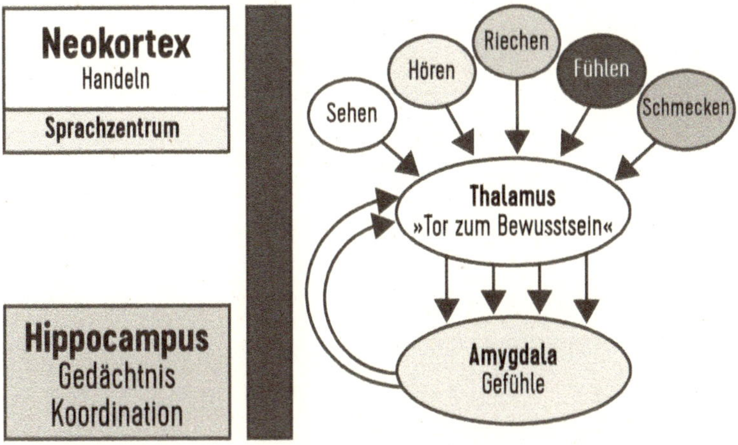

Fast jeder Mensch kennt den Zustand, wenn die Angst vor einer Klassenarbeit oder einer Prüfung so überwältigend groß ist, dass wir keinen Zugriff mehr auf gelernte Inhalte haben. Wir nennen ihn »Blackout«. Im Blackout werden Gefühle wie Angst und Panik zwar wahrgenommen, können jedoch nicht verändert werden. Wenn diese Reaktion schon durch Prüfungen ausgelöst werden kann, wie viel mehr durch traumatische Ereignisse!

Zahlreiche Unfallopfer können sich beispielsweise nicht an den eigentlichen Unfall erinnern. Auch diese Amnesie wird durch das Abschalten der linken Hirnhälfte verursacht, denn alle Zentren, die mit Erinnern, Benennen und Handeln zu tun haben, liegen dort. Wir sagen, dass das Trauma »verdrängt« wird, wobei das Wort nicht wirklich passt, weil es bewusstes Handeln suggeriert. Die Ursache dafür, dass traumatische Erlebnisse nicht erinnert werden, liegt ja nicht darin, dass jemand nicht bereit ist, sich seinen Gefühlen zu stellen! Nein, die Fähigkeit des Erinnerns wird vom Stoffwechsel blockiert, ohne dass der Betroffene das verhindern kann.

Je öfter die Notfallmaßnahme des Verdrängens ausgelöst wird, umso wahrscheinlicher ist es, dass der Mensch in ähnlichen Situationen die Warnzeichen nicht wahrnehmen kann. Das ist der Grund dafür, warum Menschen, die als Kinder Opfer waren, auch als Erwachsene öfter grenzverletzendes Verhalten durch andere erleben als Nichttraumatisierte. Da sie das Erlebnis nicht verarbeiten konnten, können sie auch nicht daraus lernen und interpretieren Signale falsch, bei denen andere sich schon längst in Sicherheit gebracht hätten. Manche Frauen, die als Kinder sexuelle Gewalt erlitten haben, bemerken nicht, wenn ihren eigenen Kindern dasselbe geschieht. Diese Menschen sind weder dumm noch schlecht. Ihr Stoffwechsel schaltet, ohne dass sie es bemerken, auf das gewohnte Lösungsmuster zurück. Sie frieren buchstäblich ein, weil sie wissen, dass sie weder gegen die Situation kämpfen noch ihr entkommen können.

Um aus Fehlern lernen zu können, brauchen wir also die Ressourcen der linken Hemisphäre: Wir müssen das, was wir fühlen und erleben, richtig einordnen, um zu entscheiden, welche Handlungsmöglichkeit heute zielführend ist, um die Situation zu unserem eigenen Besten zu verändern.

Die Symptome eines Traumas

Woran erkennen wir nun ein Trauma? Daran, dass die Erinnerung an das Erlebnis dieselben körperlichen und seelischen Reaktionen auslöst wie das Trauma selbst! Deshalb wirkt sich ein in der Kindheit erlittenes Trauma so sehr auf unser erwachsenes Leben aus.

Der bereits zitierte Gerald Hüther schreibt in seinem empfehlenswerten Buch *Biologie der Angst:* »Besonders einschneidende Erlebnisse mit anderen Menschen werden über lange Zeit gespeichert, deshalb kann auch die Erinnerung an eine erlebte Erniedrigung, an ein schweres Versagen, an eine Vergewaltigung unseres Willens zu einer fortgesetzten oder bei geringfügigen Anlässen immer wieder aufflammenden unkontrollierbaren Belastung werden.«[61] Man nennt eine solche Erinnerungssituation »Triggerereignis« und die körperliche und seelische Reaktion darauf »Triggerreaktion«.

Triggerreaktionen sind gekennzeichnet durch unverhältnismäßig starke Reaktionen auf Auslöser, die von anderen nicht oder als nur wenig belastend bewertet werden. Sie sind deshalb so heftig, weil der Mensch eben nicht auf das aktuelle Ereignis, sondern, ohne es zu wissen, auf die traumatische Ursache reagiert. Dann geschieht Folgendes: Im Bruchteil einer Sekunde wird der Organismus mit Stresshormonen überflutet, die linke Hirnhälfte schaltet demzufolge ab. Die Triggerreaktion äußert sich als heftige Erregung, überwältigende Verzweiflung, plötzliches Wegschalten oder auch in körperlichen Symptomen wie plötzlichen Übelkeitsattacken oder Schmerzen. Die Menge der ausgeschütteten Stresshormone Adrenalin und Cortisol verursachen einen Alarmzustand – »Hyperarousal« genannt – und damit das Gefühl, es würde gleich etwas Schreckliches passieren. Gleichzeitig nimmt das Hormon Serotonin ab, das für eine ausgeglichene Gefühlslage sorgen könnte. Deshalb fühlen sich die Betroffenen ängstlich und depressiv und haben Schwierigkeiten, sich zu konzentrieren.

Da anderen diese für sie unverständlichen emotionalen Reaktionen häufig als Unbeherrschtheit, cholerischer Kontrollverlust, Hysterie oder Drama erscheinen, werden Menschen im Triggerzustand oft abgewertet, beschimpft oder bestenfalls ermahnt und zur Ordnung gerufen. Das verstärkt natürlich die Gefühle von Ohnmacht und Ausgeliefertsein, weil sie eben im Triggerzustand keine Möglichkeit haben, die Reaktion zu regulieren. Deshalb tendieren die Betroffenen dazu, die auslösenden Situationen zu vermeiden. Viele Angststörungen und Phobien haben ihre Ursache daher in Traumata, die gar nicht so selten nicht erinnert werden.

Dazu ein Beispiel aus meiner Praxis. Eine Frau suchte mich auf, weil sie Angst hatte, mit dem Auto durch Tunnel zu fahren. Wenn Sie jetzt denken: »Logisch, sie hat Angst vor der Dunkelheit oder davor, dass der Tunnel über ihr einstürzen und sie begraben könnte«, ist das zwar nachvollziehbar, doch Sie liegen falsch. Es waren die Rohre, die oft an Tunneldecken verlegt sind, die die Panik auslösten. Als ich sie fragte, woran die Rohre sie erinnern würden, sprach sie plötzlich von Schlangen. Besonders der Geruch von Schlangen löste Angst und Ekel bei ihr aus. Ich werde nicht weiter ausführen, was diese Frau als Kind erlebt hatte. Die Tunnel waren ab diesem Zeitpunkt kein Thema mehr, denn wir bearbeiteten die Ursache der Angst.

Die Symptome einer Posttraumatischen Belastungsstörung, die im internationalen Diagnoseschlüssel ICD 10 beschrieben werden, entstehen also aus einer Kombination der Stoffwechselreaktionen und des Abschaltens der linken Hemisphäre, ausgelöst durch Triggerereignisse, und dem Bestreben der Betroffenen, solche Trigger zu vermeiden:[62]

- Flashbacks: unerwünschte plötzliche Erinnerungen an die traumatische Situation
- Albträume, Schlafstörungen
- Freudlosigkeit, Gleichgültigkeit, Teilnahmslosigkeit
- vegetative Übererregtheit, Schreckhaftigkeit
- Angst, Depression, Suizidgedanken

- Vermeidung von Aktivitäten und Situationen, die Erinnerungen an das Trauma wachrufen könnten

Es sind aber nicht nur die durch den Stoffwechsel ausgelösten Triggerreaktionen, die eine Traumatisierung vermuten lassen. Betroffene zeigen darüber hinaus alle Symptome, die bei Dauerstress auftreten: Sie sind häufig krank, klagen über ein schlechtes Gedächtnis bzw. können sich nicht konzentrieren und leiden unter der hohen Erregung, dem Hyperarousal. Viele vergleichen diesen Zustand mit einem Betonmischer im Magen. Außerdem entwickeln diese Personen typische Verhaltensweisen, die helfen sollen, mit den traumatischen Situationen umzugehen. Beziehungstraumata werden ja leider in der eigenen Familie erlebt und wiederholen sich nicht selten täglich. Die betroffenen Kinder passen sich deshalb an, um möglichst wenig zu leiden. Im Folgenden erkläre ich diese Verhaltensmuster und ich bin mir sicher, dass Ihnen einleuchten wird, warum diese Menschen so denken und handeln.

Trauma bedeutet immer Kontrollverlust. Deshalb versuchen traumatisierte Menschen, möglichst viel zu kontrollieren. Sie tun das auch in Situationen, in denen das eigentlich gar nicht möglich ist, zum Beispiel, wenn es um das Verhalten anderer geht. Solchen Menschen wird oft vorgeworfen, sie versuchten, ihre Mitmenschen zu beherrschen. Das stimmt nicht wirklich, denn das durch Trauma hervorgerufene Kontrollverlangen strebt nicht nach Dominanz, sondern nach Sicherheit.

Auch die »ewigen Pessimisten und Pessimistinnen« versuchen meist nur, sich vor einer erneuten Traumatisierung zu schützen. Indem sie immer vom Schlimmsten ausgehen, glauben sie, dass sie weder überrascht noch enttäuscht werden können. Das betrifft auch diejenigen, die Angst vor schlimmen Krankheiten haben und sich deswegen oft untersuchen lassen. Solche Hypochonder lassen sich jedoch leider nicht dadurch beruhigen, dass die Ärzte »nichts finden« – weil die Angst eine völlig andere Aufgabe hat: Sie muss weiterhin verhindern, von etwas Schlimmem überrascht zu werden. In meiner Praxis erzählten bisher alle, die an solchen Ängsten litten, von ähnlichen Erlebnissen: Entweder war jemand aus der Familie aus heiterem Himmel schwer erkrankt oder ein geliebter Mensch plötzlich verstorben. Der Preis für diese Strategie ist ein freudloses Leben, das oft genug von Ängsten überschattet wird. Auch hier kann die vermeintliche Lösungsstrategie erst dann verändert werden, wenn verstanden wird, wozu sie dient.

Sie erinnern sich, dass wir den Großteil unserer Verhaltensregeln in der Kindheit lernen und dass die dazugehörigen Glaubenssätze und Lösungsstrategien in unserem inneren Lebensskript verankert sind. Deshalb lassen sich die Folgen von Kindheitstraumata gut am Verhalten der Erwachsenen erkennen.

Folgende Muster sind typisch:

- Kinder, die geschlagen wurden, haben als Erwachsene – je nach Temperament – entweder Angst vor Autoritäten oder bekämpfen diese. Stellvertretend legen sich diese Rebellen und Rebellinnen auch mit »Vater Staat« an.
- Emotional misshandelte Kinder fühlen sich als Erwachsene entweder immer schuldig und übernehmen auch die Verantwortung für Dinge, die sie nicht getan haben. Oder sie vertragen keine Kritik und reagieren auch auf sachlich berechtigtes Feedback wie auf eine Beleidigung ihrer Persönlichkeit.
- Introvertierte vernachlässigte Kinder sehnen sich als Erwachsene nach Strukturen und finden Halt in entsprechenden Berufen, als Christen und Christinnen auch in Gemeinden, die streng auf die Einhaltung der Gesetze pochen. Die

Extravertierten haben schon früh erlebt, dass nur die eigenen Regeln gelten. Sie haben deshalb größte Mühe, sich vorgegebenen Strukturen zu unterwerfen.

- Die verlassenen Kinder klammern später entweder und ertragen keine Trennung vom Partner oder der Partnerin oder sie lassen sich gar nicht erst auf eine Beziehung ein. Diese einsamen Wölfinnen und Wölfe haben zutiefst verinnerlicht, dass der Mensch, dem sie am nächsten waren – die Mutter –, sie auf jeden Fall verlassen wird. Deshalb überwiegt ihre Angst *vor* Nähe gegenüber der Sehnsucht *nach* Nähe.

Kommen wir zu dem schwierigen Thema der sexuellen Gewalt. Ich schreibe hier nur über Mädchen und Frauen, weil ich zu wenig Erfahrung mit Jungen oder Männern haben. Es gibt keine hundertprozentig sicheren Anzeichen dafür, dass ein Kind sexuelle Gewalt erfahren hat oder erfährt. Betroffene Kinder sind je nach Temperament ängstlich oder aggressiv und leiden unter Albträumen und Depressionen. Viele haben Suizidfantasien oder machen Suizidversuche, laufen von zu Hause weg oder versuchen, ihre Probleme durch Drogen- und/oder Alkoholkonsum zu überdecken. Studien wiesen nach, dass mehr als die Hälfte aller Suchtkranken in der Kindheit traumatische Erfahrung erlitten haben.[63] Typisch sind auch frühe und häufig wechselnde Sexualkontakte. Vor allem sexualisiertes Verhalten von Kindern, die von ihrer alterstypischen Entwicklung her noch kein Interesse an Sexualität zeigen sollten, gilt als wichtiger Hinweis.

Bei erwachsenen Frauen sollten wir uns dennoch nicht zu schnell zu einer Diagnose hinreißen lassen. Nicht jede Frau, die Probleme mit Körperlichkeit hat, ist ein sexuell missbrauchtes Kind. Deshalb kläre ich in der Praxis sorgfältig alle anderen möglichen Ursachen ab, denn auf dem Gebiet der Sexualität können sich auch andere Schwierigkeiten zeigen. Viele Frauen brauchen zum Beispiel emotionale Nähe, um die körperliche Nähe zulassen zu können. Wenn ein Paar seine Streitigkeiten nicht lösen kann, ist es ebenfalls durchaus möglich, dass die Frau keine Lust auf Sex hat. Außerdem spielen Gesundheit und Entspannung eine große Rolle. Fühlen sich Frauen durch ihre täglichen Aufgaben mit Kindern, Beruf und Haushalt überfordert, haben sie in der Regel weniger Lust.

Hat ein Mädchen sexuelle Gewalt erlitten, wird die erwachsene Frau der Sexualität von Anfang an sehr kritisch gegenüberstehen. Viele meiner Klientinnen berichten, dass sie erstarren, wenn Männer Körperkontakt möchten. Dabei spielt es keine Rolle, wie sehr sie ihre Männer lieben. Nicht wenige Frauen ertragen Sexualität, bis die gewünschte Anzahl der Kinder erreicht ist, um sich dann zu verweigern. Diese Verweigerung lässt sich gut hinter christlichen Werten verstecken. Denn es ist noch nicht lange her, dass die Kirchen Sexualität überhaupt nur bei Kinderwunsch erlaubten!

Es geht mir hier sicher nicht darum, den freiwilligen Verzicht auf Sexualität abzuwerten oder zu pathologisieren. Wenn sich jedoch hinter dem Vermeidungsverhalten ein Traumasymptom verbirgt, kann die Verletzung in der Seele nicht heilen. Sie wird sich unbewusst äußern. Ich hatte sowohl Mütter in meiner Praxis, die ihre Töchter nicht lieben konnten, weil sie ihr eigenes Opfersein unbewusst auf die Mädchen projizierten, als auch solche, die ihre Söhne schlecht behandelten, weil Männer, egal in welchem Alter, sowieso immer nur »das Eine« wollen.

Es gibt aber auch sexuell missbrauchte Mädchen, die als erwachsene Frauen ihre Sexualität nutzen, um Männer zu kontrollieren. Dies kann zum Beispiel erklären, warum Frauen immer wieder Außenbeziehungen eingehen, obwohl sie ihre Ehemänner lieben. Die Psychologin Sybille Zumbeck untersuchte in Hamburg die

Lebenswege weiblicher Prostituierten und fand heraus, dass fast alle Frauen extreme Traumaerlebnisse in der Kindheit gemacht hatten und an schweren psychischen Folgeerkrankungen litten. Diese Ergebnisse deckten sich mit Untersuchungen aus den USA, Thailand, Sambia, Südafrika und der Türkei.[64]

Den Preis für die sexuelle Gewalt zahlen fast nie die Täter; die Opfer und ihre Partner oder Partnerinnen zahlen ihn immer. Ob die Frauen die Folgen der erlittenen Gewalt verarbeiten und eine entspannte Beziehung zur Körperlichkeit erreichen können, kann man nicht vorhersagen. Es gelingt besser, wenn die Täter keine Familienmitglieder waren, wenn das Kind also nicht auch noch dem Ambivalenzkonflikt ausgesetzt war, den Täter gleichzeitig zu hassen und zu lieben. Und es kann gelingen, wenn der Partner Geduld hat und die Erfüllung seiner körperlichen Bedürfnisse nicht gleichsetzt mit der Liebe zu seiner Frau. Hier gilt es, einander in guten wie in schlechten Zeiten so gut wie möglich zu unterstützen.

Wie Traumafolgen verarbeitet werden können

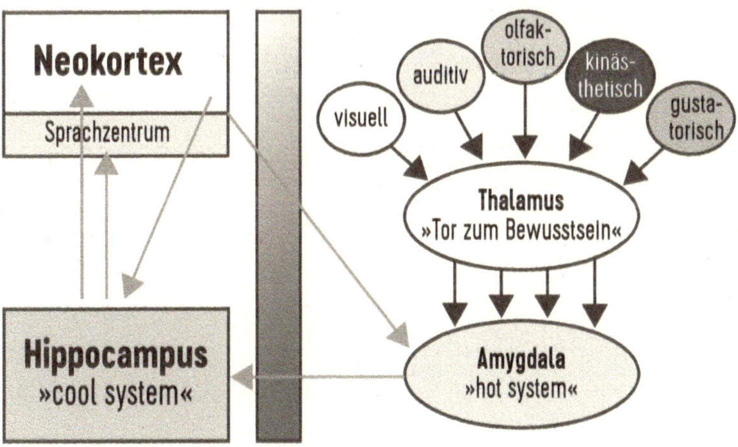

Doch wie können solch schwerwiegende seelische Verletzungen aufgearbeitet werden?

Die meisten Menschen haben Angst vor einer Traumatherapie. Das ist nur zu verständlich, denn wer befasst sich schon gerne mit Erlebnissen, die man am liebsten vergessen würde? Über die Triggerreaktionen rufen sich die Traumata jedoch ungebeten in Erinnerung, sodass die Betroffenen oft gar keine andere Wahl haben, als sich damit zu beschäftigen.

Triggersituationen ereignen sich vor allem in Partnerschaften, denn wir lassen niemanden so dicht an uns heran wie unsere Ehemänner und -frauen. Deshalb nennen ich das Kindheitstrauma oft den »Beziehungskiller Nummer 1«. Das liegt daran, dass der Partner oder die Partnerin die Triggerreaktion am einfachsten auslösen kann. Das innere verletzte Kind denkt deshalb: »Diese Person ist schuld, dass ich mich so schrecklich fühle! Sie muss ihr Verhalten ändern!« Es bleibt natürlich nie aus, dass man sein Gegenüber triggert und es ist umso wahrscheinlicher, je näher sich zwei Menschen stehen. Trotzdem ist der Partner oder die Partnerin nur Auslöser und nicht Ursache der Triggerreaktion.

Auch wenn jeder Mensch versucht, die Verantwortung für die eigene heftige Reaktion anderen zuzuschieben – es scheint immer eine Erklärung dafür zu geben, warum ich ausraste, Türen knalle oder die Kommunikation abbreche –, spüren die Betroffenen, wenn sie ganz ehrlich sind, dass die Erklärung, die sie sich zu geben versuchen, nicht wirklich stimmt. Wir sind immer noch selbst für unsere Reaktionen verantwortlich, selbst dann, wenn wir als Kinder Opfer waren. In meine Praxis kommen die Menschen dann, wenn der soziale Druck aufgrund der heftigen Symptome zu groß wird, wenn ein geliebter Mensch droht, die Beziehung zu beenden, wenn eine Arbeitsstelle in Gefahr gerät oder die Gesundheit in Mitleidenschaft gezogen ist.

Und wie gesagt: Wie auch Paulus es bestätigt, ändert es nichts, wenn ich sage, dass das »Fleisch«, also meine sündige Natur, mich so unpassend reagieren lässt. Nein, es ist auch hier unerlässlich, die wirklichen Ursachen der eigenen Reaktionen zu verstehen und liebevoll anzunehmen. Nur die Wahrheit wird uns frei machen und nicht das, was wir für die Wahrheit halten.

Deshalb besteht der erste Schritt in der Therapie eines traumatisierten Menschen immer darin, den Zusammenhang zwischen einer Triggerreaktion und dem auslösenden Ereignis in der Vergangenheit zu erklären. Schon dieses Verständnis reicht meist aus, um den Druck zu nehmen. Eine meiner Klientinnen sagte: »Ich habe mich so lange vor einer Therapie gedrückt, weil ich Angst hatte, mich mit meinem Trauma zu befassen. Jetzt merke ich, dass ich mich jedes Mal leichter fühle. Es ist erstaunlich, wie mich das, was ich als Kind erlebt habe, heute noch beeinflusst, obwohl ich erwachsen bin. Indem ich das Kind, das ich gewesen bin, liebevoll annehme, gelingt es mir immer besser, mich erwachsen zu verhalten.«

Bei einer Traumatherapie holen wir den Schritt nach, der in der auslösenden Situation nicht möglich war: Indem wir diese nachträglich benennen und annehmen, wird es möglich, die damit verbundenen Gefühle zu verstehen. Dieses Verständnis ermöglicht die Verarbeitung, denn dazu brauchen wir die linke Gehirnhälfte, die bei der traumatischen Situation ja ausgeschaltet war. Deshalb sorge ich dafür, dass meine Klientinnen und Klienten während der Therapie immer die Kontrolle über ihre Emotionen behalten.

Ein wichtiger Teil der therapeutischen Arbeit besteht deshalb darin, die Triggerreaktionen und die durch das Trauma gelernten Verhaltensmuster der auslösenden Ursache zuzuordnen. Da die Psyche glücklicherweise logisch funktioniert, passt der Trigger zum Trauma. Das bedeutet, dass eine starke Reaktion immer auch eine heftige Ursache hat. Wir machen uns also gemeinsam auf die Suche.

Die Übereinstimmung von einer Triggersituation mit dem auslösenden Trauma zeigt sich dabei nicht unbedingt in einer genauen Wiederholung des Geschehens. Grenzverletzungen beispielsweise können durch das Gedränge in einer Menschenmenge oder die Enge in einem öffentlichen Verkehrsmittel getriggert werden. Solche Situationen können bei den Betroffenen so große Panik auslösen, dass einige sich kaum noch aus dem Haus trauen. Das verzweifelte Gefühl der Verlassenheit, das durch eine frühe Trennung von der Mutter verursacht wurde, kann beispielsweise durch einen Film ausgelöst werden, in dem sich Menschen trennen, aber auch dadurch, dass der Partner oder die Partnerin etwas allein unternehmen möchte. Das Begehren in den Augen eines Mannes kann die sexuell missbrauchte Frau triggern, auch wenn es sich bei dem Mann um den geliebten Partner handelt. Es geschieht dann nicht selten, dass Sexualität immer häufiger vermieden wird. Auch Gerüche, Emotionen oder Töne können Triggerreaktionen auslösen.

Der Kontext, in dem die Triggerreaktion ausgelöst wird, ist wichtig, um zu verstehen, wodurch das Trauma entstanden ist. Denn damit die Zuordnung akzeptiert wird, ist es unerlässlich, die »richtige Ursache« zu finden. Ich meine damit nicht, dass meine Klienten und Klientinnen mir »glauben«, wenn ich meine Hypothesen zur Ursache äußere. Nein, ihre körperliche Reaktion beweist die Richtigkeit: Man kann buchstäblich sehen, wie den Betroffenen »ein Licht aufgeht«. Wir holen nach, was in der auslösenden Situation unmöglich war.

Besonders bei Kindheitstraumata ist es wichtig, dass dem verletzten inneren Kind ein verlässlicher Partner zur Seite steht, und der ist immer das heutige erwachsene Ich – der Mensch, der weiß, dass er ein geliebtes Kind Gottes ist. Niemand sonst kann dem inneren Kind glaubhaft versichern, es nie mehr allein zu lassen! Von niemandem sonst fühlt sich das Kind so angenommen, geliebt und wertgeschätzt.

Unterstützt von diesem erwachsenen Ich wagen es Klientinnen und Klienten, sich ihren seelischen Verletzungen zu nähern. Das geschieht immer im eigenen Tempo, wobei mir besonders wichtig ist, dass sich bei der Traumatherapie keinesfalls die Erfahrungen wiederholen, die zum Trauma geführt haben. Um das zu vermeiden, leite ich meine Klientinnen und Klienten dazu an, die Regie zu behalten. Jeder Kontrollverlust, ausgelöst durch zu heftige Emotionen, wirkt nicht heilend, sondern retraumatisierend. Deshalb versuche ich auch nicht, Erinnerungen an Traumata zu wecken. Das, was erinnert wird, ist genau das, was der Mensch verkraften kann.

Natürlich braucht es einen emotionalen Prozess, um das Erlebnis zu verarbeiten. Davor haben viele Angst, denn sie scheuen die Konfrontation mit dem Schmerz. Der Schmerz ist jedoch real und Angst ist ein schlechter Ratgeber, denn sie vergrößert unsere Probleme. Das kennen Sie, wenn Sie sich vor einer Prüfung oder wie ich vor dem Zahnarzt fürchten.

Der Kinderbuchautor Michael Ende hat dieses Phänomen in seinem Buch *Jim Knopf und Lukas der Lokomotivführer* eindringlich beschrieben. Der Scheinriese Turtur erscheint nur aus der Entfernung groß. Je näher man ihm kommt, umso kleiner wird er. Genau das geschieht in der Traumatherapie. Wir nähern uns langsam und liebevoll uns selbst an und begegnen keinem Monster, sondern einem Kind, das sich nach unserer Liebe sehnt. So verwandelt sich die Angst in Vertrauen, die Hilflosigkeit in Zuversicht.

Konkret gehe ich bei einem emotionalen Verarbeitungsprozess folgendermaßen vor:

Nachdem das Thema besprochen ist, bitte ich, mir das Gefühl, das jetzt im Vordergrund steht, zu nennen – ganz gleich, worum es sich dabei handelt. Es geht darum, dieses Gefühl genau zu benennen. Die Worte »schlecht« oder »nicht gut« reichen dabei nicht aus. Wichtig ist, genaue Bezeichnungen zu wählen, wie zum Beispiel:

verzweifelt, ängstlich, entsetzt, ohnmächtig usw. Damit beschäftige ich nicht nur die linke Hirnhälfte, um ein Abschalten und damit den Kontrollverlust zu verhindern. Wenn die richtige Bezeichnung genannt wird, fühlt sich die Klientin oder der Klient auch von sich selbst verstanden. Das zeigen sie durch tiefes Atmen und ein Gefühl der Erleichterung.

Jedes Gefühl darf sein und ich unterstütze die bedingungslose Annahme, indem ich zum Beispiel sage: »Das Kind, das Sie waren, hatte allen Grund, sich genau so zu fühlen.« Die meisten fühlen sich dadurch schon befreit und verstanden. Gleichzeitig nimmt die Intensität des Gefühls ab. Die Betroffenen lernen: Wenn ich mich selbst verstehe, behalte ich die Regie über meine Emotionen.

Meist verändern sich die Gefühle, wenn sie sein dürfen. Aus Ohnmacht wird zum Beispiel Trauer, aus Trauer wird Wut, aus Wut wird Scham. Die Reihenfolge ist individuell, kann also auch aus ganz anderen Gefühlen bestehen. Begleitet von ruhigem, entspannten Atmen erfährt die betroffene Person, dass es möglich ist, intensive Gefühle zu empfinden, ohne die Kontrolle zu verlieren.

Oft frage ich: »Was hätte das Kind, das Sie gewesen sind, in dieser Situation gebraucht?« Das wissen alle Klientinnen und Klienten und dann bitte ich, dass sie sich vorstellen, wie das erwachsene Ich diese Bedürfnisse des inneren Kindes erfüllt. Durch das innere Bild entsteht in jeder und jedem dann ein Gefühl der Selbstwirksamkeit. Gelernt wird: Ich bin nicht ohnmächtig! Ich kann etwas verändern!

Wenn meine Klientinnen und Klienten wollen, können sie diese Übung zu Hause wiederholen. Durch das Üben wird dieser Teil des Traumas verarbeitet. Ob das tatsächlich gelungen ist, merken die Betroffenen daran, dass sie in Situationen, die sie zuvor getriggert haben, entspannter und gelassener bleiben. Vielleicht ist Ihnen aufgefallen, dass ich von »dem Teil des Traumas, der verarbeitet wurde« gesprochen habe. Denn schwerwiegende Erlebnisse brauchen mehr Zeit und es geschieht Schritt für Schritt.

Die Traumaheilung besteht darin, dass das Kind, das ich gewesen bin, erlebt: Ich bin mit meinen Erlebnissen und Gefühlen nicht mehr allein. Es fühlt sich durch sein erwachsenes Ich verstanden und dadurch beruhigen sich die Emotionen. Die innere Vorstellung, Ohnmacht in Selbstwirksamkeit zu verwandeln, stärkt das Selbstvertrauen. Durch die Spiegelneuronen lernt das Gehirn ein neues Muster. Irgendwann kann sich der Mensch dann entscheiden, ob er getriggert oder gelassen reagiert.

Eine schwer traumatisierte Klientin, die ich seit mehreren Jahren betreue, drückte dies so aus: »Ich habe keine Lust mehr auf meine Trigger. Ich merke immer deutlicher, dass die Angst nur in meinem Kopf existiert, und mir wird klar, dass es gerade keinen Grund für eine Panikattacke gibt. Das sage ich mir, wenn ich merke, dass ich gewohnheitsmäßig Angst haben will. Früher wäre ich nach Hause geflüchtet. Jetzt tue ich das, was ich mir vorgenommen habe.«

Und genau darum geht es in der Traumatherapie: um die Heilung unserer seelischen Wunden, die uns dazu befähigen kann, uns selbst bedingungslos zu lieben. Damit erfüllen wir das wichtigste Gebot, das Jesus uns gegeben hat: Gott über alles und unsere Nächsten wie uns selbst zu lieben.

Wenn uns dies gelungen ist, weil wir das traumatisierte Kind, das wir gewesen sind, aus dem Schuldturm der Einsamkeit und des Schmerzes befreit haben, schaffen wir nicht nur die Voraussetzung, unseren Mitmenschen beizustehen, die in ähnlichen Situationen feststecken. Auch unsere Liebe zu Gott wird sich vertiefen. Denn meist erkennen wir erst, wenn wir zurückschauen, wie sehr Gott uns bei diesem Heilungsweg unterstützt hat. Und dann können wir sagen: »Danke, Jesus, danke, Gott, danke, Heiliger Geist – für den Trost, die Kraft und den Segen!«

Selbstreflexion

Wenn Sie verstanden haben, dass Sie ein Trauma erlitten haben, versuchen Sie bitte nicht, dieses allein zu verarbeiten. Finden Sie eine Therapeutin oder einen Therapeuten, die oder der sich mit den Besonderheiten der Traumaverarbeitung auskennt.

4.

Müssen wir vergeben, und wenn ja, wie geht das?

Fassen wir die Erkenntnisse der letzten Kapitel noch einmal zusammen: Das, was wir erlebt haben, hinterlässt nicht nur Spuren, sondern gräbt sich besonders dann tief in unsere Seelen ein, wenn wir als Kinder Traumata ausgesetzt waren. Meist sind es Menschen, die diese Gräben gesprengt haben, und nicht selten sind es diejenigen, denen wir eigentlich vertrauen sollten: die Mitglieder unserer Familien.

Um uns nicht an die destruktive Vergangenheit zu binden, wäre es hilfreich, wenn wir sie loslassen könnten und denjenigen vergeben, die uns – bewusst oder unbewusst – geschadet haben. Darum soll es nun gehen.

Vergebung ist für jeden Christen und jede Christin ein wichtiges Thema. Dass wir grundsätzlich vergeben sollen, wenn wir selbst Vergebung wünschen, sagt Jesus in der Bergpredigt (Matthäus 6, 14-15). Im Vaterunser beten wir: »Und vergib uns unsere Schuld, wie auch wir vergeben unseren Schuldigern.« Vergebung scheint also wichtig zu sein, und wenn wir Jesus ernst nehmen wollen, sollten wir uns damit befassen, auch wenn wir merken, dass uns das bei bestimmten Menschen schwerfällt.

Denn es ist ja nicht so, dass wir nicht gehorsam sein wollen! Doch wie oft haben wir erlebt, dass wir meinten, vergeben zu haben, nur um zu fühlen, dass die alten wütenden oder verletzten Gefühle unverändert stark an die Oberfläche steigen, kaum werden sie durch die Person getriggert, die uns verletzt hat. Besonders diejenigen unter uns, die durch die Mitglieder der eigenen Familie traumatische Gewalt erlebten, haben Schwierigkeiten damit, die Vergangenheit wirklich loszulassen und den Tätern oder Täterinnen zu vergeben. Es reicht die bloße Erinnerung an das, was wir erdulden mussten, und wir spüren flammende Rachsucht oder abgrundtiefe Verzweiflung statt milder Nachsicht.

Nicht, dass es uns nachhaltig erleichtern würde, wenn wir denjenigen, die uns das Leben schwer gemacht haben, die Pest an den Hals wünschen. Kurzfristig haben wir uns Luft gemacht, doch es dauert meist nicht lange, bis sich eine innere Stimme meldet, die viele von uns »Gewissen« nennen. Diese Stimme klagt an und urteilt hart: »Du hast keine Vergebung verdient, weil du es mal wieder nicht geschafft hast, deinem Nächsten zu vergeben! Du müsstest weiter sein, und dass du das nicht bist, ist sehr bedenklich.« An diesem Punkt verzweifeln viele Christen und Christinnen, denn sie glauben, dass diese innere Stimme – diese Kombination aus gnadenlosem Richter und rachsüchtigem Staatsanwalt – Gottes Stimme ist, die die Wahrheit sagt.

Spricht unser Gewissen mit Gottes Stimme?

Aber ist diese Stimme, mit der unser Gewissen spricht und die uns verurteilt, wirklich Gottes Stimme?

Fragen wir die Bibel. Die Möglichkeit, selbst zwischen Gut und Böse zu unterscheiden, erhielten die Menschen erst, nachdem sie vom Baum der Erkenntnis gekostet hatten. Plötzlich erkannten sie, dass sie nackt waren, versuchten, sich mit Feigenblättern zu bekleiden und versteckten sich vor Gott, weil sie wussten, dass sie sein Gebot übertreten hatten. Dieser Augenblick, in dem sich die Geschöpfe vom Schöpfer trennten, ist die Geburtsstunde des

Gewissens (1. Mose 3,7-10). Dietrich Bonhoeffer schreibt in seinem Buch *Schöpfung und Fall:* »Das Gewissen treibt den Menschen weg von Gott in das gesicherte Versteck. Hier in der Gottesferne spielt er dann selbst den Richter und weicht eben hierdurch dem Gericht Gottes aus.«[65] Natürlich ist es unmöglich, sich vor Gott zu verstecken, auch wenn wir das immer wieder versuchen. Gott sieht unsere Herzen, er weiß um unsere Verfehlungen und kennt unsere Gefühle, auch wenn wir noch so eifrig versuchen, diese vor ihm zu verbergen.

Genau das erleben Adam und Eva. Gott ruft sie und stellt sie zur Rede. Und aus der Antwort der beiden erkennen wir, wie weit sie sich schon von Gott entfernt haben: Adam schiebt die Schuld für seinen Fehltritt nicht nur auf Eva, sondern auch auf Gott, der ihm diese Frau zur Seite gestellt habe (1. Mose 3,12). Eva macht es genauso und schiebt die Schuld auf die Schlange, ebenfalls ein Geschöpf Gottes – nach dem Motto: »Wenn du, Gott, diesen hinterlistigen Wurm nicht erschaffen hättest, wäre ich nicht versucht worden!« Offensichtlich liegt der Fehler also bei Gott!

Beide zeigen, wohin es führt, wenn Menschen selbst urteilen und richten. Sie agieren nicht mehr als Gottes Geschöpfe, nach seinem Bild geschaffen, sondern versuchen selbst so zu sein wie Gott. Gott sagt ja dann auch: »Der Mensch ist geworden wie einer von uns, er kennt sowohl das Gute als auch das Böse« (1. Mose 3,22). Die Schuld auf andere zu schieben ist seitdem eine so weitverbreitete Unart, dass Jesus uns in der Bergpredigt darauf aufmerksam machen muss, wie falsch sie ist (Matthäus 7,1-5).

Auch in der psychotherapeutischen Arbeit verhindern Schuldzuweisungen gute Lösungen und damit Harmonie und Frieden. Wenn ich zu wissen glaube, dass nur die andere Person mit ihrem Verhalten die Ursache meiner Probleme ist, beende ich die Beziehung, weil ich nur mich sehe und die Beweggründe meines Gegenübers ausblende. Dieses Prinzip gilt genauso, wenn ich mich allein für alles schuldig fühle. Auch dann bin ich nicht in Beziehung, weil ich nur mein Gegenüber sehe und mich und meine eigenen Beweggründe und Gefühle ausblende. Zu einer Beziehung gehören immer beide und zu Schwierigkeiten tragen in der Regel alle am Konflikt Beteiligten bei.

Um in Beziehung zu bleiben, sollte jede und jeder von uns deshalb das tun, was Jesus empfahl: den oder die andere nicht richten, sondern stattdessen den Balken im eigenen Auge untersuchen, das heißt den eigenen Beitrag zum Problem reflektieren. Genau deshalb vertrieben sich Adam und Eva selbst aus dem Paradies der vertrauensvollen Beziehung zu Gott. Statt ihre Schuld zu bekennen und um Vergebung zu bitten, stellten sie ihren Schöpfer infrage, spielten – wie Bonhoeffer schreibt – selbst den Richter und demonstrierten so ihre Gottesferne.

Hat Gott dann also gar nichts mit dem Gewissen zu tun? Die Antwort lautet: ja und nein.

Ja, Gott hat damit zu tun, denn alle Menschen werden seitdem mit der Fähigkeit geboren, zwischen Gut und Böse zu unterscheiden. Das Gewissen kann deshalb der Ort sein, an dem Gott zum Menschen spricht. Paulus erklärt das im Römerbrief:

> Wenn sogar Menschen, die Gottes geschriebenes Gesetz nicht haben, unbewusst so handeln, wie es das Gesetz vorschreibt, so beweist das, dass sie in ihren Herzen Recht von Unrecht unterscheiden können. Durch ihr Verhalten zeigen sie, dass Gottes Gesetz in ihr Herz geschrieben ist, denn ihr eigenes Gewissen und ihre Gedanken klagen sie entweder an oder bestätigen, dass sie das Richtige tun.
>
> *Römer 2,14-15*

Wir glauben an dieses innere Wissen um Gut und Böse und haben dafür in der Alltagssprache Redewendungen, die jeder versteht:

Wer »gewissenhaft« arbeitet, will alles richtig machen. Wer »gewissenlos« handelt, schädigt seine Mitmenschen bewusst.

Gleichzeitig lautet die Antwort nein – denn Gott hat nichts mit familiären, kulturellen und gesetzlichen Prägungen zu tun, mit denen Menschen ihr Gewissen füllen. Auch hierfür finden wir Beispiele in der Bibel. Paulus schreibt in seinem Brief an die Kolosser, die Geschwister sollen sich »kein schlechtes Gewissen machen lassen« (Kolosser 2,16; LUT). Das bedeutet, andere könnten uns einreden, dass das, was wir tun, schlecht sei, obwohl wir andere Wertvorstellungen haben. Auch unsere Überzeugungen und Glaubenssätze scheinen einen großen Einfluss darauf zu haben, mit welcher Stimme das Gewissen spricht. Gleichzeitig sollten auch wir auf das Gewissen unserer Mitmenschen Rücksicht nehmen (Römer 14,20-23) und nichts tun, was diese in einen inneren Konflikt bringen und ihr Gewissen belasten könnte (1. Korinther 8,7).

Ein »gutes Gewissen« ist also keine Garantie dafür, dass »richtig« gehandelt wird. Wir müssen dazu gar nicht auf die Gewalttaten der Kämpfer und Kämpferinnen des Dschihad zurückgreifen, die sicher alle ein gutes Gewissen haben und glauben, für ihr Morden von Gott belohnt zu werden. Halten wir uns an Paulus, der vor seiner Bekehrung ein Schüler Rabbi Gamaliels war, Enkel des berühmten Rabbi Hillels und damit ein Vertreter der edelsten Pharisäerschule Jerusalems. Über ihn steht in der Mischna, der Grundlage für den Talmud, geschrieben: »Nach dem Tod Rabbi Gamaliels des Älteren wurde die Torah nicht mehr geehrt und Reinheit und Askese starben.«[66] Diese Charakterisierung beweist, dass Paulus' Rabbi Gottes Gesetz liebte und alles tat, um es zu halten. Nach eigenen Angaben studierte der spätere Apostel also zu dessen Füßen, entwickelte »großen Eifer darin, Gott zu ehren« und verfolgte deshalb »die Anhänger des neuen Glaubens bis in den Tod« (Apostelgeschichte 22,3-5). Wir können davon ausgehen, dass Paulus dabei ein gutes Gewissen hatte. In seinem Fall griff dann Gott persönlich ein, um ihn von seinem Irrweg abzubringen, denn er hatte ihn als Apostel für die Heiden ausgewählt.

Doch warum kann Paulus dann später von seinem reinen Gewissen »vor Gott und den Menschen« sprechen (Apostelgeschichte 24,16)? Die Antwort lesen wir im ersten Petrusbrief (3,21) und im Hebräerbrief (8,14): Die Taufe reinigt das Gewissen! Durch die Taufe bezeugen wir: Wir glauben, dass Jesus für unsere Sünden bezahlt hat, und nehmen seine Gnade an.

Das heißt jedoch nicht, dass wir ab jetzt tun können, was wir wollen, weil uns Fehltritte sowieso vergeben werden. Nein, selbst wenn wir es nie aus eigener Kraft schaffen werden, ohne Sünde zu leben, stellt uns das Gebot, das Jesus das wichtigste nennt, eine herausfordernde Aufgabe: »Du sollst den Herrn, deinen Gott, lieben von ganzem Herzen, von ganzer Seele und mit all deiner Kraft und deinem ganzen Gemüt, und deinen Nächsten wie dich selbst« (Lukas 10,27; LUT).

Das bedeutet für jeden Christen und jede Christin, täglich zwischen Gott und anderen Göttern zu unterscheiden. Heute sind es nicht mehr Baal, Astarte oder goldene Stiere, die wir anbeten könnten. Heute ist es der Umgang mit Konsum, Geld, Medien, Sexualität und Macht:

Wo machen wir mit und wo grenzen wir uns ab?

Wo schließen wir Kompromisse und wo beziehen wir Position?

Worein investieren wir unsere Zeit und unsere Kraft?

Gott will, dass wir uns täglich für ihn entscheiden. Diese klare Entscheidung für ihn und gegen andere Götter ist die Grundlage dafür, dass es Gottes Stimme ist, die durch unser Gewissen spricht. Dass wir dabei Fehler machen, ist nicht zu vermeiden, doch wir müssen sie bekennen – reflektieren – und umkehren – versuchen, es besser zu machen.

Das galt auch für Paulus. Er gab Zeugnis von seinem Fehler – er hatte die Gemeinde Gottes verfolgt – und von seiner Reue, indem er bekannte, dass er es deshalb nicht wert sei, ein Apostel genannt zu werden. Nach seiner Bekehrung kehrte er um und lebte nur noch durch die Gnade Gottes (1. Korinther 15,8-10). Nur aufgrund dieser Gnade konnte er das Leid ertragen, das er um Jesu willen auf sich nahm (2. Korinther 11,23-33). Er arbeitete nach eigener Einschätzung härter als alle anderen Apostel, um das zu tun, wozu Gott ihn ausersehen hatte.

Warum sollte es uns anders gehen als Paulus? Auch wir sind aufgerufen, unser Gewissen von allen Inhalten zu reinigen, die nichts mit Gottes Willen für unser Leben zu tun haben, damit Raum entsteht für die Stimme Gottes. Indem wir die Gnade Jesu, symbolisiert durch die Taufe, annehmen und tatsächlich glauben, dass wir gerettet sind, ist es uns möglich, all jene Inhalte aus dem Gewissen zu verbannen, die darauf bestehen, dass wir sündig, unfähig, minderwertig, hässlich und verdammt bleiben. Diese Kombination aus gnadenlosem Richter und rachsüchtigem Staatsanwalt ist eine Mischung aus in der Kindheit gelernten Glaubenssätzen, gesellschaftlichen Normen, religiösen Vorschriften und dem, was jede und jeder Einzelne für wahr und richtig hält.

Wie wir diese destruktiven Denkmuster erkennen und bearbeiten können, ist Thema dieses Buches. Und Sie wissen jetzt auch, dass es Hilfe gibt, wenn Ihnen die Klärung alleine nicht gelingt. Erst wenn wir annehmen, wer wir wirklich sind, kann Gott uns befähigen, das zu tun, was er für uns vorgesehen hat.

Unser Gewissen besteht also aus unterschiedlichen Stimmen. Wie unterscheiden wir also die Stimmen der Glaubenssätze und der verinnerlichten Stimmen unserer Familienmitglieder, Lehrerinnen und Pastoren von der Stimme des reinen Gewissens?

Viele Christen und Christinnen betonen, dass sie sündig sind. Ja, das stimmt, das sind wir alle, doch ist Jesus nicht gekommen, um uns von dieser Schuld zu erlösen? Jesus wusste, was er tat. Er rettete uns zu einem Zeitpunkt, als wir noch sündig und damit geistlich tot waren. Mit Jesu Auferstehung leben auch wir und gehören schon jetzt zu seinem himmlischen Reich (Epheser 2,4-6). Wir haben in Jesus einen Verteidiger, der uns vor dem letzten Gericht Gottes bewahren wird (Römer 5,9). »Denn Gott wollte uns nicht strafen, sondern wollte uns retten durch Jesus Christus, unseren Herrn« (1. Thessalonicher 5,9). Wenn wir diesen Verteidiger vergessen, ist es also nicht Gott, der zu uns spricht.

Ich habe noch nie erlebt, dass ein Mensch sich aus eigenem Antrieb verdammt! Meine Klientinnen und Klienten erkennen in den Abwertungen der inneren Richter meist die Urteile wieder, die nahe Familienmitglieder, zuweilen auch Pastoren oder Lehrer und Lehrerinnen über sie gefällt haben. Oft wiederholen diese Stimmen wörtlich die Aussagen dieser Personen: »Du bist unwürdig, dumm, unfähig und hässlich.«

Als Kinder haben wir diese Zuschreibungen verinnerlicht. Wie gesagt haben wir in der Kindheit nicht die Wahl, etwas anderes zu glauben als das, was uns immer wieder gesagt wird. Wenn wir dann durch äußere Ereignisse getriggert werden, beginnen diese Stimmen mit ihrem gnadenlosen Gericht, selbst wenn der Verstand weiß, dass das Urteil nicht stimmt. Ein Teil in uns gerät in Resonanz und dieser Teil ist so stark, dass er die Regie über unsere Gedanken und Gefühle übernimmt.

Eine meiner Ausbildungsteilnehmerinnen war zum Beispiel nicht in der Lage, in der Gegenwart anderer Menschen ihr Geburtsdatum zu nennen, weil sie augenblicklich dissoziierte und damit keinen Zugriff mehr auf ihre linke Gehirnhälfte hatte. Sie erinnerte sich tatsächlich nicht! Die Stimme ihres Anklägers brüllte: »Selbst dazu bist du zu blöd!« Es erübrigt sich zu berichten, wie oft sie diesen Spruch in der Kindheit gehört hatte und wie schuldig sie sich dafür fühlte.

Tragisch ist, dass sich diejenigen, die als Kinder traumatische Gewalt erlebten, besonders oft verurteilen. Das trifft vor allem auf die Opfer sexueller Gewalt zu. Viele sagen: »Ich hätte mich wehren oder Nein sagen können!« Die Tatsache, dass sie als Kinder die Tragweite von sexuellen Handlungen nicht abschätzen konnten und gegen erwachsene oder ältere jugendliche Täter sowieso keine Chance gehabt hätten, lässt dieser emotionale Teil nicht gelten. Dazu kommt, dass viele Täter den Kindern aktiv die Schuld an den Übergriffen geben: »Ich musste das tun, weil du mich verführt hast. Du allein bist schuld.« Die Kinder glauben dies, weil sie nicht die Wahl haben, sich anders zu entscheiden. Auch wenn der Verstand es besser weiß, akzeptiert das traumatisierte innere Kind die Verurteilung und bleibt schuldig. Es gibt keinen Ausweg, keine Hoffnung auf Erlösung. Das hat nichts mit Gott zu tun! Der innere Richter wird den Schuldspruch so lange wiederholen, bis ihm die Macht genommen wird.

Oder denken Sie an diejenigen, die nie mit sich zufrieden sind: die ewigen Perfektionisten und Perfektionistinnen. Obwohl sie den Anspruch an sich haben, immer alles richtig zu machen, sind sie gleichzeitig davon überzeugt, es sowieso nie zu schaffen. Ihr innerer Richter verhindert dies, indem er sagt: »Das hättest du besser machen können. Nimm dir ein Beispiel an XY!« Auch diese Zwickmühle ist erlernt. Meist haben die Betroffenen entweder als Kinder erlebt, dass sie die Erwartungen nahestehender Personen nicht erfüllen konnten. Oder sie haben sich aus Liebe Ziele gesetzt, die sie nicht erreichen konnten, zum Beispiel die Ehe der Eltern zu retten, eine Suchterkrankung in der Familie zu heilen oder schwere Konflikte zu schlichten. Die Erkenntnis, es nicht geschafft zu haben, verfolgt diese Menschen und treibt nicht wenige in ein Burn-out.

Mit Gott hat auch das nichts zu tun. Jesus verspricht, dass seine Last leicht ist (Matthäus 11,30) und Paulus bekennt, dass er zufrieden ist mit seiner Schwäche, weil Gott dann umso besser durch ihn handeln kann (2. Korinther 12,9-10).

Uns selbst vergeben

Doch wie reinigen wir unser Gewissen von allem, was nicht hineingehört?

Indem wir zunächst identifizieren, mit welcher Stimme die gnadenlosen Richterinnern, die rachsüchtigen Staatsanwälte reden, die wir »schlechtes Gewissen« nennen. Oft sind das konkrete Personen, die gut erinnert werden. Wenn wir den Urheber oder die Urheberin erkannt haben, dürfen wir nicht den Fehler machen, verständnisvoll nach dessen oder deren Beweggründen für sein oder ihr Handeln zu forschen. Das können wir später tun, denn jetzt geht es zuerst einmal um Sie! Für das Kind, das Sie waren, ist es unwichtig, aus welchem Grund es verletzt wurde. Es will in seinem Schmerz verstanden werden und braucht Ihre Liebe und Ihre Zuwendung, sonst erlebt es wieder dieselbe Einsamkeit und Verzweiflung wie früher und die Seele kann die Verletzung nicht verarbeiten.

Dazu ein Beispiel aus der Praxis: Ein Klient suchte meine Unterstützung, weil er die Probleme mit seinem fast erwachsenen Sohn nicht lösen konnte. Er beklagte sich darüber, dass der Sohn ihm zu wenig Zuwendung geben würde. Da es vollkommen normal ist, dass sich junge Männer lieber mit ihren Altersgenossen treffen als mit ihren Eltern, fragte ich nach der Kindheit des Mannes. »Ich habe die Beziehung zu meinem Vater schon bearbeitet«, antwortete er. »Ich habe verstanden, warum er keine Zeit für mich hatte, und seitdem ist mein Verhältnis zu ihm viel besser geworden.«

Dagegen ist nichts einzuwenden, und doch hatte mein Klient etwas Wichtiges übersehen: Das Kind, das er gewesen war, interessierte sich nicht für die Gründe des Vaters. Es litt immer noch unter der mangelnden Zuwendung und versuchte, sich die Liebe stellvertretend vom Sohn zu holen. »Dann projiziere ich meinen Vater auf meinen Sohn!«, rief mein Klient erstaunt. »Kein Wunder, dass der die Flucht ergreift.«

Meist durchläuft der Verarbeitungsprozess verschiedene Stadien. Dabei können wir viel von Trauertherapeuten und -therapeutinnen lernen:[67]

Phase 1: Die erste Phase der Verarbeitung besteht darin, dass anerkannt wird, was geschehen ist. Das gilt nicht nur für die traumatisierten Kinder, denn sich selbst als Opfer von emotionaler, körperlicher und sexueller Gewalt, von Vernachlässigung und Verlassenheit zu erleben, ist ein schwieriger Schritt. Es geht auch um die »normale« Erziehung, die – obwohl die Eltern nach bestem Gewissen gehandelt haben – nicht optimal auf den Selbstwert des Kindes gewirkt hat. Dabei geht es nicht darum, Eltern zu verurteilen, sondern darum, Glaubenssätze zu entlarven, die heute keinen Sinn mehr machen, und falsche Schuldsprüche aufzuheben.

Das Kind, das wir gewesen sind, war zu jung, um die Folgen seines Handelns zu begreifen, und trägt deshalb keine Schuld an dem, was geschehen ist. Obwohl das eigentlich klar ist, verurteilen sich viele Christinnen und Christen für trotziges, freches, verzweifeltes und ohnmächtiges Verhalten ihrer Kinderzeit und müssen lernen, sich selbst zu vergeben. Sie denken Sätze wie: »Wenn ich brav gewesen wäre und wenn ich anders gehandelt hätte, hätten mein Vater oder meine Mutter mich nicht bestrafen müssen.« Sollten solche Gedanken in Ihnen aufsteigen, dann empfehle ich Ihnen diesen ersten Schritt:

Schritt 1: Stellen Sie sich innerlich neben dieses Kind und vergeben Sie sich, dass Sie frech, ungehorsam, verzweifelt und ohnmächtig waren.

Phase 2: Mit der zweiten Phase haben viele Christen und Christinnen Schwierigkeiten: Bei dem emotionalen Verarbeitungsprozess entstehen heftige Gefühle, zum Beispiel Wut und Aggressionen, die sich gegen diejenigen richten, die dem Kind geschadet haben. Diese Gefühle entstehen auch dann, wenn sie »unberechtigt« zu sein scheinen: Krankheit und Tod beispielsweise sind nicht selbst gewählt und doch empfinden diejenigen, die hilflos zurückbleiben, Aggression gegenüber der Person, die sie mit diesem Schicksal belastet und allein gelassen hat. Auch dass sich die Mutter nicht so um ihr älteres Kind kümmern konnte, wie dieses das gebraucht hätte, weil die Sorge für das Neugeborene ihre Zeit verschlang, ist für den erwachsenen Menschen nachvollziehbar. Das Kind hätte trotzdem mehr Zuwendung benötigt, um sich geliebt zu fühlen.

Schritt 2: Halten Sie dem Kind, das Sie gewesen sind, keinen moralischen Vortrag. Verstehen Sie, dass es Grund für diese Emotionen hatte. Lassen Sie dieses Kind nicht allein. Es darf wütend sein! Verstehen Sie seine Gefühle, auch wenn diese nicht Ihrem erwachsenen Verständnis von Christi Nachfolge entsprechen. Vergeben Sie sich, dass Sie so fühlen.

Phase 3: In der dritten Phase stehen Schmerz und Trauer im Vordergrund. An diesem Punkt fließen Tränen und das ist angemessen. Es ist traurig, dass die Beziehung zu den Eltern nicht so liebevoll war, wie das Kind es sich gewünscht hätte. Es ist schlimm, dass es Gewalt und Missbrauch erleben musste. Es ist belastend, dass es nie etwas richtig machen konnte.

Glauben Sie jedoch bitte nicht, dass diese Erfahrungen nötig waren und Ihnen von Gott auferlegt wurden! Wir leben in einer gefallenen Welt und es geschehen Dinge, die Gott nicht vorgesehen hatte. An dieser Stelle wird oft beklagt, dass es dem Kind nicht möglich gewesen ist, die Situation zu verbessern oder die Trennung der Eltern zu verhindern. Einige ziehen die Aufmerksamkeit durch auffälliges Verhalten auf sich, indem sie sich plötzlich aufsässig und frech verhalten. Andere werden zu kleinen Familientherapeutinnen und -therapeuten, zu vertrauten Gesprächspartnern und -partnerinnen der Eltern. Allen gemeinsam ist, dass sie an dieser Aufgabe scheitern. Deshalb lautet der nächste Schritt:

Schritt 3: Vergeben Sie sich, dass Sie nicht fähig waren, Ihre Familie zu heilen.

Auch das Gefühl der Trauer ebbt schließlich ab und macht Platz für ein tiefes Verständnis der eigenen Reaktion. Wenn wir dann mit uns im Frieden sind, weil wir uns lieben und uns selbst vergeben haben, verliert der gnadenlose Richter seine Macht. Jetzt wissen wir: Seine Schuldsprüche sind falsch. Wir waren nie schuldig.

Doch was tun wir, wenn wir tatsächlich Fehler gemacht haben? Beweist das nicht, dass wir einen inneren Richter brauchen?

Hier ist wichtig: Es gibt einen Unterschied zwischen dem gnadenlosen inneren Richter und ehrlicher Selbstkritik. Dieser besteht darin, dass Selbstkritik immer eine Möglichkeit der Umkehr und Vergebung eröffnet. Auch dazu finden wir Beispiele in der Bibel. Sie kennen die Geschichte von Saul und David. Beide waren von Gott auserwählt und durch Samuel zu Königen gesalbt worden (1. Samuel 9,17; 16,12). Beide waren erfüllt vom Geist Gottes (1. Samuel 10,10; 16,13). Beide missbrauchten ihre Macht (1. Samuel 15,10; 2. Samuel 11–12). Der Unterschied zwischen Saul und David bestand darin, dass Saul nach eigenem Gutdünken handelte, während David sich in jeder Lebenslage an den Herrn wandte. In Psalm 51 bekennt er sogar öffentlich seine Sünden, wie Vers 2 zeigt: »Ein Psalm Davids aus der Zeit, als der Prophet Nathan zu ihm kam; nachdem David mit Batseba Ehebruch begangen hatte.« Aus ihm stammen auch die Zeilen, die ich früher als Kind jeden Sonntag im Gottesdienst gesungen habe: »Schaffe in mir, Gott, ein reines Herz, und gib mir einen neuen, beständigen Geist. Verwirf mich nicht von deinem Angesicht, und nimm deinen heiligen Geist nicht von mir« (Psalm 51,12-13). Es ist also wichtig, dass wir unsere Sünden bekennen. Und damit sie uns vergeben werden, brauchen wir Gott!

Obwohl evangelische Christen und Christinnen keine Beichttradition haben, gilt meiner Meinung nach auch für uns der Satz: Das Bekennen der Sünden ist die Voraussetzung für die Vergebung (1. Johannes 1,19). Ich nehme mir jeden Abend Zeit, meinen Tag im Gebet zu reflektieren. Da bekenne ich nicht nur, dass ich meinen Mann angemault habe oder mich dazu habe hinreißen lassen, den vor mir fahrenden Autofahrer »Trottel« zu nennen. Ich erzähle Gott auch, dass ich mich ungeliebt, einsam oder depressiv gefühlt habe, denn in diesen Augenblicken war es mir nicht möglich, ihn von ganzem Herzen zu lieben. Danach füllt sich mein Herz mit Frieden.

In vielen Gemeinden ist das stille Sündenbekenntnis ein Teil des Abendmahlsgottesdienstes. Es sind ja hoffentlich nur selten schwere Vergehen, die wir bekennen müssen. Es sind eher die alltäglichen Versäumnisse, die Lieblosigkeit und mangelnde Achtsamkeit, die wir reflektieren können. In dem Zusammenhang schätze ich ein Gebet, das ich im Evangelischen Gesangbuch gefunden habe:

Ich bedenke mein Leben vor Gott:
Vater im Himmel, was kann ich dir sagen, was du nicht schon weißt?

> Ich habe anderen das Leben schwer gemacht und es waren doch oft nur Kleinigkeiten, um die es da ging:
> Ich wollte Recht behalten, aber ich vergaß die Liebe, die du geboten hast.
> Ich bin unfair gewesen, ich bin böse geworden, wo ich hätte Geduld aufbringen müssen.
> Ich war so mit mir selbst beschäftigt, dass ich kein Ohr und kein Herz hatte für die, die Verständnis und Hilfe von mir erwarteten.
> Ich habe geschwiegen, wo ich hätte reden sollen, ich habe den Dingen ihren Lauf gelassen, weil meine Angst größer war als mein Vertrauen zu dir.
> Deinen Geboten habe ich wenig Gewicht gegeben und deine Güte missachtet.
> Ich habe dich vergessen, Gott, bei vielem, was ich tat und dachte.
> Ich lasse mich gefangen nehmen von meinen Wünschen und Ängsten und sehne mich doch danach, frei und geborgen zu sein bei dir.
> Herr, ich bin erschrocken, wie schwierig es ist, im Alltag aus dem Glauben an dich zu leben.
> Ich bekenne dir mein Unvermögen und meine Schuld: Herr, erbarme dich.[68]

Ein Sündenbekenntnis wie dieses ermöglicht es uns, unsere Fehler zu reflektieren. Wir können diejenigen um Vergebung bitten, die wir verletzt haben, und um Gottes Hilfe bei der Reinigung unserer Herzen bitten. So kann sich die Sünde in einen Segen verwandeln, denn wenn wir sie nicht bekannt hätten, wären auch für uns weder Vergebung noch Umkehr möglich gewesen (Psalm 32,5). Natürlich gibt es auch die vielen Sünden, die uns gar nicht bewusst sind. Hier dürfen wir auf Gottes große Gnade zählen.

Dagegen ermöglicht der Urteilsspruch des gnadenlosen Richters keine Umkehr, keine Vergebung und keinen Segen. Seine Stimme macht klein und wertlos. Wenn wir uns in seinem Bann befinden, erinnern wir uns nicht an das Gnadengeschenk Jesu. Wir beweisen uns stattdessen, dass wir dumm, faul, hässlich und sündig sind und Gott mit uns tatsächlich einen Fehler gemacht hat.

Nehmen Sie Jesus stattdessen beim Wort und versuchen Sie, sich so zu sehen, wie Gott Sie geschaffen hat, nämlich »herrlich und ausgezeichnet« (Psalm 139,14). Befreien Sie Ihr inneres Kind aus dem Schuldturm alter Abwertungen und traumatischer Verletzungen. Und denken Sie daran, das, was Sie besser machen wollen, regelmäßig vor Gott zu bringen und ihn zu bitten, Ihnen bei der Umkehr zu helfen. Befolgen Sie sein wichtigstes Gebot und nehmen Sie sich liebevoll an, damit Sie Gott aus ganzem Herzen, aus tiefster Seele und mit aller Kraft lieben können und Ihren Nächsten wie sich selbst.

Selbstreflexion

Mit welcher Stimme spricht mein innerer Richter?
Versuchen Sie, die abwertenden, beschuldigenden Stimmen zu identifizieren, die vorgeben, Ihr Gewissen zu sein. Schreiben Sie die immer wiederkehrenden Sätze auf und reflektieren Sie den Kontext, in dem diese Sätze entstanden sind.
Haben meine Eltern, Geschwister, Lehrerinnen, Pastoren diese Sätze tatsächlich gesagt?
Oder haben ich diese Sätze aufgrund meiner Erfahrungen selbst formuliert?
Erkennen Sie, dass es nicht Gottes Stimme ist, die Sie verurteilt, sondern dass es sich um Glaubenssätze handelt, die nicht mehr gültig sind. Genauso wie Paulus nach seinem Damaskuserlebnis erkannte, dass es falsch gewesen war, Christen und Christinnen zu verfolgen und zu töten, obwohl er dabei ein »gutes Gewissen« gehabt hatte, dürfen Sie diese alten Glaubenssätze löschen und neue formulieren, die besser zu Ihrem aktuellen Leben passen.
Sollte Ihnen das nicht gelingen, liegt die Vermutung nahe, dass Sie unter den Folgen traumatischer Erlebnisse leiden. Dann ist es

besser, dass Sie eine Therapeutin oder einen Therapeuten finden, die oder der sie dabei unterstützt, das Trauma zu verarbeiten.

Gott vergeben

Sie kennen womöglich die Aussage: »An einen Gott, der so viel Elend zulässt, kann ich nicht glauben!« Ja, wie kann Gott, wenn er alles erschaffen hat und allmächtig ist, Grausamkeit, Krieg, Naturkatastrophen und Leid gestatten? Warum greift er nicht ein, bestraft die Schuldigen und heilt die Kranken? Warum geht es denen, die Böses tun, oft so gut (siehe auch Hiob 24)?

Oder ist der Grund für Leid, dass Gott die Menschen mit Katastrophen und Schicksalsschlägen für ihre Sünden und die ihrer Vorfahren und Anverwandten bestraft? Die Freunde Hiobs sind davon überzeugt und gehen diesem damit gewaltig auf die Nerven (Hiob 19,2). Hiob hält dagegen, denn er ist sich keiner Schuld bewusst, die eine solche Bestrafung nach sich ziehen müsste. Er wünscht sich nichts mehr, als mit Gott selbst über seinen »Fall« zu diskutieren. Wir wissen, wie Gott geantwortet hat: Er stellt keinen Zusammenhang zwischen dem Leben Hiobs und den von ihm erlittenen Schicksalsschlägen her.

Jesus antwortet genau gleich, als er von seinen Jüngern gefragt wird, ob die Krankheit eines Blindgeborenen aufgrund der eigenen Sünden oder der seiner Väter entstanden sei (Johannes 9,1-3). Nein, auch da gibt es keinen direkten kausalen Zusammenhang, sosehr wir uns diese einfachen Zuordnungen oft wünschen würden. In diesem Fall nutzt Jesus die Blindheit des Mannes, um mit dessen Heilung die Allmacht und Herrlichkeit Gottes zu zeigen. Hiob gegenüber erklärt sich Gott gar nicht erst, sondern gibt diesem zu verstehen, dass er überhaupt nicht in der Lage ist, den großen

Plan zu erkennen (Hiob 38). Auch wenn die Menschen einen freien Willen haben, reichen die Analysefähigkeiten des Verstandes nicht aus, um Gottes Handeln zu begreifen.

Jeder Systemanalytiker und jede systemische Therapeutin weiß, dass es immer höchst problematisch ist, wenn jemand in ein System eingreift, ohne dessen komplexe Funktion zu verstehen. Täglich verfolgen wir die Auswirkungen solcher Entscheidungen in der Wirtschaft und in der Politik. Je größer das System ist, umso unmöglicher ist es dem und der Einzelnen, alle nötigen Faktoren zu berücksichtigen. Kriege und Klimawandel sind die Folgen menschlicher Entscheidungen!

Gottes Plan war ursprünglich ein anderer und das vergessen wir, wenn wir Gott die Schuld für den Zustand der Welt geben. Jede große Religion berichtet von der Trennung der Menschen von Gott. Und jede Religion verfolgt das Ziel, die Einheit mit Gott wiederherzustellen. Die Geschichte von Adam und Eva ist deshalb mehr als eine fromme Legende über eine verbotene Frucht, eine verführte Frau und einen rachsüchtigen Gott, der es nicht ertragen konnte, das Wissen um Gut und Böse, geschweige denn das ewige Leben, mit den Menschen zu teilen. Es ist die Entscheidung der Menschen, das eigene Urteil dem Willen Gottes vorzuziehen und das Paradies gegen die Sterblichkeit einzutauschen.

Der Sündenfall begann in dem Moment, als die Schlange fragte: »Hat Gott *wirklich* gesagt, dass ihr keine Früchte von den Bäumen des Gartens essen dürft?« Damit stellt sie Gottes Anweisungen infrage – was die Menschen zuvor nie getan hatten, denn sie hatten nichts vermisst. Eva antwortet wahrheitsgemäß, sie dürften alle Früchte essen, nur die eine nicht: »Wir sollen diese Frucht nicht essen, ja, noch nicht einmal berühren, weil wir davon sterben.« Doch die listige Schlange zischt: »Ihr werdet nicht sterben«, und beschreibt Gott als missgünstigen, kleinkarierten Vater, der nicht will, dass seine Kinder mündig werden (1. Mose 3,1-5).

Es gibt theologische und tiefenpsychologische Strömungen, die den Sündenfall tatsächlich als Emanzipation der von Gott unmündig gehaltenen Menschen verstehen. Dort wird die Überzeugung vertreten, ohne die Erkenntnis von Gut und Böse hätte der Mensch nie ein selbstbestimmtes Leben führen können.[69] Doch wer Gott mit einem normalen Menschenvater und Adam und Eva mit seinen Kindern vergleicht und den Sündenfall als notwendige psychologische Abnabelung erklärt, unterliegt einem grundsätzlichen Irrtum: Es ist uns Menschen unmöglich, so zu werden wie Gott! Wir können noch nicht einmal so werden wie Jesus, denn der war nicht nur ganz Mensch, sondern auch ganz Gott. Allen esoterischen Selbsterlösungsfantasien zum Trotz bewirkte diese Abkehr der Menschen vom ursprünglichen Plan Gottes, dass wir vor allem unsere eigenen Pläne verfolgen – mit all den Folgen für Menschen und Tiere, ja, für den gesamten Planeten.

Denn Gott akzeptierte die Wahl der Menschen. Aber er ließ sie trotzdem nicht im Stich, sondern gab ihnen Richtlinien für ihr weiteres Leben. »Das ist das erhaltende Handeln Gottes, dass er die sündige Welt bejaht und sie durch Ordnung in ihre Grenzen weist«[70], schreibt Dietrich Bonhoeffer. Und Gott kämpfte weiter um die Herzen der Menschen. Das Alte Testament ist voller Berichte und Geschichten über seine große Liebe, aber auch über seinen Zorn und seinen Kummer darüber, dass die Menschen trotzdem taten, was sie wollten, und damit ihr Unglück besiegelten. Wann immer sich die Gelegenheit ergab, wählten sie die sichtbaren Götter, die Macht und jegliche Freiheiten erlaubten und somit viel attraktiver schienen als Jahwe. Die Trennung von Gott bewirkte jedoch, dass die sterblichen Menschen die Folgen ihres Handelns tragen mussten und immer noch müssen. Doch Gott wäre nicht Gott, wenn er nicht schon eine Lösung für unser Desaster geschaffen hätte: »Tröstet, ja tröstet mein Volk«, spricht er durch den Propheten Jesaja (40,1-2).

Die in der Bibel beschriebene Heilsgeschichte hat mehrere Erfüllungsebenen. Sie gilt sowohl für den beschriebenen historischen Kontext und für Israel als auch für die durch Jesus eingeleitete Zeitenwende und seine Wiederkunft. Deshalb lese ich die Vertreibung des Volkes Gottes nach Babylon ins Exil wie eine Beschreibung der Welt, die immer noch zwischen Fluch und Verheißung schwankt. Gott verspricht durch Jesaja, dass die Leidenszeit bald vorüber sein wird, denn es kommt der Herrscher, der eine Belohnung mit sich bringt:

> »Seht, der HERR, euer Herrscher, kommt mit Macht. [...] Seht hin: Er bringt eine Belohnung mit und führt sein wiedererworbenes Volk vor sich her. Er wird seine Herde weiden wie ein Hirte: Die Lämmer wird er im Arm tragen und sie auf seinem Schoß halten, die Mutterschafe wird er freundlich leiten.«
>
> *Jesaja 40,10-11*

Jesaja verkündete dem Volk Israel das Ende des babylonischen Exils. Doch ist mit dem Herrscher wirklich nur Kyrus II., der König von Persien, gemeint, der dem Volk die Rückkehr nach Jerusalem erlaubte (Esra 1)? Oder deutet diese Bezeichnung auch auf Jesus Christus, der das Volk aus allen Nationen und Stämmen und Völkern und Sprachen zusammenführt (Offenbarung 7,9)?

> »Denn das Lamm, das in der Mitte auf dem Thron sitzt, wird ihr Hirte sein und für sie sorgen. Es wird sie zu den Quellen führen, aus denen das Wasser des Lebens strömt. Und Gott wird alle ihre Tränen abwischen.«
>
> *Offenbarung 7,17*

Nach dieser Verheißung sehnen sich die Christen und Christinnen seit Jesu Auferstehung. Wann das geschehen wird, wissen wir nicht. Selbst wenn viele Pastoren und Pastorinnen heute fest davon überzeugt sind, dass die Wiederkunft nahe bevorsteht, weil es im Gegensatz zu früheren Zeiten heute einen Staat Israel gibt und jeder durch das Internet die gute Botschaft hören kann, womit für sie zwei wichtige Voraussetzungen für Jesu Wiederkunft erfüllt sind.

Auch wenn wir uns also noch im Exil befinden, haben wir täglich die Möglichkeit, unsere Verantwortung für die gefallene Welt zu übernehmen, statt Gott für ihre Unvollkommenheit anzuklagen. Wir haben die Wahl, ob wir uns verführen lassen oder auf Gottes Wegen bleiben. Auch Adam und Eva hatten diese Wahl: »Es wird darum nie möglich sein, sich einfach auf den Teufel, der einen verführt hat, zu berufen, sondern dieser Teufel wird immer gerade dort sein, wo ich als Geschöpf Gottes in Gottes Welt hätte leben sollen und nicht leben wollte«[71], schreibt Bonhoeffer.

Wir müssen also nicht Gott vergeben, sondern uns, dass wir Gott – genauso wie Adam und Eva – für unsere Fehler verantwortlich gemacht haben.

Dem und der Nächsten vergeben

Dass Vergebung die psychische Gesundheit fördert, ist auch in der wissenschaftlich basierten Psychotherapie angekommen. Es gibt viele Studien, die deren positive Wirkung bestätigen.[72] Menschen, die Opfer von Trauma, Ungerechtigkeit und Lieblosigkeit wurden, erhalten durch die Vergebung die Möglichkeit, sich selbstwirksam von ihrer destruktiven Vergangenheit zu lösen.

Der Glaube kann dabei eine große Ressource sein. Er darf jedoch nicht dazu verwendet werden, moralischen Druck aufzubauen, nach dem Motto: »Wenn du nicht vergibst, bist du kein guter Christ und beim Jüngsten Gericht wirst du schon sehen, was du davon hast!« Vergebung ist ein Prozess, der länger dauern kann. Besonders dann, wenn Menschen oft erlebt haben, dass sie keine Wahl hatten, ohnmächtig waren und Gewalt über sich ergehen lassen mussten, brauchen sie die Erfahrung, dass sie selbst bestimmen, ob und wann sie vergeben wollen. An diesem Punkt werden viele Fehler gemacht.

Wie also kann Vergebung gelingen?

Der erste Schritt besteht immer darin, dass ich mich selbst liebevoll annehme. Nächstenliebe ist nur dann möglich, wenn ich mich selbst liebe. Deshalb steht das Verarbeiten und Klären der eigenen Gefühle an erster Stelle. Unpassende Glaubenssätze und Lösungsstrategien werden reflektiert und durch Verhaltensmuster ersetzt, die dem aktuellen erwachsenen Kontext entsprechen. Dann kann das Gewissen von allen Inhalten befreit werden, die dort nicht hingehören: Die gnadenlosen Richter werden entmachtet, die falschen Schuldsprüche aufgehoben. Fehler können bekannt und vor das Kreuz gebracht werden. Die Bitte um Vergebung und Segen für die Umkehr schafft Frieden im Herzen.

Erst dann kann ich mich den anderen zuwenden. Genau das bestätigt der Apostel Petrus: »Indem ihr der Wahrheit gehorsam gefolgt seid, habt ihr euch im Innersten gereinigt. Dadurch seid ihr fähig geworden, eure Brüder und Schwestern aufrichtig zu lieben« (1. Petrus 1,22; BB). Petrus schreibt, dass jeder Mensch sein Herz – sein Innerstes – ergründen soll. Wir müssen das Unkraut identifizieren, damit wir es entfernen und unser Acker Frucht bringen kann.

Wenn die Person, der wir vergeben wollen – sollen –, ein Familienmitglied ist, kann anschließend ein Perspektivwechsel hilfreich sein. Damit ist gemeint, dass wir »in den Mokassins des oder der anderen gehen«, um die Motivation seines oder ihres Handelns zu verstehen. Meist verletzen die Mitglieder unserer Familien uns nicht vorsätzlich, sondern versuchen ihr Bestes und scheitern an sich selbst oder an den Lebensumständen. (Wenn allerdings sexuelle Gewalt im Spiel war, gehe ich anders vor, siehe S. 198.)

Deshalb bitte ich meine Klientinnen und Klienten, ihre Familiengeschichte zu erforschen. Am besten ist es, mit den Betroffenen selbst zu sprechen. Die meisten erzählen gerne, wenn sie nach ihrer Vergangenheit befragt werden. Vorwürfe gehören nicht in solch ein Gespräch. Es geht diesmal nur darum, mein Gegenüber zu verstehen. Welche Überlebensstrategien nutzten Großeltern und Eltern, um ihr Leben zu bewältigen? Wenn diejenigen schon verstorben sind, finden sich meist Anverwandte oder Freunde und Freundinnen, die Auskunft geben können.

Für Deutsche ist das Dritte Reich besonders prägend. Auch wenn die Eltern zu jung waren, um aktiv am Krieg teilzunehmen, wurde in den Schulen und in der Hitlerjugend die nationalsozialistische Ideologie gelehrt. Ich glaube nicht, dass Nachkommen die Schuld ihrer Vorfahren bezahlen müssen (siehe auch Hesekiel 18,1-22) – und doch werden Glaubenssätze und Verhaltensmuster weitergegeben, die früher nötig waren, heute aber hinderlich sind.

Großmütter, die fliehen mussten, brauchten eine gewisse Härte, um sich und die Kinder durchzubringen. Denn gegen Bomben und feindliche Soldaten halfen weder Tränen noch Verzweiflung. Großväter durften ihrer Abscheu vor dem Krieg und vor dem Töten nicht nachgeben, wenn sie selbst überleben wollten. Sich selbst wahrzunehmen und authentisch und kongruent zu handeln, konnte schrecklich enden. So gewöhnten sich die Menschen daran, Gefühle nicht zu empfinden und nur das zu zeigen, was von ihnen erwartet wurde. Der Satz von Nietzsche: »Gelobt sei, was hart macht«, wurde zum Wahlspruch der Deutschen.

Nach dem Zusammenbruch des Dritten Reichs wurden die Menschen damit konfrontiert, einem gewissenlosen Psychopathen – dem Führer – vertraut zu haben. Die Scham und die überwältigende Schuld, nichts oder nicht genug gegen die Ermordung von sechs Millionen Juden und Jüdinnen und zahlreichen weiteren Opfern getan zu haben, wog so schwer, dass auch diese Gefühle beiseitegeschoben und nicht aufgearbeitet wurden. Fassade statt Authentizität, Rollenverhalten statt Kongruenz! Wie sollten so geprägte Menschen ihren Kindern das geben, was diese so dringend gebraucht hätten: in ihrem Sein wahrgenommen und bedingungslos geliebt zu werden? Es braucht nicht nur eine Generation, um die Folgen von Gewaltherrschaft und Krieg zu verarbeiten.

Das Verständnis um die Zusammenhänge führt häufig dazu, dass die erwachsenen Kinder ihren Eltern vergeben. Oft geschieht das zwischen den Therapiestunden, was mich besonders freut. Ich erkenne daran, dass der Impuls zur Vergebung wirklich aus dem Herzen meiner Klientinnen und Klienten entspringt. So können die alten Wunden wirklich heilen.

Anders verläuft der Vergebungsprozess bei traumatischen Erfahrungen, besonders aber bei den Opfern sexueller Gewalt. Ein Perspektivwechsel ist hier nicht angebracht. Es gibt keinen Grund, der sexuelle Gewalt gegenüber Kindern erklären, geschweige denn rechtfertigen könnte! Der Perspektivwechsel ermöglicht ja, dass die Beziehung von Opfer und Täter geheilt und fortgesetzt werden kann. Die Opfer sexueller Gewalt wollen das jedoch in den meisten Fällen nicht. Sie wollen denjenigen, der sie so tief greifend verletzt hat, nie wieder sehen. Nicht ohne Grund wird sexuelle Gewalt »Seelenmord« genannt!

Auch Erwachsene, die betrogen und verleumdet, wegen Nichtigkeiten vor Gericht gezerrt oder für Taten angezeigt wurden, die sie nicht begangen haben, wollen keinen Kontakt mehr zu den Verursachern oder Verursacherinnen. Aber auch diese Menschen können sich durch Vergebung von der Destruktivität der Vergangenheit befreien und ein wirklich neues Leben beginnen.

Was rät die Bibel in diesen Fällen?

Für Paulus sind Unzucht, Diebstahl, Habgier, Verleumdung und Betrug Gründe, um Menschen aus der Gemeinde auszuschließen. Sie haben ihren Platz in der Gemeinschaft verspielt. Als Außenstehende sind sie dem Gericht Gottes unterstellt (1. Korinther 6, 11-13). Dieses Beispiel können wir übernehmen. Die Opfer dürfen die Täter bewusst entlassen, denn mit ihrer Schuld haben sie das Recht auf Familienzugehörigkeit und Freundschaft verspielt. Damit werden die Täter zu Außenstehenden, die dem Gericht Gottes unterstellt sind. Gott ist ein gerechter Richter und er wird genau das Richtige tun. In diesem Wissen erfahren auch die Opfer Gerechtigkeit und Frieden.

Wie solch ein Prozess verlaufen kann, beschrieb eine Teilnehmerin meiner Ausbildungskurse, Friederike Bajohr-Schäfer, die mir gestattete, ihren Bericht in meinem Buch zu verwenden:

Als ich 45 Jahre alt war, brach meine geordnete Welt zusammen. Mein Mann und ich hatten sechs gesunde Kinder, waren 22 Jahre lang verheiratet und ich hätte behauptet, dass wir im Großen und Ganzen eine glückliche Ehe führen. Doch plötzlich stand dieser Mann nach einem längeren Auslandsaufenthalt mit verschränkten Armen vor mir und teilte mir mit, dass er nicht mehr mit mir zusammenleben wolle. Zuerst war mir der Ernst der Lage nicht bewusst. Erst als ich merkte, dass er jede Hilfe in Form von Beratung rigoros ablehnte, wurde mir klar, dass sein Entschluss schon länger feststand. Erst später merkte ich, dass eine andere Frau im Spiel war: meine Freundin, mit der ich meine Probleme besprach, die sie dann wiederum mit ihm, ihrem neuen Freund, besprach. Der Vertrauensbruch der beiden Menschen, denen ich so sehr vertraut hatte, verletzte mich außerordentlich.

Immer neue Fakten kamen ans Licht: Ich war schon seit langer Zeit auch in anderen Bereichen belogen bzw. falsch oder gar nicht informiert worden. Es folgten unangenehme Zeiten mit ausbleibendem Unterhalt, Einklagen des Umgangsrechts, Androhung des Sorgerechtsentzugs, Androhung von Gewalt und anderen unschönen Dingen. Meine Kinder erlitten nicht nur den Verlust ihres Vaters. Auch ihre Mutter war einige Monate lang nur noch körperlich anwesend.

Nach der Verzweiflung der ersten Zeit packte mich eine Riesenwut. Und dann ließen die gut gemeinten frommen Ratschläge nicht lange auf sich warten: »Du musst ihm vergeben!« Diese Forderung, die ich als Christin glaubte erfüllen zu müssen, stellte ich ja auch selbst an mich. Damit begann meine Suche nach dem gangbaren Weg der Vergebung.

Ich las, was der christliche und nichtchristliche Büchermarkt hergab. Von »Du musst es so oft sagen, bis du es wirklich fühlst« bis hin zu »Du musst es so oft beten, bis du es wirklich glaubst« war alles dabei. Mir kam das so vor, als würde ich aufgefordert, mich selbst zu manipulieren. Irgendwie war mir das zu einfach und zu billig. Wohin mit meiner Wut? Sie konnte doch nicht einfach im Nichts verschwinden und der, der mein Leben aus den Angeln gehoben hat, einfach so davonkommen.

Ich informierte mich, wie in unserem Rechtssystem mit Schuld und Strafe umgegangen wird: Zuerst findet eine Straftat statt. Das Opfer oder die Staatsanwältin erheben Anklage gegen den Täter. Im Gericht gibt es neben dem Angeklagten seinen Verteidiger und eine Richterin. Während der Verhandlung wird versucht, die Schuldfrage und die Schwere der Schuld zu klären. Am Ende erfolgt eine Verurteilung oder ein Freispruch. Manchmal gibt der Täter seine Schuld zu. Eventuell verringert das seine Strafe, niemals aber kommt er ungeschoren davon. Selbst der Verteidiger kann ihm die Strafe nicht abnehmen. Er ist nur dafür zuständig, ein möglichst geringes Strafmaß zu erwirken. Es besteht nicht die Möglichkeit, einem

reuigen Täter die Schuld zu erlassen. Das Rechtssystem würde sich lächerlich machen und das Opfer würde keine Genugtuung oder Entschädigung erfahren.
Dann suchte ich den biblischen Bezug: Wie geht Gott mit *meiner* Schuld um? Ich schaute mir die Situation im Gerichtssaal Gottes an. Auch hier gab es eine Angeklagte: mich höchstpersönlich. Ich stehe vor dem Thron des großen Richters, vor Gott selbst. Durch das Bekennen meiner Fehler klage ich mich selbst an. Meine Schuld steht fest und in seiner Heiligkeit ist Gott gezwungen, ein Urteil über mich zu sprechen. Die Bibel sagt mir, wie das lauten würde: Todesstrafe.
Der große Unterschied zu einem weltlichen Gericht ist, dass Jesus als mein Verteidiger vortritt und sagt: »Die Todesstrafe wurde am Kreuz ausgeführt. Sie darf nicht ein zweites Mal vollzogen werden. Diese Frau kann freigesprochen werden.« Ich erfahre Vergebung und Gnade. Mit dieser Schuld habe ich nichts mehr zu tun. Gott kümmert sich darum. Deshalb heißt der Richterstuhl Gottes *Gnadenthron*.
Danach wandte ich mich wieder der Verletzung zu, die mir mein Mann und seine neue Frau zugefügt hatten und die ich als Schuld und Straftat erlebte, auch wenn Ehebruch nach deutschem Recht nicht mehr als Straftat gilt. Dazu zog ich mich an einen ruhigen Ort zurück. In Gedanken stellte ich die Menschen, die an mir schuldig geworden waren, vor Gottes Richterstuhl. Ich klagte sie vor Gott an und sprach die Vorwürfe und Straftaten laut aus, damit ich sie einmal richtig hörte. Da gab es nichts zu beschönigen; was passiert ist, ist passiert. Wenn der andere schuldig geworden ist, ist er schuldig geworden, auch wenn er dafür vor Gericht nicht verurteilt wird, weil es in Deutschland nicht verboten ist, seine Frau und seine sechs Kinder zu verlassen. Er hat sein Versprechen mir und seinen Kindern gegenüber gebrochen.
Es ging mir vor Gottes Richterstuhl nicht darum, meinen Mann damit zu entschuldigen, dass es Probleme in seinem Leben gegeben hatte. Nein, ich nannte das, was geschehen war, laut und deutlich beim Namen. Auch mein Ärger und meine Verletzung durften und sollten dabei zum Ausdruck kommen. Als alles gesagt war, überließ ich den Täter Gott: »Ich lasse all diese Schuld des Täters bei dir, Gott. Ich will nichts mehr damit zu tun haben. Ich weiß, dass du dich jetzt darum kümmerst. Du sprichst über diese Anklagen Recht. Und ich gebe hiermit auch mein

Recht ab, Rache zu üben. Deshalb kann ich sagen: Ich vergebe dem Täter. Es ist nun deine Sache, Gott, ihn zu verurteilen. Ich habe kein Recht mehr dazu.«
Bei dieser Art der Anklage und Vergebung wird nicht einfach pauschal und undeutlich etwas vergeben, sondern die Schuld ganz klar benannt. So ist es in jedem Gerichtsverfahren. Und nichts anderes findet vor Gottes Thron statt. Und da Gott einen Gnadenthron hat, muss ich auch nicht beleidigt sein, wenn der Täter eines Tages von Gott Gnade erfährt. Dafür bin ich nicht verantwortlich. Ich darf frei von dem Wunsch der Rache und Rechtfertigung leben und auf Gottes Gerechtigkeit vertrauen. Das ist eine riesengroße und befreiende Gnade für mich.
Im Laufe der Zeit habe ich erfahren, dass mich dieser Mann noch in viel größerem Ausmaß betrogen hat. Jedes Mal ging ich damit vor den Thron Gottes, um befreit zu werden und nicht unter der Last der Wut zu leiden. Ich habe neun Jahre gebraucht, um diesen Weg zu gehen und ich hoffe, dass andere Verletzte durch meine Erfahrung einen kürzeren Heilungsweg erleben.

David rät uns in einem Psalm, unsere Sorgen vor den Herrn zu bringen (Psalm 55,23). Petrus wiederholt diese Aufforderung: »Überlasst all eure Sorgen Gott, denn er sorgt sich um alles, was euch betrifft« (1. Petrus 5,7). Überlassen wir also Gott alles, was uns überfordert und quält – in dem tiefen Vertrauen, dass er, der gerechte Richter, sowieso das letzte Wort hat.

Teil III

Befreit, Gottes Willen zu tun

Sie sind bis hierher mit mir einen langen Weg gegangen:

Sie haben reflektiert, wo Sie Gott an die Leine nehmen wollten, und erkannt, dass Sie ihm damit die Möglichkeit nehmen, segensreich in Ihrem Leben zu wirken.

Wenn Sie in einer christlichen Familie aufgewachsen sind, können Sie dankbar sein, dass Jesus schon so lange Teil Ihres Lebens ist. Und doch haben Sie vielleicht erkannt, dass nicht alles, was Ihnen als »christlicher« Wert vermittelt wurde, Jesu Liebe und Gnade widerspiegelt, sondern oft genug von Menschen für ihre eigenen Interessen missbraucht wurde.

Sie haben darüber nachgedacht, wie Sie als Kind die Bindung zu Ihren Eltern und Geschwistern erlebt haben. Sie haben verstanden, dass die Art der Bindung beeinflusst, wie Sie Ihre erwachsene Partnerschaft und ihre Beziehungen gestalten.

Vielleicht haben Sie sich mit Ihrer Mutter darüber unterhalten, wie diese Ihre Schwangerschaft und Geburt erlebt hat.

War es Ihnen in der Kindheit erlaubt, Wurzeln auszubilden und Flügel wachsen zu lassen? Oder wurde Ihnen klar, dass die Schwierigkeiten, die Sie heute in Ihrer Beziehung erleben, deshalb entstehen, weil Sie keine sichere Bindung zu Ihren Eltern entwickeln konnten und Gefühle von Ihrem Partner oder Ihrer Partnerin erwarten, die die Eltern hätten auslösen sollen?

Ihnen wurde klar, dass das, was Sie für selbstverständlich halten, nicht für jeden anderen Menschen genauso gilt. Sie haben verstanden, wie wichtig es ist, Ihre Erwartungen zu verbalisieren, statt wie ein Kleinkind die Erfüllung nicht geäußerter Bedürfnisse einzufordern.

Sie haben anschließend versucht, sich selbst auf die Schliche zu kommen, um herauszufinden, nach welchen unbewussten Regeln und Glaubenssätzen Sie heute noch handeln. Sie haben begriffen, wie viel Sie selbst dazu beitragen, dass sich das, worunter Sie in der Kindheit gelitten haben, auch in der Gegenwart ereignet. Und Ihnen ist klar geworden, dass das Wissen um die eigene Beteiligung an Problemen und Konflikten die Möglichkeit der Veränderung beinhaltet.

Schließlich haben Sie die Wirkweise von traumatischem Kontrollverlust verstanden. Sie haben erfasst, dass nicht nur die Seele, sondern auch der Körper auf das Triggern traumatischer Erlebnisse reagiert. Wenn Sie selbst betroffen sind, ist Ihnen klar geworden, dass die Verarbeitung von Traumaerfahrungen mithilfe von erfahrenen Traumabegleitern und -begleiterinnen leichter gelingt.

Zuletzt haben Sie sich mit Ihrem Gewissen auseinandergesetzt. Sie haben die gnadenlosen Richterinnen und rachsüchtigen Staatsanwälte als menschliche Stimmen identifiziert, die Sie mit ihren vernichtenden Urteilen davon abhalten, die Liebe und Gnade Gottes zu erfahren. Sie haben damit begonnen, sich selbst und Gott zu vergeben und setzen sich damit auseinander, denjenigen zu vergeben, bei denen Ihnen das bisher noch nicht gelungen ist.

Ich danke Ihnen, dass Sie sich auf diesen Weg eingelassen haben. Feiern Sie Ihre Erkenntnisse und seien Sie zufrieden mit dem, was Sie bisher umgesetzt haben. Glauben Sie nicht, dass Sie Gottes Willen erst dann umsetzen können, wenn Sie all diese Aufgaben perfekt gelöst haben! Es reicht vollkommen aus, dass Sie sich auf den Weg begeben. Gott sieht in unser Herz. Er weiß, wozu wir fähig sind und womit wir uns überfordern. Er wird uns dabei unterstützen, zu wirklichen Kindern des Lichts zu werden (Epheser 5,8).

Wenn wir so aktiv unseren Seelenacker bearbeiten, bekommt Gott immer mehr Spielraum, um die Gaben zu nutzen, die er uns geschenkt hat. Lassen Sie uns daher zum Abschluss gemeinsam reflektieren, wie er das tut, damit wir alle genau das tun können, was er für uns vorgesehen hat.

1.
Wie Gott unsere Gaben nutzt

Viele Christen und Christinnen setzen sich enorm unter Druck, um den Plan Gottes für ihr Leben zu erfüllen. Dabei können wir sicher sein, dass Gott schon dafür sorgt, dass wir das tun, wozu er uns vorgesehen hat. Dazu müssen wir nicht besonders begabt oder fromm sein. Selbst wenn uns körperliche oder geistige Fähigkeiten fehlen, wird er uns damit ausstatten. Die Bibel ist voll von Beispielen:

Josef hatte keine Ausbildung, die ihn dazu befähigte, sowohl das ägyptische als auch sein eigenes Volk vor dem Hungertod zu retten. Er war als Sklave nach Ägypten verkauft worden und hatte lange unschuldig im Gefängnis gesessen. Gott befähigte ihn, Träume zu deuten. Das tat Josef für den Pharao, er wurde der zweite Mann im Staat und rettete unzählige Menschen vor dem Hungertod. Ohne ihn gäbe es das Volk Israel nicht.

Auch Mose hatte sich nicht vorgenommen, sein Volk aus Ägypten zu führen. Im Gegenteil! Er war aus Ägypten geflohen, nachdem er einen Mann ermordet hatte, verlegte – wie man heute sagen würde – seinen Lebensmittelpunkt nach Midian und gründete dort eine Familie. Seinen Lebensunterhalt verdiente er als Hirte für die Herden seines Schwiegervaters. Als Gott ihn zu dem Dienst berief, den er für ihn vorgesehen hatte, war Mose weder entzückt darüber, Gottes Stimme zu hören, noch fand er dessen Plan für sein Leben attraktiv. Im Gegenteil! Er wehrte sich nach Leibeskräften und fand viele gute Argumente dagegen. Doch Gott hatte alles schon vorbereitet: Sein Bruder Aaron war auf dem Weg zu ihm, um ihn bei seinem Dienst zu unterstützen. Gott machte aus Mose, der einen Menschen ermordet hatte, den Retter seines Volkes und nannte ihn seinen Freund (2. Mose 33,11).

Der Schafhirte David stammte aus einer unbedeutenden Familie und war der jüngste Sohn – nicht die besten Voraussetzungen für eine politische Karriere. Gott wollte, dass er König wurde, und trotz heftigster Konflikte mit Saul wurde er es. Die Jünger, die Jesus wählte, waren einfache Fischer, Maria Magdalena befreite er von sieben Dämonen und sie war es, der er sich nach seiner Auferstehung als Erste offenbarte. Oder denken Sie an Saulus, der in böser Absicht nach Damaskus reiste, um dort Christen und Christinnen zu töten, ja auszurotten. Er hatte nicht geplant, stattdessen der wichtigste Missionar des Altertums zu werden. Gott wählte ihn trotzdem aus, Jesus erschien ihm in gleißendem Licht und offenbarte sich ihm. Das krempelte sein Leben um, er wurde zu Paulus, verbreitete die gute Nachricht und schrieb wunderbare Briefe.

Auch heute ermächtigt und befähigt Gott die Menschen, von denen er will, dass sie für ihn arbeiten. Mein Freund Armando Siewert, der seit vielen Jahren seinen Dienst als Prophet in vielen Pfingstgemeinden ausübt, erzählte mir von seiner Berufung. Er hatte keine Prophetenschule besucht, sondern viele Jahre lang ein unauffälliges Leben geführt, war zum Gottesdienst gegangen und hatte seine Familie ernährt. Plötzlich erinnerte er sich an eine Prophezeiung, die ihm vor vielen Jahren zugesprochen worden war. So sagte er zu Gott: »Wenn das immer noch gilt, dann tue bitte etwas.« Er bestürmte Gott nicht, fastete nicht und verrichtete auch sonst keine Rituale – in dem Vertrauen, dass es in Gottes Verantwortung lag, ihn zu befähigen.

Armando saß eines Tages wieder einmal im Gottesdienst, da wurde er plötzlich vom Heiligen Geist berührt und spürte eine übernatürliche Präsenz in sich. Er erkannte, dass es nicht seine eigenen Gedanken waren, die er in sich hörte, und fühlte sich herausgenommen aus seinem gewohnten Ich. Der Geist nahm Besitz von ihm, ergriff ihn und er spürte den Auftrag, die gehörten Gedanken auszusprechen. Dies wiederholte sich, als er in seinem Gebetskreis mit den Brüdern und Schwestern betete und ihnen die Hände auflegte. Worte kamen ihm in den Sinn, die er aussprach, ohne damit eine Wirkung zu beabsichtigen. Er tat es, weil der Geist ihn dazu befähigte. Erst als sich die Rückmeldungen häuften, er habe Dinge benannt, die die Menschen in ihrem Herzen bewegten, erkannte er seine Salbung zum Propheten. Obwohl er nicht danach gefragt hatte, schenkte ihm Gott diese besondere Gabe.

Armando ist es wichtig zu sagen, dass er nicht besonders vorbildlich oder fromm gelebt hatte. Gott wollte ihn und befähigte ihn. Es braucht weder eine besondere Atmosphäre noch besondere Rituale, damit Gott einen Menschen erwählt. Sollte Gott etwas unmöglich sein?

Auch ich erlebte eine Befähigung, als Gott mir vor vielen Jahren auftrug, Traumatherapeutin zu werden. »Vater, wie soll ich das machen?«, fragte ich. »Ich habe keine Ahnung von Traumatherapie. Du weißt, dass nur Ärzte und Psychologinnen zu solchen Fortbildungen zugelassen werden.« Er werde für alles sorgen, antwortete er mir, wenn ich dazu bereit sei. Natürlich erklärte ich mich bereit.

Ich machte mich auf die Suche nach Fachliteratur und verstand, warum es so wichtig gewesen war, fließend Englisch zu sprechen: Fachbücher über Traumatherapie gab es damals nur auf dem amerikanischen Markt. Ich traf die richtigen Menschen, die mir entscheidende Hinweise gaben, und mich suchten Klientinnen und Klienten auf, denen ich helfen konnte und die mir damit unschätzbare Erfahrungen ermöglichten. Auch meine eigenen traumatischen Erlebnisse halfen mir, das Phänomen zu verstehen.

2005 schrieb ich das Buch *Wenn die Seele verletzt ist: Trauma, Ursachen und Auswirkungen*, in dem ich meine Erkenntnisse und Erfahrungen zusammenfasste. Um das Buch herauszubringen, gründete ich einen eigenen Verlag, denn kein psychotherapeutischer oder medizinischer Verlag wollte ein Buch über Traumatherapie veröffentlichen, das »nur« von einer Pädagogin und Heilpraktikerin für Psychotherapie verfasst worden war. Auch ohne Werbung – dafür fehlte mir das Geld – wurde das Buch bekannt. Noch heute bekomme ich Zuschriften von Leserinnen und Lesern, deren Inhalt ganz ähnlich ist: »Sie haben dieses Buch über mich geschrieben! Endlich weiß ich, was mit mir los ist.« Durch Gottes Führung hatte ich alles bekommen, was ich brauchte, um zu erfüllen, was er von mir wollte.

Jede und jeder von uns wird mit Fähigkeiten geboren. Diese Fähigkeiten nutzt Gott, denn sonst hätte er uns nicht damit ausgestattet. Auch wenn in manchen Gemeinden bestimmte Fähigkeiten – wie prophetisches Reden und Sprachenrede – höher bewertet werden als andere Gaben und wir diese nicht haben, dürfen wir Gott vertrauen. Offensichtlich braucht er uns an anderer Stelle.

Die Liebe ist das höchste Ziel (1. Korinther 14,1) und lieben können wir, auch wenn wir weder prophetische Einsichten haben noch in Zungen sprechen. Das Wirken des Heiligen Geistes kann sich in jeder Fähigkeit zeigen, die Gott uns zugedacht hat. Das Bewusstsein, dass er es ist, der uns damit ausgestattet hat und sich daran freut, dass wir unser Licht zu seiner Ehre leuchten lassen (Matthäus 5,16), gibt ihm die Möglichkeit, sich in unserem Wirken zu offenbaren. Wir müssen nicht besonders sein, denn Gott, der durch uns wirkt, kann uns dafür einsetzen, dass etwas Besonderes geschieht (1. Korinther 15,10).

2.
Woran wir erkennen, dass wir Gottes Willen erfüllen

Ich betone es noch einmal: Gott hat ein Interesse daran, dass sich das, was er für uns vorgesehen hat, tatsächlich erfüllt. Und auch ohne eine besondere Berufung erlebt zu haben, können wir Gottes Willen überall dort tun, wo wir uns gerade befinden.

Nicht jeder gläubige Mensch ist zum missionarischen Dienst bestimmt und eine Gemeinde kann nicht nur aus Pastoren bestehen. Ganz gleich, in welchem Kontext wir uns befinden mögen, tun wir Gottes Willen, indem wir die Werte umsetzen, die er uns in seinem Wort vermittelt hat. Ob ich als Lageristin mit innerer Freude die Regale auffülle oder, wie ein Freund es tut, die Arbeit am Fließband genieße, weil ich dabei in Ruhe beten kann, ob ich meine Kinder erziehe oder als Führungskraft in einem Wirtschaftsunternehmen wertschätzend mit meinen Mitarbeitenden umgehe: Als Christen und Christinnen sollten wir daran zu erkennen sein, dass wir ein aufrichtiges Leben führen, ganz gleich, wo wir uns befinden.

Viele von uns sehnen sich jedoch nach einer besonderen Berufung. Sie wollen, dass Gott direkt zu ihnen spricht, und einige haben das auch erlebt. In vielen Anleitungen zum Gebet finden wir daher die Aufforderung, keine »Wunschzettel« zu verlesen, sondern still zu sein, damit Gott zu uns sprechen kann. Und so wird dem, was wir im Gebet hören, oft sehr große Bedeutung beigemessen. Wenn wir glauben, etwas gehört zu haben, rate ich dazu, das Gehörte im Herzen zu bewegen und darüber nachzudenken (wie Maria, siehe Lukas 2,19). Wenn es wirklich Gottes Wille ist, werden Impulse von außen kommen, die das Gehörte bestätigen und verstärken.

Es passiert aber auch, dass Gott sich plötzlich und unerwartet in unser Leben einmischt: in Situationen, in denen wir nicht mit seiner Gegenwart rechnen, im Zug, im Traum, beim Zeitunglesen oder mitten in einem Seminar. Für mich sind solche Situationen besonders eindrücklich, weil ich mir dann sicher bin, dass es wirklich Gott ist, der etwas von mir will. Die überwältigende Liebe, die mich in solchen Augenblicken durchströmt, ist nichts, was ich selbst auslösen könnte.

Zuweilen hören Christen und Christinnen im Gebet Aufforderungen, die das gesamte Leben umkrempeln würden. Solche Impulse sollten wir prüfen: War es wirklich Gott, der zu mir gesprochen hat, oder war es mein eigener Wunsch, meinen aktuellen Lebensumständen zu entfliehen? Wie geht es den Menschen, die mein Leben teilen, mit dieser meiner Entscheidung? Junge ungebundene Frauen und Männer haben andere Lebensumstände als Familienväter und -mütter. Ich habe nie erlebt, dass die Umsetzung von Gottes Willen Familien zerstört und Kinder zurücklässt. In der Bergpredigt lehrt uns Jesus, dass wir uns nicht sorgen sollen, weil Gott weiß, was wir brauchen (Matthäus 6,25). Das gilt nicht nur für uns, sondern auch für die Menschen, mit denen wir unser Leben teilen. Die Umsetzung von Gottes Willen ist also immer für alle segensreich.

Wenn das, was wir im Gebet hören, wirklich sein Wille ist, wird sein Auftrag in unser Leben passen, auch wenn er uns ans andere Ende der Welt schickt. Entweder haben wir die Fähigkeiten, die wir brauchen, um den Dienst auszuführen, oder er schickt uns Leute, die uns dabei unterstützen. Seine Befähigung wirkt jedoch nicht so, dass aus einem eher unmusikalischen Menschen plötzlich ein Geigenvirtuose wird. Das Leben hat uns bereits auf die Aufgabe vorbereitet. Die grundsätzlichen Eigenschaften sind vorhanden. Gott sorgt dafür, dass wir sie entwickeln können.

Oft bestätigen Impulse, die ungefragt von außen kommen, die grundsätzliche Richtung. Das erlebten wir in Oberammergau, wo mein Mann und ich nach einer neuen Weihnachtskrippe suchten. Dort gibt es viele Geschäfte, die Krippen anbieten, doch entweder waren diese unbezahlbar oder von einer Qualität, die uns nicht überzeugte. Zuletzt blieb noch ein Laden übrig, in dem wir noch nicht gesucht hatten, und obwohl wir kaum noch davon überzeugt waren, »unsere« Krippe zu finden, gingen wir hinein.

Das Besondere an dieser Geschichte ist nicht, dass wir schließlich fündig wurden. Es besteht darin, dass wir nach langem Suchen genau zu diesem Zeitpunkt an der Kasse standen und uns angeregt über Jesus unterhielten, als ein Mann den Laden betrat. Dieser gesellte sich zu uns, mischte sich in das Gespräch ein und bald sprachen wir darüber, wie die Kombination von Therapie und Seelsorge Heilung und Frieden ermöglichen konnte. Der Mann erbat unsere Kontaktdaten.

Wenig später erhielten wir eine E-Mail. Es war unser neuer Bekannter aus dem Laden. Er erzählte, dass er verstanden habe, warum er auf seinem Weg nach Oberammergau stundenlang im Stau gestanden habe. Jetzt sei er davon überzeugt, dass Gott ihn so lange aufgehalten hatte, damit er uns treffen konnte. Er berichtete, dass er eine schwere Ehekrise erlebte und alle Hoffnung aufgegeben hatte, eine gute Lösung zu finden. Durch unser Gespräch habe er wieder Zuversicht gewonnen und auch seine Frau sei plötzlich bereit zu einer Paartherapie. Er fühle sich getröstet und gestärkt.

Gott sorgt dafür, dass von außen Impulse kommen, die uns bestätigen, dass wir auf dem richtigen Weg sind. Ich bin mir sicher, dass auch Sie Zeugnis von solchen Erlebnissen geben können.

Das heißt nicht, dass es keine Probleme gibt, wenn wir Gottes Willen tun. Unterscheiden Sie jedoch die Schwierigkeiten, die Sie selbst verursachen, von denen, die eine Korrektur der eingeschlagenen Richtung erfordern.

Mir ging es so, dass, obwohl ich den klaren Auftrag von Gott hatte, als Therapeutin zu arbeiten, es eine Zeit in meiner Praxis gab, in der die Aufträge ausblieben. Ich machte mir Sorgen, ängstigte mich um all die Dinge, um die wir uns keine Sorgen machen sollten. Eins hatte ich jedoch vollkommen vergessen: Ich versuchte, selbst für mein Leben zu sorgen, anstatt auf Gottes Gnade zu vertrauen.

Genau zu diesem Zeitpunkt bekam ich ein Angebot auf eine hoch bezahlte Stelle in der Wirtschaft. Dafür hätte ich meinen Wohnort aufgeben und meine Praxis schließen müssen. Ich stellte mich vor und sah mir das Unternehmen an, das sich für mich interessierte. Zwei Tage später unterrichtete ich eine christliche Gruppe auf einer Konferenz in Marburg. Plötzlich hörte ich in mir eine Stimme, die klar und deutlich sagte: »Du bist genau da, wo ich dich haben will!« Ich war überwältigt und verstand, dass ich Gott die Leitung meiner Praxis und die Akquise für meine Ausbildungen überlassen konnte. Ich sagte den Job in der Wirtschaft ab und fuhr in den Urlaub, ohne mich um die Werbung für meine Seminare zu kümmern. Ich hatte verstanden, dass es Gottes Seminare waren und damit seine Aufgabe, sie entweder mit Menschen zu füllen oder ausfallen zu lassen. Nach meiner Rückkehr aus dem Urlaub war die Ausbildung tatsächlich ausgebucht. Ohne mein Zutun, ohne meine Sorgen, hatte Gott dafür gesorgt, dass »sein Seminar« stattfinden konnte.

Zuweilen erleben wir jedoch, dass Projekte, die von Gott inspiriert zu sein schienen, plötzlich scheitern, obwohl sich alles zunächst gut entwickelt hatte. Es gibt nicht auf alles eine Antwort. Aber meiner Erfahrung nach geschieht das häufig, wenn mehrere

Personen oder Personengruppen beteiligt sind. Es genügt, dass eine Person mit Leitungsfunktion oder eine Gruppe mit ausreichend Mitgliedern die eingeschlagene Richtung verlässt und andere Ziele verfolgt. Sicher haben auch Sie solche Situationen erlebt und wahrscheinlich waren auch Sie enttäuscht und traurig.

Gott respektiert den freien Willen eines jeden Menschen. Unsere Vorfahren haben entschieden, selbst über Gut und Böse zu entscheiden. Mit den Risiken und Nebenwirkungen müssen wir heute noch leben. Doch wenn wir uns von unserer Enttäuschung erholt haben, werden wir erkennen, dass Gott neue Türen für uns geöffnet hat. Diejenigen, die sich führen lassen wollen, werden seine Führung erkennen. Wenn wir aber vergessen, dass Gott unsere Bedürfnisse kennt, versuchen wir, die Probleme selbst zu lösen, statt uns dabei auf ihn zu verlassen. Das heißt jedoch nicht, dass wir uns zurücklehnen und nichts tun sollen. Nein, wir schaffen die Voraussetzungen dafür, dass das Werk gelingen kann.

Dieses ganze Buch handelt davon, wie Sie diese Voraussetzungen verbessern können. Sie haben damit begonnen, in Ihrer Seele Prägungen und Glaubenssätze von dem Menschen zu unterscheiden, den Gott beabsichtigte, als er Sie geschaffen hat, damit Ihr Seelenacker reiche Frucht tragen kann und Sie seinem Willen näher kommen.

Sie können aber noch mehr tun: Wir sind aufgerufen, unseren Glauben tätig zu leben (Jakobus 1,22). Wie unser Dekan, Dr. Martin Hauff, in einer Predigt ausführte, will der Glaube »eingeübt werden«.[73] Das bedeutet, dass wir Gottesdienste besuchen und uns am Gemeindeleben beteiligen. Es bedeutet aber auch, dass wir uns mit den »Inhalten und Themen des Glaubens« auseinandersetzen. In der Bibel finden wir nur dann Antworten auf unsere Fragen, wenn wir uns mit ihr beschäftigen. Dann erleben wir, was Martin Hauff mit dem Schlusssatz seiner Predigt ausspricht:

»Glauben aber heißt erkennen, dass die Aufgabe, die vor uns liegt, nie so groß ist wie die Kraft, die hinter uns steht.«[74]

In diesem Sinne wünsche ich Ihnen von Herzen Gottes reichen Segen für Ihr Leben und Ihre Aufgaben!

Interview mit Elke Werner

»Wie erkennst du eigentlich, dass du Gottes Willen tust?«, fragte ich Elke Werner auf einem Spaziergang durch die Jerusalemer Altstadt. »Denn ich schreibe ein Buch über dieses Thema und du bist mir ein Vorbild, weil du so viel im Dienste Jesu unterwegs bist und warst. Sicher hast du dir als junges Mädchen nicht vorgenommen, eine Gemeinde wie den Christus-Treff Marburg mitzugründen und viele Jahre lang zu leiten. Magst du mir davon erzählen?« Elke blieb stehen und ich sah, dass sie nachdachte. »Das ist ein spannendes Thema«, sagte sie. »Dann schieß mal los mit deinen Fragen.« Und das tat ich.

Bist du in einer christlichen Familie aufgewachsen? Wie hat dich das geprägt? Ich kenne aus deinen Predigten nur deine Oma und ihre Fürbittenliste.

Meine Familie ging regelmäßig in den Gottesdienst, nämlich einmal im Jahr an Weihnachten. Ich jedoch liebte den Kindergottesdienst am Sonntagmorgen, der damals nach dem Erwachsenengottesdienst in der großen Kirche stattfand und mit fast hundert Kindern sehr gut besucht war. Und du hast es erwähnt: Meine Oma war Christin, hat jeden Morgen und Abend ihre Andacht gelesen und für alle Familienmitglieder gebetet. Dafür hatte sie stets eine aktuelle Namensliste neben ihrem Bett liegen. Meine Eltern selbst waren »nur« christlich geprägt, aber nicht aktiv in eine Gemeinde eingebunden.

Wann und wie hast du bemerkt, dass Gott dich in seinen Dienst beruft? Und wie bist du mit inneren und äußeren Widerständen umgegangen?

Eine natürliche Gabe habe ich schon früh im Leben entdeckt: die Gabe der Leiterschaft. In den Sechzigerjahren wohnte ich in Duisburg-Meiderich in einer Straße, in der die Schäden der heftigen Bombardements des Ruhrgebiets deutlich sichtbar waren. Unser Nachbargrundstück sowie eins auf der anderen Straßenseite waren noch nicht wieder bebaut und so konnten wir auf den Trümmergrundstücken spielen. In diesem Gebiet war ich schon als Kind die Anführerin der Mädchen der ganzen Straße.

Dass Gott meine Leitungsgabe auch im geistlichen Dienst gebrauchen würde, hat sich erst im Laufe der Jahre gezeigt. Als Frau in der christlichen Welt eine Leitungsfunktion wahrzunehmen – das war damals gar nicht so leicht. Viele Aufgaben waren – und sind es leider bis heute in manchen Kreisen – den Vertretern des männlichen Geschlechts vorbehalten. Meine Begabung zur Evangelisation hingegen konnte ich immer schon ausleben. Ob im persönlichen Gespräch oder in der Verkündigung, mir standen viele Wege offen.

Widerstände gegen meine Berufung habe ich kaum erlebt. Ich habe sie immer da ausgelebt, wo sie erwünscht war, und mir nie eine Position oder ein Amt erbeten oder erkämpft. Da habe ich ganz Gott vertraut, dass er mich zu seiner Zeit an der richtigen Stelle einsetzt.

Wozu hat dich Gott befähigt? Gab es Aufgaben, die du dir selbst nicht zugetraut hättest, wenn Gott dich nicht an die Hand genommen hätte?

Ich rede wie gesagt gerne über meinen Glauben an Jesus und wünsche mir, dass viele Menschen eine lebendige Beziehung zu ihm finden. Doch öffentlich in einer Großveranstaltung zu predigen? Das schien mir am Anfang doch eher eine Aufgabe für Männer zu sein.

Vor mehr als dreißig Jahren stand ich dann in der Küche und schälte Kartoffeln, als das Telefon klingelte. Auf dem Weg von der Küche zum Telefon hörte ich eine innere Stimme, die mir sagte: »Sie werden dich fragen, ob du bei einer Evangelisation sprechen willst. Du musst Ja sagen.« Schnell schob ich diesen merkwürdigen Gedanken beiseite und nahm den Hörer ab:

»Hier ist XY aus Z. Wir führen gerade eine Evangelisation durch.« Da setzte ich mich schon mal hin. »Und unser Referent ist spontan ins Krankenhaus eingeliefert worden. Da haben wir uns gefragt, ob Sie vielleicht …« Oje. »Oder auch Ihr Mann …« Wie gut, der macht das bestimmt gerne! Der kann das! »Aber nein, eigentlich wollten wir Sie bitten …« Nun war klar, ich muss Ja sagen.

Und so kam es, dass ich meine erste Evangelisation in einer kleinen Stadt durchführte – mit Zittern und Zagen. Damals ahnte ich noch nicht, dass ich Jahre später bei proChrist 2018 in Leipzig eine der beiden Verkündiger sein würde. Zugetraut habe ich mir das nie, ob klein oder groß. Aber Gott wollte wohl, dass ich ihm vertraue und nicht mir selbst.

Welche Aufgabe würdest du die wichtigste in deinem Leben nennen? Die Gründung des Christus-Treff, die Mission im Sudan, die Befähigung anderer Frauen …?

Mein Lebensmotto in Anlehnung an Prediger 9,10 war viele Jahre lang: »Alles, was dir vor die Hände kommt, das tue mit aller deiner Kraft.« Das hieß für mich, dass viele ganz unterschiedliche Aufgaben jeweils meine volle Aufmerksamkeit bekamen. Sei es die Leitung des Christus-Treff Marburg (im Team mit anderen), die Mitarbeit in Gremien, die Ermutigung von Frauen weltweit, sei es Verkündigung, Bauplanung oder Betreuung oder auch Auslandsaufenthalte, Seelsorge oder Gästebewirtung – alles war und ist für mich ein Auftrag Gottes und bedarf großer Sorgfalt und meines ganzen Einsatzes.

Wo hast du erlebt, dass Gott Dinge ermöglicht, die eigentlich unmöglich waren?

Immer wieder hat Gott Dinge ermöglicht, die eigentlich unmöglich erschienen – jedenfalls menschlich gesehen. So konnten wir als Christus-Treff das ehemalige Kurhotel in Marburg kaufen und für die Gemeinde und zum gemeinsamen Wohnen von fast vierzig Menschen umbauen. Geld hatten wir damals keines, aber Gott hat immer das gegeben, was wir gerade brauchten. Ganz persönlich war ich schon zweimal an Krebs erkrankt und habe beide Male erlebt, dass Gott meine Gesundheit wiederhergestellt hat – durch Chemotherapie, Operation und Gebet. Dafür bin ich sehr dankbar.

Wie hast du in deinem Leben erkannt, ob eine Idee Gottes Willen entsprach – oder eben nicht?

Mein Mann und ich haben viele gute Ideen und denken uns sehr schnell in Projekte und neue Aufgaben hinein. Ich bin sehr froh, dass wir Gott vertrauen können, dass er uns führt. So ist mancher Traum geplatzt, weil die Umstände sich nicht so ergeben haben, wie wir dachten.

Bei allen Schritten in eine bestimmte Richtung, ob nur gedanklich oder auch schon in Beratungen und Vor-Sondierungen, beten wir immer um klare Wegweisung Gottes. Zusammentreffen müssen dann ein innerer Friede, guter Rat und Ermutigung von Außenstehenden, die nicht Teil des Projekts sind oder sein werden und eine auch real offene Tür durch ganz konkrete Möglichkeiten. Dann schlagen wir den neuen Weg ein und betreten mutig neues Land. Ein inneres Gefühl allein reicht meiner Erfahrung nach nicht aus.

Wie bist du damit umgegangen, wenn ein Gebet nicht erhört wurde? Hast du erlebt, dass Gott trotzdem etwas Gutes aus der Situation macht?

Es gab in meinem Leben viele Gebete, die nicht so erhört wurden, wie ich es mir vorgestellt habe. So habe ich öfter für Menschen gebetet, die gefährliche Wege eingeschlagen hatten, dass Gott sie doch bitte davon abbringen solle. Es ist nicht passiert. Auch für kranke Menschen habe ich mit viel Glauben gebetet und sie sind dennoch nicht gesund geworden.

Ich finde das normal. Ich darf als Kind meinen himmlischen Vater um alles bitten. Ganz kindlich und von meinen eigenen Motiven und Wünschen gefärbt. Aber ich darf ihm auch gleichzeitig vertrauen und will ihm zugestehen, dass er die Dinge anders erhört als von mir vorgeschlagen.

Und ich weiß dann auch, dass seine Wege immer besser sind als meine. Er hat einen Überblick, den ich nie haben werde. Er sieht schon jetzt das, was noch in der Zukunft verborgen liegt. Dennoch glaube ich, dass ein Gebet niemals umsonst ist oder unerhört bleibt. Gott hört meine Gebete. Aber er ist weise genug, nicht alle meine Wünsche zu erfüllen.

»Ich danke dir«, antwortete ich beeindruckt, denn Elke ist zwar eine berührende Predigerin und Autorin vieler Bücher, aber in ihrer Bescheidenheit ist ihr vollkommen klar, dass es Gott ist, der durch sie wirkt.

»Kannst du mir noch sagen, wie du Gottes Führung in deinem Leben erlebt hast und erlebst?«, fragte ich schließlich. Sie lächelte. »Das ist eine längere Geschichte«, sagte sie. »Die Antwort schreibe ich auf.« Hier ist sie:

Gottes Führung in meinem Leben – Elke Werner

Was waren das noch für Zeiten, als ich samstagsmorgens mit einem handgeschriebenen Zettel auf dem Schoß durch unser schönes Land fuhr, um pünktlich an einem entlegenen Ort oder mitten in einer Großstadt zu einem Frühstückstreffen für Frauen anzukommen. Oft waren die Angaben unvollständig und verwirrend und ich habe mich so manches Mal verfahren. Wie viel leichter ist es heute, mit einem Navi unterwegs zu sein! Ich gebe das Ziel ein und folge den Anweisungen.

Doch diese Erinnerung an meine Fahrten in unbekannte Orte und das Bild vom Unterwegssein kamen mir in den Sinn, als ich über Gottes Führung in meinem Leben nachdachte. Und so nehme ich Sie jetzt mit auf meine Lebensreise – in der Hoffnung, dass Sie darin Ermutigung für Ihren eigenen Lebensweg finden.

Unterwegs auf der Lebensbahn

Im Bild gesprochen sind wir alle auf einer großen Fahrt durch das Leben. Es existiert eine Landkarte – die Bibel. Sie zu studieren hilft uns, den Überblick zu behalten. Doch im Alltag brauche ich ein Navi, das mir an den entscheidenden Stellen deutlich zeigt, welchen Weg ich gehen soll. Dieses Navi ist für mich der Heilige Geist, der seit meiner Entscheidung für ein Leben mit Jesus in mir lebt und zu mir spricht. So bin ich auf meiner Lebensreise nicht allein unterwegs, sondern erfahre in guten und in schweren Zeiten, dass Gott mich führt. Hier ein kleiner Einblick und Rückblick, wie ich die Führung Gottes erleben durfte.

Das richtige Ziel eingeben

So begann meine Fahrt – an mir unbekannte und neue Orte: Ich gab zuerst das Ziel meiner Reise ins Navi ein. Als ich mich mit siebzehn Jahren entschieden habe, Jesus mein Leben anzuvertrauen, tat ich genau das: Ich setzte mir ein neues Ziel fest. Mein Ziel war, in allen Dingen Gottes Willen zu tun. Seit dieses Ziel feststeht, führt mich das Lebensnavi – welches ich nun bewusst Heiligen Geist nenne – Schritt für Schritt auf dieses Ziel zu. Ich muss unterwegs nur auf seine Stimme hören und an den entscheidenden Stellen seinen Anweisungen folgen, dann kann ich sicher sein, gut am Ziel anzukommen.

Umwege gehören dazu

Wie oft war ich unterwegs und meinte, an manchen Wegkreuzungen eine Abkürzung zu kennen oder einen besseren Weg zu finden als den, den Gott mir vorschlug. Dann waren Umwege vorprogrammiert. Doch für Gott ist das nicht das Problem, denn er kann mich durch Vergebung und Neuanfänge auch von anderen Wegen immer wieder auf den richtigen zurückführen.

Die Anweisungen des Navis hören

Wenn das Ziel stimmt, gibt Gott mir auf meiner Lebensreise immer wieder ganz konkrete Anweisungen. Die meisten erhielt ich aus seinem Wort, der Bibel. Dort finde ich die Gebrauchsanweisung für ein gutes Leben (die Zehn Gebote) sowie Gottes Zusagen und Verheißungen, die mich korrigieren und ermutigen. Selten habe ich Gottes Stimme direkt gehört. Von einer Erfahrung berichte ich im nachfolgenden Interview. Da brauchte ich das direkte Reden Gottes, sonst hätte ich mich dieser Herausforderung niemals gestellt.

Baustellen

Je öfter man auf deutschen Autobahnen unterwegs ist, desto mehr Baustellen lernt man kennen. Überall wird gebaut, manchmal schon jahrelang an derselben Stelle. Oft steht man im Stau oder fährt im Schneckentempo weiter. Baustellen halten auf, ärgern uns, verlangsamen unser Tempo. Sie sind aber wichtig, damit wir auch in Zukunft sicher unterwegs sein können. Gerade bei der Reparatur von maroden Brücken leuchtet das ein.

In meinem Leben gar es immer wieder Baustellen. So musste ich zum Beispiel mit Gottes Hilfe brüchig gewordene Beziehungen reparieren und durch Verletzungen entstandene »Schlaglöcher« mithilfe der Vergebung wieder auffüllen. Gerade im gemeinsamen Leben treten solche Schäden schnell auf. Ich habe viele Teams geleitet und war in verschiedensten Vorständen im In- und Ausland. Egal in welcher Verantwortung ich war, ich stellte immer wieder fest: Jeder Mensch bringt seine eigenen Baustellen mit ins Team und fordert damit alle anderen heraus. Natürlich waren und sind meine Baustellen genauso hinderlich und beschwerlich für die anderen wie ihre für mich. Dennoch sehe ich es als Chance, durch andere meine eigenen Mängel festzustellen und so weit wie möglich zu beheben.

Meine persönlichen Baustellen sind oft die Krankheitszeiten gewesen. Gott hat mich immer wieder in solche Krisen kommen lassen. Ich hatte zweimal Krebs, sieben größere Operationen liegen hinter mir. In der Tiefe und der Not, in Schmerzen und der Frage nach dem Warum erlebte ich Gottes Führung. Doch auch diese Zeiten habe mich nicht vom Ziel abgebracht, sondern noch klarer sehen lassen, wohin ich unterwegs bin: Ich werde eines Tages vor Jesus stehen und ihn sehen! Was für ein wunderbares Ziel. Hinzu kommt die Erfahrung, dass Gott gerade in solchen Zeiten nur ein Gebet weit entfernt ist.

Auf der Überholspur

Vor Jahren hatte ich mal einen Leihwagen gemietet, der sehr schnell fuhr. Als ich meinem Mann stolz erzählte, wie schnell ich gefahren war, staunte er nicht schlecht. Unser altes Auto hätte das nicht geschafft. Wenn man auf der Überholspur unterwegs ist, muss man extrem schnell reagieren können und die Reaktionen und Aktionen der anderen Verkehrsteilnehmer und -teilnehmerinnen gut im Blick halten.

In meinem Leben gab es Phasen, in denen mehrere Entscheidungen in kürzester Zeit getroffen werden mussten. Da hat man das Gefühl, dass gerade alles viel zu schnell geht. So zum Beispiel, als wir 1993 als kleine Gruppe von jungen Christen und Christinnen das Angebot bekamen, ein Haus in Jerusalem zu mieten und als kleinen Pilgerort zu betreiben. Im selben Jahr konnten wir auch das ehemalige Kurhotel in Marburg kaufen und es zum Wohnort Gemeindehaus für den Christus-Treff umbauen. Beides große Glaubensschritte, denn das Geld, das wir dazu brauchten, hatten wir noch nicht. Quasi über Nacht war ich für die Umbauten im Kurhotel zuständig und lernte ständig dazu.

Aus heutiger Sicht fragt man sich, ob das nicht zu viel auf einmal war. Aber Gott hat es so geführt und ohne dieses Haus ist unsere Arbeit heute gar nicht mehr vorstellbar. Manchmal macht Gott Tempo und wir müssen schnell und voller Vertrauen die Möglichkeiten ergreifen, die er gibt. Er hat den Überblick und wird uns bei aller Herausforderung sicher nicht überfordern.

Gottes Timing

Immer wieder habe ich erlebt, dass Gott mich bis auf die Minute genau an einen Ort bringt, an dem er etwas für mich zu tun hat. So fuhr ich letztens mit dem Auto zum Einkaufen und egal vor welchem Geschäft ich auch anhalten wollte, eine innere Stimme (oder besser gesagt ein Gefühl) ließ es nicht zu. Also fuhr ich in ein weiter entferntes Geschäft und stieg dort aus dem Auto aus. Direkt neben mir hörte ich dann: »Ach, Elke! Wie gut, dass du gerade hier bist!«, und schon sprudelte es aus einer Frau heraus, die vor längerer Zeit mal in unserer Gemeinde war. Das längere Gespräch endete mit einer herzlichen Umarmung. Zur richtigen Zeit am richtigen Ort.

Genauso ging es mir 1993, als ich mit Roland bei einem älteren Ehepaar in Holland ein paar Tage Urlaub machte. Zur gleichen Zeit fand in Amsterdam ein Weltkongress für Evangelisten und Evangelistinnen statt, zu dem nur geladene Gäste zugelassen waren. Unser Gastgeber hatte jedoch Karten erhalten und nahm uns für einen Tag auf die Konferenz mit, die von Billy Graham veranstaltet wurde. Wir waren glücklich. Ich besuchte ein Seminar, mein Mann ein anderes. Plötzlich kam Roland zu mir in den Raum und holte mich raus. Er hatte im Flur meine ägyptische Bekannte – eine Professorin aus Kairo – getroffen, die mich unbedingt sehen wollte. Mary und ich hatten genau zehn Minuten gemeinsame Zeit auf dieser Konferenz, die 3 800 Teilnehmende hatte. Sie war auf dem Weg zu einem Tagesausflug, ich kam gerade erst an. In diesen paar Minuten hat Gott unseren Kontakt hergestellt und wir konnten in kürzester Zeit einen gemeinsamen Einsatz im folgenden Jahr planen. Wir verabredeten, dass ich mit einer kleinen Theatergruppe kommen und in mehreren Orten in Ägypten unterwegs sein würde. Mary würde uns in Kairo helfen und die Texte ins Arabische übersetzen. Zehn gemeinsame Minuten und wir fanden uns – wie die Nadel im Heuhaufen. Gottes Führung und sein Timing sind perfekt.

Stille

Bin ich auf dem richtigen Weg, schweigt das Navi. Solange keine Änderung ansteht, bleibt es stumm, manchmal für viele Kilometer. Dann vertraue ich, dass zur richtigen Zeit eine neue Anweisung kommt.

Im Alltag heißt das, dass es viele Phasen des Lebens gibt, wo Gott gar nicht auf besondere Weise redet. Das bedeutet, ich bin auf dem richtigen Weg und den soll ich mit voller Kraft weitergehen. Ich muss in vielen Bereichen meines Lebens keine erneute Bestätigung erhalten, um weiterzugehen. Zum Beispiel habe ich mich für einen Menschen als meinen Ehemann entschieden. Das muss Gott nicht immer wieder bestätigen. Ich habe eine Gemeinde, in die ich mich einbringe. Solange keine neue Anweisung kommt, bleibe ich auf diesem Weg. Das Schweigen Gottes ist keine Strafe. Es kann Ausdruck seiner Zufriedenheit mit mir sein. »Alles okay, mach einfach weiter« ist dann die Devise.

Dankbarkeit für die Lebensreise

Ich bin Gott dankbar für seine Führung. Ob auf der Landstraße des Lebens mit ihren vielen Kurven – und damit meine ich den ganz normalen Alltag mit Haushalt, Familien- und Gemeindeleben – oder auf der Autobahn der besonderen Erlebnisse. Das Ziel bleibt dasselbe: Gottes Willen zu tun.

Gott führt mich jeden Tag und ich kann und muss ihm jeden Tag sagen, dass ich seinen Wegen folgen will, egal wie anstrengend oder ermüdend sie mal sein mögen. Ich will das Ziel erreichen und deshalb vertraue ich Gottes Geist, dass er mich führt. In den großen und den kleinen Dingen.

Dank

Ich bedanke mich bei SCM Hänssler und meinen Lektorinnen Julia Perrot und Michaela Wölfle dafür, dass sie mein Projekt unterstützt, begleitet und zur Vollendung gebracht haben.

Ich bedanke mich bei meinem Mann Alexander für vierzig Jahre Liebe, Respekt und Treue und dafür, dass er mir während des Schreibens die Alltagsaufgaben abgenommen und den Rücken freigehalten hat.

Danke an Roland Werner für seine Winterbibelschulen. Ich habe schon fünf Veranstaltungen genossen, welche mir den »roten Faden« in der Bibel erklären und mich auf Zusammenhänge aufmerksam machen, die meinen Glauben vertiefen.

Ich bedanke mich bei Elke Werner dafür, dass sie mein Buch mit ihren Beiträgen bereichert hat.

Danke, Simone – du bist nicht nur eine theologische Schatztruhe, sondern hast mich ermutigt, als ich mutlos war und meine Zuversicht gestärkt.

Danke an Armando. Für deine Freundschaft, deine Unterstützung und deinen Glauben an mich.

Danke, Jesus, dass mir die Aufgaben, die du stellst, so viel Freude bereiten.

Anmerkungen

1 https://www.youtube.com/watch?v=24lFHabsgj4. Zuletzt aufgerufen am 31.3.2023.
2 Mehr dazu zum Beispiel in: Beattie, Melody (2004): Die Sucht, gebraucht zu werden. München: Heyne.
3 Payne, Leanne (1994): Heilende Gegenwart. Heilung des Zerbrochenen durch Gottes Liebe. Neukirchen-Vluyn: Aussaat. S. 7.
4 https://www.deignis.de/fortbildung/seelsorge-schulung. Zuletzt aufgerufen am 31.3.2023.
5 Payne: Heilende Gegenwart. S. 13.
6 https://www.mpg.de/9375561/holocaust-vererbung-epigenetik. Zuletzt aufgerufen am 31.3.2023.
7 Falls Sie mehr zu Freud und dem Ödipuskonflikt lesen wollen – dem Thema ist in folgendem meiner Bücher ein ganzes Kapitel gewidmet: Sautter, Christiane (2015): Wenn die Seele verletzt ist. Trauma, Ursachen und Auswirkungen. Ravensburg: Verlag für Systemische Konzepte. S. 28–34. Weiterhin empfehle ich Freud, Anna (2003): Wege und Irrwege in der Kinderentwicklung. 7. Auflage Stuttgart: Klett-Cotta; sowie Freud, Sigmund (2010): Abriss der Psychoanalayse. Hg. Hans-Martin Lohmann. Leipzig: Reclam.
8 Dazu siehe zum Beispiel: Jung, Carl Gustav (2022): Die Beziehung zwischen dem Ich und dem Unbewussten. Ostfildern: Patmos.
9 https://www.spektrum.de/lexikon/philosophen/jung-carl-gustav/169. Zuletzt aufgerufen am 31.3.2023.
10 https://stottilien.com/2012/02/04/62/. Zuletzt aufgerufen am 31.3.2023.
11 https://psychologicimalltag.files.wordpress.com/2011/10/geschichte_iv.pdf. S. 36. Zuletzt aufgerufen am 2.4.2023.
12 Bachmann, Jessica (2021): Wünsche ans Universum. Wie Manifestieren und das Gesetz der Anziehung auch für Dich funktionieren. Erreiche Deine Ziele und persönliche Wunder und werde glücklich. Selbstverlag.
13 Nachzulesen zum Beispiel hier: Hg. Weber, Gunthard (1998): Zweierlei Glück. Die systemische Psychotherapie Bert Hellingers. 11. Auflage Heidelberg: Carl-Auer-Systeme Verlag. S. 89.
14 Ebd. S. 90.
15 Ebd. S. 91.
16 Sautter, Christiane (2000): Alltagswege zur Liebe. Familienstellen als Erkenntnisprozess. Wien: Ibera-Verlag. Vorwort zur 2. Auflage. S. 10–13.

17 Der folgende wissenschaftliche Artikel geht diesem Einwand auf die Spur: https://link.springer.com/article/101007/s00278-014-1056-2. Zuletzt aufgerufen am 31. 3. 2023.

18 https://www.aerzteblatt.de/archiv/203837/Stigmatisierung-Psychische-Stoerungen-bei-Psychotherapeuten#:~:text=84202520suchten%20sich%20professionelle%20Hilfe,und%20Angst%20vor%20beruflichen%20Nachteilen. Zuletzt aufgerufen am 31. 3. 2023.

19 https://kirchenlieder.fandom.com/de/wiki/Meine_engen_Grenzen. Zuletzt aufgerufen am 31. 3. 2023.

20 https://www.projekt-gutenberg.org/augustin/bekennt/bekennt.html. Zuletzt aufgerufen am 31. 3. 2023.

21 Julian von Eclanum, zitiert in: Ranke-Heinemann, Uta (1992): Nein und Amen. Anleitung zum Glaubenszweifel. Hamburg: Hoffmann und Campe. S. 584.

22 https://bkv.unifr.ch/de/works/cpl-313/versions/zweiundzwanzig-bucher-uber-den-gottesstaat-bkv/divisions/587. Zuletzt aufgerufen am 31. 3. 2023.

23 https://www.ub.uni-freiburg.de/fileadmin/ub/referate/04/augustinus/bekennt1.htm. Siehe zum Beispiel Buch I, Kapitel 9, wo Augustinus schreibt: »Dann wurde ich zur Schule geschickt, Wissenschaften zu erlernen, deren Nutzen ich Beklagenswerter nicht einsah, obwohl ich, war ich träge im Lernen, geschlagen wurde. So hieß es den Eltern gut.« Oder Buch I, Kapitel 10: »… daß fast alle Eltern für ihre Kleinen ein gleiches Los wünschen, und dennoch lassen sie es gern zu, daß ihre Kinder gezüchtigt werden.« Zuletzt aufgerufen am 31. 3. 2023.

24 https://www.projekt-gutenberg.org/luther/katechis/katechis.html. Zuletzt aufgerufen am 31. 3. 2023.

25 Ebd.

26 Ebd.

27 https://www.projekt-gutenberg.org/rousseau/emil1/emil1.html. Zuletzt aufgerufen am 31. 3. 2023.

28 https://www.projekt-gutenberg.org/dickens/copperf1/chap02.html. Zuletzt aufgerufen am 31. 3. 2023.

29 https://www.projekt-gutenberg.org/dehmel/gedichte/chap012.html. Zuletzt aufgerufen am 31. 3. 2023.

30 Watzlawick, Paul (1983): Anleitung zum Unglücklichsein. München: Piper.

31 https://www.fluchtundresilienz.schule/wissen/resilienz-2/kauai-laengsschnittstudie/. Zuletzt aufgerufen am 31. 3. 2023.

32 Wenn Sie sich für diese Studie interessieren, empfehle ich Ihnen folgenden Film, der Mary Ainsworth bei der Durchführung des Versuchs zeigt: https://www.youtube.com/watch?v=QTsewNrHUHU. Zuletzt aufgerufen am 31. 3. 2023.

33 Hg. Dilling, Horst u. a. (2015): Internationale Klassifikation psychischer Störungen. ICD-10 Kapitel V (F). Klinisch-diagnostische Leitlinien. Göttingen: Hogrefe.

34 Stürmer, Stefan und Barth, Markus (2015): Einführung in die Sozialpsychologie I. Personale und interpersonale Prozesse. Kurs 3407. Hagen: FernUniversität. S. 111. Übersetzung des amerikanischen Textes durch die Autoren.

35 Hazan, Cindy und Shaver, Phillip (1987): Romantic love conceptualized as an attachment process. In: Journal of Personality and Social Psychology 52. S. 511–524.

36 Die dazu durchgeführte Studie finden Sie hier: https://onlinelibrary.wiley.com/doi/abs/101111/j.1475-68111994.tb00058.x. Zuletzt aufgerufen am 31.3.2023.

37 Hier mehr: https://www.aerzteblatt.de/archiv/183813/Praenatale-epigenetische-Praegung-Stand-des-Wissens. Zuletzt aufgerufen am 31.3.2023.

38 https://www.dasgehirn.info/grundlagen/kindliches-gehirn/wie-die-schwangere-so-die-kinder. Zuletzt aufgerufen am 31.3.2023.

39 https://www.ines-brock.de/data/publikationen/Brock2010geburt.pdf. Zuletzt aufgerufen am 31.3.2023.

40 http://www.zeno.org/Philosophie/M/Rousseau,+Jean-Jacques/Emil+oder+Ueber+die+Erziehung/Erster+Band/Erstes+Buch. Zuletzt aufgerufen am 31.3.2023.

41 Fraiberg, Selma in: Hg. Brisch, Karl Heinz und Hellbrügge, Theodor (1980): Bindung und Trauma. Risiken und Schutzfaktoren für die Entwicklung von Kindern. Stuttgart: Klett-Cotta. S. 149.

42 Watzlawick, Paul (2005): Wie wirklich ist die Wirklichkeit? München: Piper. S. 53.

43 Lewin, Kurt in Lück, Helmut E. (2011): Geschichte der Psychologie. Band 1. Stuttgart: Kohlhammer. S. 98.

44 Wenn Sie sich für Fragen zur Arbeitszufriedenheit in Unternehmen interessieren und Englisch sprechen, können Sie Ihr Wissen hier vertiefen: https://selfdeterminationtheory.org/SDT/documents/2000_RyanDeci_SDT.pdf. Zuletzt aufgerufen am 31.3.2023.

45 https://www.hof.uni-halle.de/journal/texte/14_2/Wilhelm_Esdar.pdf. Zuletzt aufgerufen am 31.3.2023.

46 Wenn Sie dieses Thema interessiert, finden Sie viele Beispiele in meinem Buch: Sautter, Christiane (2016): Eltern: Wunschbild – Feindbild. Wie ihr Vorbild unser Leben prägt und wie wir uns selbstbestimmt aus alten Mustern lösen können. Ravensburg: Verlag für systemische Konzepte.

47 Sautter, Christiane (2018): Liebe dich selbst – Gott tut es auch. Hilfen auf dem Weg zur Selbstannahme. Holzgerlingen: SCM Hänssler.

48 Van der Kolk, Bessel u. a. (2000): Traumatic Stress. Theorie, Praxis, Forschung zu posttraumatischem Streß. Grundlagen und Behandlungsansätze. Paderborn: Junfermann.

49 https://www.diabetologie-online.de/a/psychologische-begleitung-der-diabetestherapie-diabetes-als-ursache-und-folge-von-traumatischen-erlebnissen-2428865). Zuletzt aufgerufen am 31. 3. 2023.

50 Ebd.

51 https://www.gotquestions.org/Deutsch/Kinder-zuchtigen.html. Zuletzt aufgerufen am 31. 3. 2023.

52 https://www.aufarbeitungskommission.de/wp-content/uploads/Studie_Sexuelle-Gewalt-in-der-Familie_bf.pdf. S. 49/61. Zuletzt aufgerufen am 31. 3. 2023.

53 Dr. Manfred Laucht in: Hg. Brisch/Hellbrügge: Bindung und Trauma. S. 56.

54 www.agsp.de/html/a34.html. Zuletzt aufgerufen am 31. 3. 2023.

55 Ebd.

56 Daniel S. Schechter u. a. in: Brisch/Hellbrügge: Bindung und Trauma. S. 235–255.

57 Hüther, Gerald (2013): Bedienungsanleitung für ein menschliches Gehirn. Göttingen: Vandenhoeck & Ruprecht. S. 67.

58 Eckoldt, Matthias (2014): Kann das Gehirn das Gehirn verstehen? Heidelberg: Carl Auer. S. 13–14.

59 https://www.gerald-huether.de/wp-content/uploads/2020/06/Das_Gehirn_rostet_nicht.pdf. Zuletzt aufgerufen am 31. 3. 2023.

60 Das Foto stammt aus dem Buch: Huber, Michaela (2003): Trauma und die Folgen. Teil 1. Trauma und Traumabehandlung. Paderborn: Junfermann Verlag. Wir danken dem Verlag für die freundliche Abdruckgenehmigung.

61 Hüther, Gerald (1997): Biologie der Angst. Göttingen: Vandenhoeck & Ruprecht. S. 41.

62 Hg. Dilling, Horst u. a. (2000): Internationale Klassifikation psychischer Störungen. ICD-10 Kapitel V (F). Klinisch-diagnostische Leitlinien. Bern: Hans Huber. S. 167–168.

63 Fullilove, Mindy T. u. a. (1993): Gewalt, Trauma und posttraumatische Belastungsstörung bei weiblichen Drogennutzerinnen. In: Journal of Traumatic Stress.Vol. 6 (4). S. 533–543.

64 Siehe zum Beispiel: Zumbeck, Sybille (2001): Die Prävalenz traumatischer Erfahrungen, Posttraumatischer Belastungsstörung und Dissoziation bei Prostituierten. Eine explorative Studie. Hamburg: Verlag Dr. Kovac.

65 Bonhoeffer, Dietrich (2019): Schöpfung und Fall: Eine theologische Auslegung von Genesis 1–3. Kindle-Ausgabe. Saint Quentin: Communio Sanctorum. S. 83–84.

66 Eigene Übersetzung von: »From the time when Rabban Gamaliel the Elder died, the honour of the Torah ceased, and purity and asceticism

died.« https://www.sefaria.org/Mishnah_Sotah.9.15. Zuletzt aufgerufen am 31.3.2023.

67 https://www.grin.com/document/369689. Zuletzt aufgerufen am 31.3.2023.

68 Evangelische Landeskirche in Württemberg (2007): Evangelisches Gesangbuch BWB. Stuttgart: Gesangbuchverlag. S. 1459.

69 https://www.bibelwissenschaft.de/wibilex/das-bibellexikon/lexikon/sachwort/anzeigen/details/suendenfall/ch/1a6bdde43e57c8d69024060caf54d1df/. Zuletzt aufgerufen am 31.3.2023.

70 Bonhoeffer: Schöpfung und Fall. S. 92.

71 Ebd. S. 64.

72 https://www.karger.com/Article/Pdf/313954. Zuletzt aufgerufen am 31.3.2023.

73 https://www.ravensburg-evangelisch.de/fileadmin/mediapool/gemeinden/GKG_ravensburgneu/-Stadtkirche/Predigten/2023-03-19_L%C3A4tare__Predigtreihe_Passion_-_Hauff.pdf. Zuletzt aufgerufen am 31.3.2023.

74 Ebd.